檀传宝·丛书主编

大夏书系·师道文丛

小学教师伦理研究

李敏 蔡连玉 等／著

SHI AI DE XIANGDU

师爱的向度

华东师范大学出版社

ECNUP

全国百佳图书出版单位

·上海·

丛书总序

学段特性与教师伦理的时间之维

　　学校德育与师德建设，同为立德树人事业的重要组成部分。也可以说，师德建设其实也是广义德育之一种。师德建设与一般德育的区别，只在于教育对象的不同：德育是对学生的道德教育；而师德建设，尤其是师德修养，更多的是对教师自身的道德教育。在德育实践中，落实因材施教原则的一个重要前提是考虑学生的发展特点。从时间的视角，教育者既要关注学生所处的时代（20世纪、21世纪）、世代（00后、10后之类）等大的时间规定性，也要关注学生具体发展阶段。比如，皮亚杰按照认知特点将儿童心理发展分为感知运动、前运算、具体运算、形式运算四个阶段，而儿童心理学一般概括性划分为乳儿、婴儿、幼儿、童年、少年、青年六个阶段，在认知、情感、行为等方面具有的时间规定性（特性）。同理，师德建设若要求实效，当然也一定要确立观察教师专业道德的时间视角——教师伦理的时间之维——认真关注教师伦理的时间规定性。

一、教师伦理的三大时间之维

　　所谓"教师伦理的时间之维"，至少应该有三个最主要的维度。一是教师伦理赖以建构的大时代背景。比如，现代教师伦理与古代教师伦理，就既有一脉相承的继承关系，也有时代变迁导致的巨大差异。其区别最大者，可能是现代社会的教师会更关注学生以及教师自身的个人权利，教育公正原则也理所当然地成为现当代教师伦理的核心价值。二是教师生涯阶段对于教师伦理建构的影响。一个新手教师、一个成熟型教师和一个即将退职的老教师对于同一教师伦理的需求、理解、遵守，都会带有其不同职业生涯阶段的特性。目前教师职业生涯理论多聚焦于教师教学专业的发展，而对本应内含其中的教师专业伦理的生涯阶段性基本无视，是教师教育研究的一大遗憾。三是教师伦理的时间之维，就是教师工作学段的特殊性对于教师伦理的规定性。学段本是学生特定学习阶段的简称。我们常常将学生们稍长一些的学习区间习惯地称之为某某学段，如学前段、小学段、中学段、大学段等。学段虽是学生的学习阶段，但是也会直接影响在不同学段从教的教师工作及其伦理建构。很明显，幼儿园教师和大学教师虽然都应该同样奉行公正、仁慈的原则，但是由于学段的实际差异甚大，公正、仁慈等教育伦理之具体规范、实践在目标、内容、方式上都会有巨大的差异。此外，有些阶段很重要的内容，在另外一个学段就明显没有那么重要：幼儿园教师对儿童"生活"的全方位关注，在大学教师那里已不再是教育任务的重点了；大学教师所特别在意的科研伦理，中小学阶段教师虽然也要同样遵守，但是其伦理重要性的排序也一定会让位于教学伦理。

　　十分遗憾的是，以上三大教师伦理的时间之维迄今为止均未在教师伦理研究以及相应的师德建设实践中完全建立起来。少数关于教师伦理的时代特征的关注多停留在教育伦理思想史[1]的一般描述范式，严肃的理论研究、实证研究都严重不足。关于教师职

1　钱焕琦.中国教育伦理思想发展史［M］.北京：改革出版社，1998.

业生涯、教师道德学习阶段对于教师伦理影响的零星探索，也只见诸青年学人的学位论文、博士后报告[1]。至于考虑不同学段对于教师伦理特性的影响的专门研究，目前尚未真正开始[2]。2018 年，教育部曾相继印发过《新时代高校教师职业行为十项准则》《新时代中小学教师职业行为十项准则》《新时代幼儿园教师职业行为十项准则》。大学、中小学、幼儿园不同学段的教师职业行为十项准则在同一年分别印发，至少表明在师德规范的政策制定层面已经开始有了学段思维。但是诸"准则"仍然显得笼统、抽象，相同的规范表述远多于其对于学段特性的关注。其深层原因之一，当然就是关于学段伦理的基础研究严重滞后。故对于教师伦理学的健康发展和师德建设的实效提升来说，较于时代之思、生涯之思，在理论上厘清学段教师伦理特征的任务尤具迫切性。

二、学段特性与教师伦理

本质上说，学段之所以成为影响教师伦理建构的重要时间之维，是因为教育劳动的特点与教师职业道德存在内在的关联。教育劳动的特性有很多，但是直接在学段这一时间之维上影响教师伦理建构的是其中的两大突出特性：一是"教育劳动的主体与工具的同一性"（教师本人既是劳动者又是劳动的工具，所谓"言传身教"是也）；二是"教育劳动关系的复杂性"（教师在工作中会

1　王丽娟. 教师专业道德的发展阶段初探［D］. 北京：北京师范大学，2003. 傅淳华. 教师道德学习阶段相关研究述评［D］. 北京：北京师范大学，2017.

2　2016 年，华东师范大学出版社出版了冯婉桢的《与净友对话：幼儿园教师师德案例读本》、蔡辰梅的《小学大爱：小学教师师德案例读本》、杨启华的《为师之梦：中学教师师德案例读本》、李菲的《大学的良心：高校教师师德案例读本》，虽为学段伦理的探索，但是研究成果仍然是"案例读本"。

面临多重人际关系）[1]。换言之，我们完全可以从教师的社会角色、人际关系两大维度去看教师工作的学段实际，进而推论各学段教师伦理所具有的基本特征。

教师的社会角色及其在工作中涉及的人际关系无疑都具有十分明显的学段特性。当一位学前或者小学低年级的家长将自己的孩子送到学校时，他（她）差不多是将孩子的全部都托付于学校和教师。家长、儿童，甚至全社会都会像许多社会学家所描述的那样，期待教师成为"父母的替代"。这时儿童和教师之间、家长和教师之间、社会与教师之间的社会关系，是一种全方位的委托关系。相应地，教师的道德责任或工作内容则是要实现对安全、健康、游戏到文化学习等儿童权利的全方位保护。在小学阶段，特别是小学高年级，儿童"已经长大"，家长、儿童、全社会都会将教师的社会角色逐渐定义为文化学习以及道德人格影响上的"重要他人"。在小学阶段儿童几乎在所有事情上都极其信赖教师，教师是所谓的权威"师尊"，具有最强大的教育影响力。与此同时，由于在这一阶段，家校之间、师生之间的关系慢慢演变为一种教育、教学的合作关系，故除了开展必要的安全教育，教师已经不太承担小朋友的保育之责了。到了中学阶段，教师慢慢成为文化课学习意义上的"业师"，对学生发展的实际影响力与学前和小学阶段会有明显下降。这是由于青春期儿童的独立性迅速增长，学生同伴群体的作用越来越大，甚至超过包括教师在内的成人社会的垂直影响力。故无论是为了践行师生平等的道德原则，还是追求实际教学效率的提升，在中学阶段，教师对儿童自尊、个性的维护，对于青少年亚文化的理解，等等，都势必成为教师伦理

1 檀传宝，等. 走向新师德——师德现状与教师专业道德建设研究［M］. 北京：北京师范大学出版社，2009：4—5.

的核心内涵之一。在高等教育阶段，学生虽然尚在青年期，但已经是成年人。这一时期教师成为学生的"导师"，教师与教师、教师与学生之间更多的是一种"学术共同体"的关系。良好的大学教育，即便是在本科阶段，教师都应当让学生有越来越多的研究性学习的机会，专题讨论式的教学方式（seminar）也会在这一阶段得到越来越广泛的应用。在大学，即便是教学也带有学术研究的性质，本科生、硕士生、博士生，随着高等教育程度的提升，教师作为学术人的示范意义也会越来越重要。故大学里的"导师"之"导"与旅游上的"导游"之"导"在本质上是一致的。社会服务是与教学、科研相并列的现代大学职能之一，但是很显然，大学教师所要承担的社会服务责任的基础也仍然是学术研究。由于学术研究的重要性明显高于中小学和幼儿园等其他学段，故科研伦理肯定会成为大学教师专业伦理的重点内容之一。与此同时，由于家长已经是一个远离校园的社会存在，也由于大学生的个人生活部分逐步成为学生的私人领域，不再作为教师工作一般关注的重点，师生关系、家校关系都会逐步演变为完全的成年人之间的关系。正因为如此，在世界范围内，对于学生私人领域的尊重已经日益成为现代大学教师伦理的重要内容之一。

综上所述，教师的社会角色、人际关系具有明显的学段特性。教师从学前阶段的"保育者"、小学阶段的"师尊"、中学阶段的"业师"，到大学阶段的"导师"角色的演变，既意味着不同学段教师专业伦理的逻辑转换——不同学段教师在道德权利与责任的逻辑方面有严格区别，也意味着不同学段的社会关系处理的内容、范式会产生巨大的差异，教师专业伦理的内容结构（教学伦理、科研伦理、社会服务伦理）及其权重都会发生重大的改变。

三、一个亟须告别的时代

从学段这一时间之维去思考教师伦理的建构，不仅具有重要的理论价值，更具有重大的伦理实践价值："遍观国内书市或图书馆有关教师伦理、教师职业道德的著作，对教师真正有益的为数寥寥。其主要原因之一就是大而化之、笼而统之，不同学段'一锅煮'。而事实上幼儿园教师、中小学教师、大学教师虽然有教育伦理的一致性，但是由于教育生活的巨大差异，他们所要面临的伦理课题也差异甚大……不做专门、具体的研究，'对我们自己的''为我们自己的'道德教育如何做到有的放矢、因材施教？"[1]如前所述，师德建设尤其是师德修养事实上就是教师对自己的道德教育。若贯彻因材施教原则是包括师德建设在内的全部德育都应遵循的教育常识，则师德建设当然也应当因"材"（教师伦理的学段实际等）施教，教师伦理在理论和实践上"一锅煮"的时代就亟须告别了。而告别这一时代的前提，当然就是我们要通过深入的研究努力分析，厘清分学段教师伦理的特性。确立教师伦理的时间之维的本质，是要求教师专业伦理在言说方式上有范式变革。本文丛的各位作者对不同学段教师伦理特点做深度解读，可谓一个可喜的开始。

檀传宝

北京师范大学教育学部教授

1　檀传宝，等. 教师专业伦理基础与实践［M］. 上海：华东师范大学出版社，2017：5.

前 言

　　小学教师伦理影响着教师的身份认同、职业信念和育人过程。在过去很长一段时间里，有关教师队伍建设的道德思考多是从教师职业道德方面的研究和实践去推进的，偏向于小学教师发展的外部政策与环境建设，这就使得这方面的研究和实践的动议最后落脚于学校实践层面时，多会以政策要求和规章制度等外在规约形式出现在小学教师的教育教学生活中。随着近二十年教师专业发展进程不断加速与深入，基于小学教师职业内在属性与特点探索的教师专业伦理建设被提上了日程。如何认识小学教师专业伦理的内容、特点，以及小学教师的工作领域、工作对象、工作冲突等诸多涉及伦理态度与方式的问题，成为亟待阐释和深究的小学教师专业发展问题。从这一层面来看，小学教师专业伦理的研究取向构成了教师专业化发展的重要组成部分。

　　在有关教师伦理研究的已有中外研究成果中，教学伦理是研究中一个较为集中的聚焦点。研究者在有关教学论题及其相关范畴的讨论中提出了一个基本的论点：将教师的教育与教学视为专业，将专业视为一门道德的事业。[1]与此同时，近些年来教育界也

1　〔英〕大卫·卡尔.教学伦理〔M〕.张慧芝，陈延兴，译.台北：韦伯文化国际出版有限公司，2003：3.

在关注另一个重要命题：教育是一门实践性的学科。在这个命题下，研究者们关注了教育现场中的偶然性、教育结果的不确定性等问题。教育之实践属性的求证与教育之专业化取向的研究在表面上看似有矛盾之处，但本质上并不冲突，反而相互之间不断提出了需要对方进一步关注和研究的具体问题。对于教育方面的伦理研究而言，教育的实践属性恰恰反映了教育世界的复杂性、人文性，也正因为此，教育专业化亟须加强伦理视角的内部研究。对小学阶段的教师进行专业伦理上的关心与分析就是内部研究的一种努力，是一次具有实践关怀取向的教师伦理研究的行动。

在研究框架上，这本小学教师伦理研究没有围绕美德德目对教师道德进行伦理范畴方面的一般性讨论，而是深入到小学教师的教育教学工作和生活，紧紧围绕小学教师的身体介入、交往特质，以及教育工作的一些实际领域进行了伦理性的关注、讨论和回应。全书由九章构成，首先基于伦理学的理论基础、教育政策的进展以及小学教师的发展现状对小学教师专业伦理的内容和特点进行了讨论，对古今中外的相关研究进行了梳理，之后集中关注了小学教师专业伦理中的七个重要论题："关怀伦理"和"惩戒伦理"关注了小学教师在教书育人过程中两种基础的伦理性表现；"话语伦理"和"性别伦理"关注了小学教师由于职场特有的身体在场而引发的伦理思考；"技术伦理"和"管理伦理"关注了外部教育期待带来的伦理要求；最后，"关系伦理"回应了小学教师在三类教育性交往中的伦理诉求。对每个议题的讨论都努力围绕小学的学段特性来分析小学教师所面临的伦理处境，最后也对每个议题进行了原则、方法与对策上的思考和建议。本书主要立足小学教师的工作场域、教育性关系去揭示小学教师职业的道德属性、要求及其价值。通过对诸多议题的走近和思考，来由内而外地关心和揭示小学教师职业的伦理属性，这些研究努力将有助于我们更科学、专业、具有敬畏心地认识和理解小学教师，同时也能促进小学教师的自我价值确证与实现。

本书的写作由首都师范大学初等教育学院的李敏教授、浙江师范大学教师教育学院的蔡连玉教授牵头，并采取了协同负责的方式。本书的写作注重研究性，经由多轮商议建立起写作框架，形成了议题取向的研究路径。具体研究团队分工如下：

李敏教授的研究团队：李敏（前言、第一章、结语）；李敏、刘曼（第二章）；李敏、李凤鸣（第五章）；李敏、卢梅欣（第六章）；李敏、杨雨晴（第九章）。李佳蕾协助李敏完成了全书引文出处的核对工作，付柳、赵月参与了最后一轮的统稿。

蔡连玉教授的研究团队：姚尧、蔡连玉（第三章）；蔡连玉、李琴（第四章）；蔡连玉、刘家玲（第七章）；蔡连玉、鲁虹（第八章）。

两个团队在写作过程中不断对话、相互释疑，历经三年的共研周期后，完成了此项研究任务。随着合作的深入，我们越发意识到此项研究中还有许多未尽和有待深入的话题和课题，也认识到目前涉及的一些思考和判断需要在更多的限制性语境和条件下才成立。囿于此，这本研究论著只可视作小学教师伦理研究的起点，我们期待有更多的学术同行关心这一领域，展开更多的对话和合作，不断推进这项研究更为细致、深入地发展。

目录

第三章　小学教师的关怀伦理 66

第一章　小学教师专业伦理的内容与特质

"伦理学，是关于优良道德的科学。"[1]立足职业范畴的小学教师专业伦理，会更多关心特定学段中教师承担专业角色所需要的优良道德。我国小学界对优良道德的实践探索主要反映在各级各类教师职业规定的具体表述中，它们规约着从业者在教育教学工作中的"应当"，即应当如何做才能符合小学教师的专业身份，才能获得小学教育的价值。然而，对于这种散见在各级各类政策文本中的优良道德，人们会发现它们具有一定的时代性和变动性。于是，就有一个与伦理学研究相近的问题被提出，小学教师专业伦理中有没有一些"关键道德"，这些关键道德具有较强的稳定性，触及小学教师专业伦理的灵魂和核心，它们与变化着的优良道德有着某种本—末、源—流的关系。英国伦理学家罗斯发展了亚里士多德关于"至善"的理论，提出"内在善"和"手段善"。以此做对照，优良道德接近于对"内在善""手段善"的求索，而关键道德接近于对两种善的统一，即关键道德既是"手段"也是"目的"。

1　王海明. 伦理学原理（第三版）[M]. 北京：北京大学出版社，2009：2.

我们将首先讨论和阐释小学教师专业伦理中的"优良道德"和"关键道德"，它们规定了小学教师专业伦理的内容。在此基础上，我们将运用伦理学中优良道德的推导公式来思考影响小学教师专业伦理的重要因素，进而揭示小学教师专业伦理的特点。

▌ 第一节　小学教师专业伦理的内容 ▐

一、区分优良道德与关键道德在小学教师专业伦理建设中的价值

（一）优良道德作为一种道德契约优先考虑手段善

在许多方面，专业精神的本质是由伦理原则来界定的，这些原则不仅规定了专业人员的行为，而且还规定了他们作为个体从业者和集体伙伴所体现的承诺和责任精神。[1] 随着我国教育改革与发展的深入，小学教育的专业属性愈发凸显。小学教育的两个特点——小学生的身心脆弱性和义务教育的强制性，强调了社会与教师职业之间需要增强信任，为此我国一直在各级各类法律与政策层面关心不同形态的教师伦理规范的制定与实施。因此，以各类文本形式表现的小学教师优良道德主要为了兼顾——既能为公众利益服务，同时又能为行业成员提供指导——两种需求。

在伦理学的考量中，英国伦理学家罗斯发展了亚里士多德关于"至善"的理论，提出"内在善"和"手段善"。所谓内在善，也可称之为"目的善"（good as an end）或"自身善"（good-in-itself），是其自身而非结果是可欲的、能够满足需要的，就是人们追求的目的的善。所谓手段善也可以称之为"外在善"（extrinsic good）或"结果善"，乃是其结果是可欲的、

1　Elizabeth Campbell. *The ethical teacher*. Philadelphia: Open University Press, 2003: 103.

能够满足需要的,从而是人们追求的目的的善,是能够产生某种自身善的结果的善。[1] 通过陈述内在善和手段善的所指,可以帮助我们辨析出,当前我国各类文本中的优良道德优先考虑了"手段善"——强调一系列的道德规范服务于社会和行业的需要与价值。而直接关乎小学教育专业属性和小学教师专业精神的"内在善"在制定行业文本的过程中虽然也不容忽视,但其价值和功能上的优先权会让渡给作为一种面向社会的道德契约的"手段善"。"道德规范是一种'社会制定或认可的行为应该如何'的规范,是人们所制定的一种契约,具有主观任意性,因而虽然无所谓真假,却具有优良与恶劣或正确与错误之分。"[2] 也正因为此,虽然每过几年就会出台或完善相关的法律与政策文本,但这些文本实际上未能有效参与小学教师的职业生活、进入小学教师自觉的专业应用,反而更大程度上承担了一种面向社会进行行业允诺、寻求监督与维护期望的现实功能。

集中表达出我国小学界对优良道德诉求的权威型文本有《中华人民共和国教师法》(2009 年修正)、《中小学教师职业道德规范》(2008 年修订)、《关于加强和改进新时代师德师风建设的意见》(2019 年)、《小学教师专业标准(试行)》(2012 年)等主要法律与政策文本,它们规约着从业者在教育教学工作中的"应当",即应当如何做才能符合小学教师的职业身份,才能符合社会的期望。其中,《中华人民共和国教师法》(2009 年修正)从法律约定的角度规定了教师(包括小学教师)的优良道德;《中小学教师职业道德规范》(2008 年修订)从职业约定的角度规定了教师(包括小学教师)的优良道德;《关于加强和改进新时代师德师风建设的意见》(2019 年)从社会约定的角度规定了教师(包括小学教师)的优良道德;《小学教师专业标准(试行)》(2012 年)从专业约定的角度规定了小学教师的优良道德(见图 1–1)。然而,对于这种散见在各级各类法律和

---

1 王海明.伦理学原理(第三版)[M].北京:北京大学出版社,2009:22-23.
2 同1:1.

政策文本中的优良道德，人们会发现它们具有一定的时代性和变动性。虽然文本中的优良道德也从承担法律约定、职业约定、社会约定的功能，逐渐发展到努力确立专业约定的功能，但这些刚性的文本更多表现出的是一种行业允诺，从现实情况来看，它们也未能真正有效地走进小学教师的职业生活，甚至未能对教师工作给予具体的道德指导。

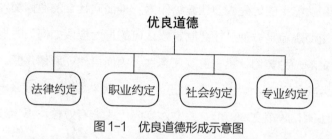

图 1-1　优良道德形成示意图

（二）关键道德在手段善和内在善的统一中实现对专业属性的聚焦

一个与伦理学研究相近的问题被提出，小学教师专业伦理中有没有一些"关键道德"，这些关键道德具有较强的稳定性，触及小学教师专业伦理的根源和核心，它们与变化着的优良道德有着某种隐—显、内—外的关系。用内在善和手段善做对照，需要思考的问题是，是否存在某些关键道德能够实现内在善与手段善的统一？探究"关键道德"，既是受到伦理学中人们常论及的对于内在善与手段善两者内容及关系的影响，也是由于描述与规定小学教师道德的政策、研究、实践太过多样，优良道德的内容被无限放大，以至于消弭了对教师道德特质，尤其是基于专业的道德特质的确证。

小学教育作为社会的一个重要子系统，具有许多赋予手段善的可能性，然而目前出台的关涉手段善的优良道德，未能很好地引领和参与小学教师的教育教学生活，于是我们会关心另一个重要的问题，即：对于小学教师而言，能够实现手段善和内在善之统一的关键道德是什么？它又是由什么来决定的？这里首先需要明晰后一个问题，它可以帮助我们更好地思考关键道德。

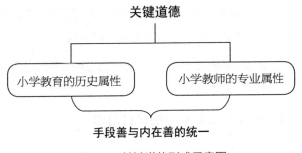

图 1-2 关键道德形成示意图

思考手段善和内在善之统一性实现的影响因素，需要回到两个判断标准上来（见图 1-2）：（1）古今中外的学校教育对小学教师讨论最多、强调最多的道德要求，这关涉小学教育的历史属性。从 17 世纪夸美纽斯提出班级授课制以来，学校教育就一直延续今天的样貌，没有发生大的变化。面对 6—12 岁的儿童，现代小学构建起的是一个独立的社会场域，需要依靠足够坚固的信任体系和道德系统，以此维持小学教育中"师—生"这对天然具有鲜明"强—弱"悬殊性的重要教育关系。因此，古往今来的教育者会留下"因材施教""爱无差等""长善救失""赏罚分明"等教育名言，这些从历史中走来的教育思想，直至今日仍然不失为学校教育的金科玉律。（2）嵌入小学教师在教育教学生活中最深入的道德要求，这关涉小学教师的专业属性。"在外部所强加的要求之外，专业人员也希望去阐明和指定道德准则来规范成员之间的关系。"[1] 在一线的小学教育教学生活中，专业知识、专业能力、专业精神无时无刻不存在，教师在使用专业知识、施展专业能力、投入专业精神的过程中道德需求频繁且广泛，如怎样面向全体学生有效教授知识、怎样管理班级和开展教学、怎样让学生对学校和学习产生信任和兴趣等，这些具体的教育教学需求背后裹挟着大量的道德诉求。而这些道德诉求需要深入到小学教师群体的工作和生活，去捕捉那些实际参与教师教育教学生活的道德因素，对其进行甄别和研究。回到这样两个标准本身，可以发现

1 宋萑.教师专业伦理之辩证［J］.湖南师范大学教育科学学报，2009（6）：9–12.

对小学教育和小学教师内在善的探求，恰恰成全了关键道德不断走向手段善和内在善的统一。在诸多的优良道德中，满足以上两个标准的关键道德有两个："教师的爱"和"教师的公正"，相关的研究发现将在第三部分展开讨论。

二、走近我国法律及政策文本中的优良道德

尽管在之前的陈述中指出，《中华人民共和国教师法》（2009 年修正）、《中小学教师职业道德规范》（2008 年修订）、《关于加强和改进新时代师德师风建设的意见》（2019 年）、《小学教师专业标准（试行）》（2012 年）等主要法律与政策文本集中表述的优良道德主要履行了一种面向社会大众的道德舆论监督功能，但各类文本中的优良道德仍然集中反映出我国在小学教师伦理建设中的一些共识和努力，我们需要对其进行梳理和归纳。

（一）《中华人民共和国教师法》（2009 年修正）中的优良道德

《中华人民共和国教师法》（2009 年修正）从法律约定角度规定了小学教师的优良道德。该法律主要规定了教师的权利和义务。在权利方面，指出教师具有基本的教书育人权利、经济权利、参与学校民主管理的权利等；在义务方面，指出教师必须遵纪守法，为人师表，爱岗敬业，关心、保护学生。可以看出，《中华人民共和国教师法》（2009 年修正）实际上关心了教师职业的事实性存在与价值性存在之间的张力关系。法条是从权利和义务的角度让遵纪守法、为人师表、教书育人、爱岗敬业、爱护学生等若干方面具备了底线的尺度和权利。从法条中去认识优良道德，有一些值得小学教师专业伦理的研究者和实践者去认知的重要信息：（1）从法律与道德之间的关系来看，在"教师法"中规定一些优良道德的内容，是将优良道德规则化的过程，进而优良道德也成了"底线道德"。（2）从优良道德的产生来看，在"教师法"中探讨教师的权利和义务，实则在用教师的职业身份这一"事实"存在来赋予教师优良道德以内在道德价值判断之"真"。以上分析，凸显了小学教师专业伦理存在与表现的刚性一面。

（二）《中小学教师职业道德规范》（2008 年修订）中的优良道德

《中小学教师职业道德规范》（2008 年修订）从职业约定角度规定了小学教师的优良道德，是一线小学教师相对熟知的政策文本。2008 年修订的《中小学教师职业道德规范》中明确了六个方面的优良道德：爱国守法、爱岗敬业、关爱学生、教书育人、为人师表、终身学习。这六个大的方面同《中华人民共和国教师法》（2009 年修正）中的规定十分相近，只是这份从业标准从教师职业特性与要求出发，在具体方面更丰富更细化了优良道德的维度：勤恳、奉献、公正、严慈相济、合作、廉洁、创新等。这些优良道德，其中任意一个拿出来掂量，都会是对人的品性与意志的一种卓越要求，想要恒久具备则十分不易。在伦理学理论看来，纳入职业规范的道德也属于底线道德，只是它们没有之前的《中华人民共和国教师法》（2009 年修正）那样刚性。那缘何教师行业需要将它们纳入职业道德规范？究其根源在于教师的专业属性使然。

在不断推进教师专业化发展的过程中，为了让职业道德规范这类底线道德发挥出应有的效力，2018 年教育部在 2014 年同名文件的基础上又颁布了《中小学教师违反职业道德行为处理办法》（2018 年修订），明确了惩戒的方式：处分包括警告、记过、降低岗位等级或撤职、开除。是中共党员的，同时给予党纪处分。其他处理方式包括给予批评教育、诫勉谈话、责令检查、通报批评，以及取消在评奖评优、职务晋升、职称评定、岗位聘用、工资晋级、申报人才计划等方面的资格。

与此同时，教育部于 2018 年同期出台了《新时代中小学教师职业行为十项准则》（2018 年），它具体从坚定政治方向、自觉爱国守法、传播优秀文化、潜心教书育人、关心爱护学生、加强安全防护、坚持言行雅正、秉持公平诚信、坚守廉洁自律、规范从教行为十个方面对小学教师的从业要求与道德准则进行更具有针对性的阐述。2018 年教育部先后出台的这两个文本进一步增强了教师职业规范在实践指导方面的操作属性，表现出较强的规约、评价功能。

（三）《关于加强和改进新时代师德师风建设的意见》（2019 年）中的优良道德

《关于加强和改进新时代师德师风建设的意见》（2019 年）从社会约定角度规定了小学教师的优良道德。2005 年教育部曾出台《教育部关于进一步加强和改进师德建设的意见》，之后在 2019 年教育部等七部门再一次出台《关于加强和改进新时代师德师风建设的意见》（二者以下均简称《意见》）。对比两个文件不难发现，师德师风建设方面的政策文本从更广泛的内容上对教师的道德提出了要求。《意见》（2005 年）中指出师德包括：思想政治素质、职业理想、职业道德水平三个大的方面。其中对职业理想的要求包括，"广大教师要有强烈的职业光荣感、历史使命感和社会责任感，以培育优秀人才、发展先进文化和推进社会进步为己任，站在时代的前列，努力成为为人民服务的践履笃行的典范。要志存高远，爱岗敬业，忠于职守，乐于奉献，自觉地履行教书育人的神圣职责，以高尚的情操引导学生全面发展。要正确处理个人与社会的关系，反对拜金主义、享乐主义和极端个人主义，把本职工作、个人理想与祖国的繁荣富强紧密联系在一起"。在这一段对职业理想的描述中可以看到，这份意见除了关注之前提及的职业道德规范外，还对教师道德提出了高要求。教师职业道德与教师道德之间既有联系又有区别，教师道德比教师职业道德关涉的范围要广，会涉及教师的个人价值观以及更宽泛的私德。因此，《意见》（2005 年）表现出师德研究的一些传统倾向，"一方面追求规则的外在约束性，试图出于义务的企图保证教师职业道德的全面履行；另一方面又认同'道德是内在要求'，赞美、向往'道德完人'的教师形象"。[1]

《意见》（2019 年）则更加强调教师的专业属性，将师德的内容放置在专业领域内，提出更加具体、明确的道德要求："突出课堂育德，在教育教学中提升师德素养。""突出典型树德，持续开展优秀教师选树宣传。""突出

1　李敏.“教师道德”与“教师职业道德”辨析 [J]. 当代教育科学，2009（4）：12–13，38.

规则立德，强化教师的法治和纪律教育。"这三个具体到教师专业情境中的优良道德指向，表达出当前的师德内容更加明确了以课堂为主阵地、高尚师德为榜样、底线师德为防守的优良道德适用边界。

由此我们看到，有关师德建设的两份政策文本，一方面回应了教师法、教师职业道德规范等政策文本中有关优良师德的要求；另一方面且更重要的是，师德建设的政策发展开始回应优良道德与教师专业之间的内在关系，进一步点明了当前教育发展阶段下优良道德最迫切需要关切的三个适用边界。

（四）《小学教师专业标准（试行）》（2012 年）中的优良道德

《小学教师专业标准（试行）》（2012 年）从专业约定角度规定了小学教师的优良道德。2012 年出台的《小学教师专业标准（试行）》，首次将师德与专业理念关联在一起作为该标准基本内容中的第一个重要维度。这反映出自 21 世纪以来，学界对师德的认识逐渐摆脱了社会期望取向，越来越走向专业考量。"专业理念与师德"维度下共包含四个领域：职业理解与认识、对小学生的态度与行为、教育教学的态度与行为、个人修养与行为。由这四个领域对小学教师的优良道德加以规定，遵从了伦理学所倡导的优良道德的产生路径——教师职业中的优良道德应由教师职业的"事实"即专业性来规定和评价。

专业视野下的小学教师优良道德会大大降低之前存在的虚泛和无力的表征，当下由专业需要决定的优良道德具有较强的实践性和执行力。《小学教师专业标准（试行）》（2012 年）中提到的优良道德主要包括：遵纪守法，爱岗敬业，职业认同，为人师表，团结协作，关爱、尊重、信任小学生，德育为先，尊重教育规律和小学生身心发展规律，乐观向上，富有爱心等。值得关注的是，《小学教师专业标准（试行）》（2012 年）在拟制过程中[1]经反复研讨将小学教师的个人修养与行为纳入了优良道德的内容之中。考虑到小学教师的个人修养与行为，尤其是性格特点，固然是教师的个人特质，但一

1　笔者于 2010—2012 年期间参与了《小学教师专业标准（试行）》（2012 年）的研制工作。

般情况下并不能做对错优劣的道德价值评价，然而结合小学教育和小学生发展的特质和需要，就有将其纳入专业标准中的必要了。这一维度对当时的幼儿园、中学教师标准的拟制都有导向作用，是这次专业标准的一处亮点。

三、在小学教师的专业工作中切近关键道德

课题组查阅了大量文献，在各种理论维度下进行甄别和论证，又历经两轮由小学教师对维度评价的赋分调查，得出以下结论（见表1-1和表1-2），从中可以看到教师的爱和公正对小学教育产生的纵深影响。围绕这两个关键概念所做的一线调查，初衷并非希望从两个关键道德中引出所有的优良道德，这种想法本身也是不成立的。有些优良道德可能受道德主体、道德目标等相关因素的影响会程度不一地与关键道德存有关联，但也绝不都是直接联系。提出关键道德，并对其进行分解，是希望进入小学场域，借助小学教师群体真实的育人经验与认识，进而建立起小学教师专业与小学教师道德之间内在关联的重要思维，为此我们要考虑教育者与教育对象的关系、教育教学过程本身的要求等问题，而不是像以往那样把许多有关师德的讨论不断泛化到个体道德、人性与良知等讨论方向上。

表1-1　关键道德：小学教师的爱

关键道德	延伸道德	具体指向	态　度	行　为
爱	敏感性	道德敏感性	亲切、温和、鼓励、耐心、接纳、包容、适度、敏锐、积极、尊重、关心、无私、欣赏	能够对学生的道德行为进行识别、判断和解释 当学生犯错时，能察觉是否为道德问题 能对自身行为的道德水平保持敏感
		情绪敏感性		敏锐察觉学生的情绪变化、异常情况 能够察觉自身情绪变化 进行自我情绪管理

关键道德	延伸道德	具体指向	态　度	行　为
爱	尊重	遵循身心发展规律	亲切、温和、鼓励、耐心、接纳、包容、适度、敏锐、积极、尊重、关心、无私、欣赏	顺应学生性情 促进学生身体的发展 关心学生的心理需要 根据学生年龄阶段特点调整教书育人的方式
		发展的眼光看学生		谨防对学生持有固化观念 以发展的态度督导学生 选择能够促进发展的教育惩罚方式
	关怀	教师自我关怀		关心自己的心理需要 关心自己的健康状况
		学生关怀		接纳有错误的学生 回应学生的需要 施与恰当的言语关心（包括在校内出现的各种积极、消极的事件） 鼓励学生的正确行为 给学生留有自己的空间 善待特殊儿童
	赏识	欣赏		能够发现学生身上的闪光点 经常对学生说鼓励性的话语 鼓励学生参与具有挑战性的活动 运用合理的奖励措施
		调动积极性		
		激发潜能		

　　对表 1-1 和表 1-2 仔细研读后可得出结论：小学教师的爱与公正既是一种教育的手段也是一种教育的目的，这表明手段善与内在善实现了统一，它们也因此成为小学教师专业伦理的重要组成部分。这两个关键道德深植于小学教师的职业认同里，自觉表现在他们的教育教学行为中。围绕上述两个表格，这里简要呈现了调查中教师的爱和公正在小学教师专业工作中的具体表现，也一定程度上延展出围绕关键道德所表现出的小学教师专业伦理中更多细致的内容。

表 1-2　关键道德：小学教师的公正

关键道德	延伸道德	具体指向	态度	行为
公正	理性	客观行事	严肃、客观、严谨认真、仁慈、一视同仁、民主、保障学生权利、因材施教	遇事冷静，不情绪化处理问题 行事果断 自我反思
		保持清醒的头脑		
	仁慈	同情		宽恕学生的错误并能帮助学生改过 有同理心 善待特殊儿童 避免语言倭化
		宽恕		
		救助		
	平等	一视同仁		公平分配资源 保持谦虚，向学生学习 尊重听取学生意见 客观评价学生
	民主	权利与义务		听取学生的意见 学生公开选举
	学生权益意识	保障学生权利		优先考虑学生权利 正面引导学生发展 保护学生隐私 将选择权交给学生
	个体差异意识	因材施教		能够觉察到学生之间的不同 弹性动态地评价学生 对待不同类型的学生采取不同的处理措施

（一）作为专业伦理的"小学教师的爱"

表 1-1 从敏感性、尊重、关怀、赏识四个延伸的道德维度对小学教师的道德爱、专业爱、爱自我三个方面进行了育人行为的聚焦。表格中罗列的行为，紧紧围绕教育中人的发展（不仅有学生的发展，也包括教师的成长）来

关注教育过程中的专业需求与道德促进，如当学生犯错时能察觉是否是道德问题、根据学生特点调整教书育人的方式、能随时关注并调节自身的情绪变化等。"小学教师的爱"作为专业伦理，强调了道德爱、专业爱、爱自我三个方面紧密联系、缺一不可，忽视其中的任何一方面，都会让教师的爱滑向妈妈式的保育之爱，或是冠以爱的名义去追求成绩的应试之爱，再或是埋头忙碌、一味付出却缺少反思和调整的庸碌之爱。

爱与教师职业有着特殊的联系，这也是教育界的核心议题。文化教育学家斯普朗格在阐述教育中的爱及其作用时指出，教育的本质就是以爱为中介的文化传递。[1]教育是社会的子系统，是社会生活的一部分，而社会联结的精神方向集中表现为爱。小学教师面对的教育对象是6—12岁的儿童，这个阶段的孩子的自然性和社会性方面都处在脆弱期和稚嫩期，在他们生命中扮演重要角色的小学教师成为他们无限信任的"陌生人"，也正是这样一种真实的伦理处境，我们要求小学教师的爱应成为一种专业情感和道德品质，它应具有职业性、科学性、无条件性、互惠性等特点，是备受古今中外小学教育工作者重视的关键道德，是诸多优良道德的源头与根基。

（二）作为专业伦理的"小学教师的公正"

表1-2中的小学教师公正关注了理性、仁慈、平等、民主、学生权益意识、个体差异意识等具体道德，适用的场域关注了小学教育教学的专业性。在学生方面，涉及了关心教育资源的公平分配，优先考虑学生的权利，保护学生隐私，善待特殊儿童等具体行为要求；关于小学教师自身，涉及了遇事冷静，行事果断，自我反思等行为要求。这些细化了的内容可以让我们更好地建立起相对抽象的"小学教师的公正"与小学教育现场之间的实践关联，使得关于小学教师的公正这一关键道德的讨论体现出鲜活的小学教师专业伦理品质。

教师公正是指教师在自己的教育活动中对待不同利益关系所表现出来

1　陈东升.试论教育爱的三种模式 [J].教育理论与实践，1994（2）：57-59.

的公平和正义，它表现在教师与自身、教师与同侪、教师与学生等人际关系中。[1] 其中，教师与学生的关系构成公正关系的重心。公正是人类社会普遍的道德法则，是各行各业、各种生存境遇下人们孜孜以求的价值生活目标，也是伦理学思想史不断探究的一个核心概念。公正说到底是一种处理利益关系的原则，小学教师是否能够做到公正，虽然很多时候体现在对事务处置的表象上，但实质上会形成一股隐性的、持续的、强大的示范力量，能够直接影响小学生的人格发育和社会性发展。因此，教师公正会成为一种关键道德，它同时具备了手段价值和目标价值，实现了手段善和内在善的统一，在小学教师教书育人的过程中既是指导专业工作的基本原则，也是十分重要的育人资源。

从小学教师专业伦理的角度去回溯与小学教师职业规范相关的文本，围绕优良道德与关键道德在社会规定和理论研究中的些许差异，来探讨小学教师专业伦理的具体内容，将有助于我们进一步从职业内部的专业属性来展现、甚至是重申小学教师的一些关乎职业道德的、但更关涉专业伦理的品质。"伦理"品性始终处于丰富的现实可能性之中，我们必须关注教师伦理品性的形成。[2] 以上这些讨论和研究，一方面，从某种程度上会增进人们对教师职业本身的信心，尽管它们不一定都是法律意义上的契约，但却象征着社会与其信任的机构之间的一种道德契约；另一方面，可以帮助小学教师不断澄清一般意义上的道德品质（如爱、公正等）在具体的小学教育的场域中所应持有的特定性和强制性，而这些道德品质的职业实现正构成小学教师专业精神的一部分。

1　檀传宝.教师伦理学专题——教育伦理范畴研究 [M].北京：北京师范大学出版社，2010：54.

2　姜勇，庞丽娟.论教师教育课程的精神关注：文化·伦理·智慧 [J].教育科学，2008（3）：75–78.

第二节 小学教师专业伦理的特质

一、优良道德的推导与小学教师专业伦理的决定性影响因素

不同国家在制定本国教师职业道德规范时，都会根据国家的历史、国情、教育等具体情况提出用以引领和规约本国教师职业操守的准则，有些国家和地区制定的教师职业道德规范侧重于教学要求，有些侧重于对多重教育关系的规定；有的主要从法律层面提出要求，有些主要是从道德规范层面提出规约。但通过比较各国各地区类似教师职业道德的文本之后发现[1]，一方面，这些表述为：各种指向教师的具体道德品质或禁忌的要求具有很大程度上的相似性，即都会对教师的个人道德、人际伦理等方面提出十分相近的希望或规定；另一方面，教师专业伦理概念在政策中的使用逐渐得到广泛的普及。专业伦理产生之初主要是对其服务对象的关系和行为进行规范，目的在于更好地满足服务对象的需求，但随着专业化的进程推进，专业伦理开始承担起保持专业团体在社会的道德威望和名誉，进而为专业团体发展新成员提供道德门槛的任务。职业道德规范，或许可以约束教师的行为，但是无法约束教师的思想、情感、态度与价值观，更无法让教师提升职业幸福感。坚守教师专业伦理将激发教师对本职工作的坚持与执着，并引领教师达到职业幸福的境界。[2]

在文本分析中，我们发现，对教师专业伦理的研究与实践已成为国际社会的共同选择，且目前各国使用的教师职业道德规范具有高度的相似性，这促使我们试图思考教师职业道德规范与教师伦理之间究竟存在怎样的联系。用伦理学的概念来审视，各国的教师职业道德规范文本中规范要求的实质类似于伦理学中的"优良道德"，各国出台的各类教师职业道德规范之所以高

---

1 课题组做了英国、美国、德国、澳大利亚、加拿大、芬兰、日本七个国家与小学教师职业道德规范相近的政策与文本分析。

2 杨晓平，刘义兵. 论教师专业伦理建设 [J]. 中国教育学刊，2011（12）：66–69.

度相似，正因为获得这些"优良道德"的科学路径大抵相同，而不断切近这一科学路径，可以帮助我们把小学教师群体放置在完整的教育要素中，以探究和审视对他们的伦理期待是否合乎小学教育的规律、体现小学专业的精神。因此，伦理学中用以得出优良道德的推导公式为我们探究小学教师的优良道德提供了一条值得参考的科学路径，这个推导公式可以让研究者摆脱复杂的因素干扰，抓住决定小学教师优良道德的最核心的制约因素。

怎样的道德称得上是优良道德呢？为弄清这一问题就需要对现存的道德价值进行判断。伦理学中的元伦理学讨论了现存道德价值和优良道德的产生和存在的来源、依据问题，认为优良的道德规范只能通过道德目的，从行为事实如何的客观本性中推导、制定出来：所制定的行为应该如何的道德规范之优劣，直接说来，取决于行为应该如何的道德价值判断之真假；根本说来，则一方面取决于行为事实如何的事实判断之真假，另一方面取决于道德目的的主体判断之真假。[1] 并由此得出一个优良道德规范推导公式：

前提 1：行为事实判断之真理
前提 2：道德目的判断之真理
———————————————
结论 1：道德价值判断之真理
结论 2：优良道德规范

这个优良道德规范推导公式及其所包含的四个命题被称作伦理学的公理或公设。其要义在于：经由道德价值判断为真、对、优的道德为优良道德。我们借伦理学中的这个公理或公设来进一步思考小学教师专业伦理的相应元素及其所指，结论如表 1–3 所示。

1　王海明. 伦理学原理（第三版）[M]. 北京：北京大学出版社，2009：3.

表 1-3　伦理学公理 / 公设对应的小学教师专业伦理所指

伦理学公理 / 公设	伦理学所指	小学教师专业伦理所指
前提 1：行为事实判断之真理	人性：人的伦理行为事实如何之本性	1. 小学生身心发展特点及需要 2. 小学教师的特质
前提 2：道德目的判断之真理	道德价值主体：社会为何创造某种道德	道德价值主体：小学教育（社会子系统之一）的价值（道德目的）是什么
结论 1：道德价值判断之真理 结论 2：优良道德规范	道德价值和道德规范：伦理行为应该如何的优良道德	道德价值和道德规范：小学教师伦理行为应该如何的优良道德

　　在上表中，我们可以看到，结论 1 与结论 2 判断为真理的道德价值和优良道德规范，其对应的小学教师专业伦理为"小学教师伦理行为应该如何的优良道德"，前文提到的各国各地区教师职业道德规范共同关心的内容——对小学教师在职业要求、人际伦理等方面的道德规定，也正是约定了"小学教师伦理行为应该如何"等相关内容。在推导公示的结论部分，我们看到了小学教师的优良道德关心"小学教师伦理行为应该如何"，而这些是由什么来决定的呢？为此，我们需要转向对与之形成支撑关系的两个前提条件进行讨论。

　　能够推导出优良道德的小学教师专业伦理所指的两个前提是：（1）由"小学生身心发展特点及需要"和"小学教师的特质"共同构成前提 1 所关注的小学教育场域的行为事实。如同伦理学中是把行为事实判断之真理指向了"人性"相类似，在小学教育工作领域中，小学生、小学教师两个主体的特殊性构成了教育中客观存在的"行为事实"；（2）作为小学教育场域中的"道德价值主体：小学教育（社会子系统之一）的价值（道德目的）是什么"构成了前提 2 所关注的小学教育的道德目的。如同伦理学中是把道德目的判断之真理指向用"社会需要"作为量尺相类似，在小学教育工作领域中，小学教育作为社会子系统之一，由以小学教师为主而实现的"社会价值"构成了小学教育的价值存在和道德目的。那么，在这样的一系列推导条件下，想要了解小学教师专业伦理的学段特质，首先要关心三个决定性的因素：小学生身心发展的特点及需要；小学教师的角色特质；小学教育的价值。这三个因素决定了小学教师专业伦理"向善""示范""发展"的重要特质，在以下的论证中，我们将具体揭示决定性因素与三个特质之间的关联。

二、小学教育对象的童蒙性决定了小学教师专业伦理起始于"向善"

小学生作为小学教育的对象具备特有的童蒙性，这一判断极其聚焦地表达出小学生的特点和需要之于小学教育的诉求。而这种童蒙性是如何影响小学教师专业伦理的呢？

6—12岁的小学儿童正处在中国传统教育所谓的童蒙教育时期。[1] 在中国传统教育中，"童蒙"常常与"养正"紧密联系在一起。早在先秦时期，《周易·蒙卦》就提出"蒙以养正，圣功也"。什么是"童蒙"？《说文解字》中说："蒙，童蒙也，一曰不明也。"干宝曰："蒙为物之稚也。施之于人，则童蒙也。"[2] 意思均为幼稚、未明，对人的发展阶段而言就是年少无知，还处于懵懂的阶段，故曰"童蒙"。何为"养正"？孔颖达说："能以蒙昧隐默，自养正道，乃成至圣之功。"[3] 王守仁的《传习录》中说："毋辄因时俗之言，改废其绳墨，庶成'蒙以养正'之功矣。"[4] 张载也曾解释道："蒙以养正，使蒙者不失其正，教人者之功也。"[5] 可见，"养正"的基本含义就是要涵养正

1　古代童蒙时期，一般认为年龄上限在15岁，如《礼记》曰："十五成童，舞《象》也。"

2　李鼎祚.周易集解（第二卷）[M].北京：中国书店，1984：8.

3　高亨.周易大传今注 [M].济南：齐鲁书社，2009：74.

4　汉语大词典编辑委员会.汉语大词典 [M].上海：汉语大词典出版社，1992：552.

5　张载.张横渠集 [M].北京：商务印书馆，1936：50.

道，培养正知、正见，从而养成良好的品行，使自身修养日趋完备。由此，传统童蒙教育也主要是以伦理道德教育为主，尤其是以日常行为规范教育为核心，在"人伦日用"中达到培养人的目的。

由此我们看到，童蒙教育表达了两种教育假设：（1）通过行为习惯的养成来育人。如，朱熹认为儿童教育要从日常生活的小事抓起，从小要"教人以洒扫、应对、进退之节，爱亲、敬长、隆师、亲友之道"。从生活小事做起，不断积累应对外部世界的道德和能力是传统蒙学教育的重要任务。（2）正面教化促进儿童德性发展。这正像孔子所说的："道之以德，齐之以礼，有耻且格。"[1] 这两种教育假设使得我国古代童蒙教育十分重视正面的道德教化，"孟母三迁"的故事也传递出正面引导对于儿童成长的重要作用。这里，我们是从童蒙教育中揭示出我国古代小学教育一直以来遵从了"向善"之道的。

另一方面，现代小学教育研究与实践也十分关注儿童自身的向善性，尊重小学儿童对积极环境和安全感的本能需要。处在生命初始阶段的儿童，欣欣然像初蕾绽放，一切都是最美好的样子。这一阶段的儿童，其生命观念、情绪情感、自我认知等方面具有一定的阶段发展特质。据上海市一项调查发现，小学各年级儿童生命认知情形具有较大差异，到小学六年级时，儿童还不善于在生命问题上以感悟哲理的方式去认知，他们倾向以丰富、具象的方式去感知生命，并且多倾向于参与积极的生命体验和生命资源。有80%的儿童对生命过程的体验都是积极的。[2] 小学生对生命事件的感知形式和卷入方式，表明了童年时期对于积极情感体验的强烈需要和生命安全感的基础需求。若在儿童时期接触过多的负面社会事件、拥有消极的家庭成长经历等，会对儿童造成许多成长的阻碍，影响儿童亲社会行为能力的发展，会不同程度地导致一种应激障碍，严重者将会出现过度焦虑、强迫心理，乃

1　杨伯峻.论语译注［M］.北京：中华书局，1980：12.
2　李丹，陈秀娣.儿童生命认知和生命体验的发展特点［J］.心理发展与教育，2009（4）：1-7.

至抑郁状态。[1]

从以上分析我们看到了由小学教育对象所决定的"向善性"这一伦理需要，它构成了小学教师专业伦理中的"向善"特质。这里需要补充和强调的一个观点是，小学教师在教育教学过程中向小学儿童表达"向善"这一伦理影响时，并非单向地给予教导，交往中的小学教师和小学儿童更多的时候是在共同经历向善的过程。在师生这一重要的伦理关系中，我们必须认识到小学儿童自身也是追求善的群体。已有研究表明，儿童在很小的时候就对某些行为产生了朴素的道德意义上的认识。儿童会感受到必须做某些事情，不应该做某些事情，他们开始认识到某些规范的权威性。儿童也在探究着善。儿童在探索世界的时候，不仅会注意"繁星密布的苍穹"——自然的宇宙，而且也会注意到"内心的道德法则"——道德的宇宙，即什么是好的、坏的，或善的、恶的。儿童不仅对一些生活中常见的道德现象充满兴趣，有时还会对一些比较深奥的伦理问题进行思考，有些问题会使成人甚至最有智慧的成人（包括伦理学家）都面临一种严峻的挑战。[2] 儿童对世界的认识，包括对道德现象的认识，并不像成人想象的那样浅薄。马修斯（Gareth Matthews）建议，"成人（无论是教师、父母还是研究儿童的人员）在儿童面前要抛掉优越感，俯首倾听儿童提出的认知方面或道德方面的问题"。他认为，儿童提出的问题或发表的意见，有时会使成人甚至许多领域的专家大受启发。[3] 由此我们看到，小学儿童的"向善性"不仅规定了自己与世界的连接方式，而且规定了小学教育的影响方式，具体表现为小学教师专业伦理的"向善"特质。回到优良道德的推导公式，可以看到，这里从多个角度讨论的向善性构成了前提 1 中我们揭示的小学教师之优良道德的行为事实，故

1　伍新春，周宵，林崇德，等.青少年创伤后心理反应的影响机制及其干预研究［J］.心理发展与教育，2015（1）：117-127.

2　〔美〕加雷斯·马修斯.哲学与幼童［M］.陈国容，译.北京：生活·读书·新知三联书店，1989：4.

3　刘晓东.儿童精神哲学［M］.南京：南京师范大学出版社，1999：35.

而"向善性"成为小学教师专业伦理的一种重要特质。

三、小学教师角色的应验性决定了小学教师专业伦理尊崇"示范"

工作中的小学教师具有怎样的学段特点？这是一个很有必要进行讨论的问题。现代教育对小学教师的期待是成为优质的综合型教师，他们需要在德、智、体、美、劳五大基本学习领域以尽可能综合、融通的方式给予小学儿童应验性的教育影响。小学教师角色的应验性在这里是指小学教师在传道、授业、解惑时，首先需要做到以身示范，甚至"身教"比"言传"更为重要。换言之，小学儿童会更自然地选择从小学教师身上获得由教师应验的知识、能力、价值观。形成这种现象的原因在于，小学教师是儿童童年时期的重要他人，同时又是儿童初级社会化的引路人。小学教师的特质由其所面对的受教育对象（小学生）以及小学教育的特点来决定。6—12岁的小学儿童经历了婴幼儿时期的第一个生长高峰之后，身心发展进入一个相对平缓的阶段。这一时期，小学生的自主性感知觉能力、注意的持久度、思维的逻辑性会获得重要的发展，尤其是情绪、情感能力经历了一个由被动反应向主动表达的漫长发展过程。小学生的这些身心发展特点，一定程度上决定了小学教师在他们生命中的重要位置，也因此形成了小学教师专业伦理的"示范"特质。

在小学阶段，小学教师专业伦理的示范特质是如何表现的呢？其发生机理又是什么？这是一个崭新的问题视角，但答案并不令人陌生。首先，小学教师专业伦理的示范特质表现在其所担当的"替代父母"的职责上。当小学生离开家、离开父母进入小学校园时，小学教师就有代替父母角色的责任。正是这样的一个角色责任，才使得小学生在学校里有困难、受伤时，最先想到的是教师，尤其是班主任，这也正是教师能直接影响小学生身心发展的重要原因所在。在小学生眼中，教师是真实的肉身存在，可以走近、亲近、求助、依靠……从这个侧面来看，小学教师专业伦理的示范性来源于父母式的"言传身教"。其次,小学教师专业伦理的示范特质还表现在小学教师是学生"形影不离"的榜样。小学教师因其特有的职业身份,会被小学生视为值得信赖、尊重和敬仰的人。小学教师的言行举止、待人接物的方式都对儿童发展具有榜样示范作用。教师作为一种榜样,他们通过自己鲜明的形象、高尚的情操和富有感染性的人格魅力,把社会对个体的规范要求和现实生活中的言行有机地结合起来,展示在儿童面前,为儿童发展提供了一种可资借鉴或选择的参照坐标。[1] 这种小学教师的榜样示范作用,实质上正是一种专业的伦理力量。

　　小学教师无论扮演着父母的角色还是成为学生形影不离的榜样,其对小学儿童发生影响的内在作用机理都是模仿。模仿(mimesis),是人类学研究中的一个重要概念,教育过程可以被认为是一个模仿的过程。这里的模仿(mimesis)可以表示"使自己相似"(making oneself similar)、"表现自我"(representing oneself)、"表达"(expression)等意义。[2] 它并不是简单的复制、拷贝行为,而是在外部世界与自我表达交叉堆叠后建构生成的。洪堡认为,人类创造外部世界的同时,也创造了人类的内部世界,因此也就形成了教育。模仿是人类内部世界与外部世界交流的一种机制,为人类面向世界、感受世界、作用于世界创造了可能。[3] 在模仿机制的作用下,儿童会抽离自身,突破主体的个人局限,朝模仿对象靠近,主动通过身体的运用和表达,借助这种蕴含身体范式的行为模仿,来接近外部世界,将外部世界转换进自己的内部世界,形成一种实践性知识储存在内部世界中。几乎在整个小学阶段,小学生会因为教师的长久陪伴和榜样作用而潜移默化地实现着这种具有教育意义的模仿。

1　朱小蔓.中国教师新百科(小学教育卷)[M].北京:中国大百科全书出版社,2002:416–417.

2　〔德〕克里斯托夫·武尔夫.教育人类学[M].张志坤,译.北京:教育科学出版社,2009:60.

3　滕星.教育人类学通论[M].北京:商务印书馆,2017:301.

综合以上分析，我们发现小学教师角色中存在着"应验性"，它与小学生的身心发展需要相契合，这种应验性决定了小学教师对小学儿童所产生的影响是一种"示范性"的伦理影响。由此，"示范性"构成了前提 1 中小学教师之优良道德的又一行为事实，它也因此成为小学教师专业伦理的一种特质。

四、小学教育阶段的养成性决定了小学教师专业伦理重视"发展"

最后，我们来讨论能够推导出优良道德的小学教师专业伦理所指的第二个前提：作为小学教育场域中的"道德价值主体：小学教育（社会子系统之一）的价值（道德目的）是什么"。养成教育是小学教育阶段的重要任务和价值使命，已取得小学教育界的共识。已有的养成教育研究多集中在讨论面向 6—12 岁的小学儿童应如何更好地促进行为习惯、品德、社会性三方面发展的教育。有关心理学研究的成果也证实小学阶段是养成儿童良好品行的重要时期。从人的品德心理发展阶段看，7—11 岁这一阶段是行为习惯以及品德的养成期。这一关键时期具有"两易律"。也就是说，良好的习惯和品德在这一时期是最容易培养和形成的，同时也是不良习惯和品德出现频率最高的多发期。[1] 而社会性的发展是现代小学教育特别关注的教育内容与目标。这里，"社会性"与"自然性"相对应，自然性多体现为儿童的天性与生理特性，它随着个体的生长和发展不断表现出贴近个性特质的变化；社会性主要指儿童参与社会生活、关系、活动时需要不断增进的能力、智慧和道德。而无论是人的习惯、品德，还是社会性，其形成和发展都是一个漫长的过程。

除了以上有关养成教育内容与目标的已有认识以外，人们之所以使用"养成"一词，还表明了这样两种认识：（1）养成教育重视过程性。养成教

1　曾欣然.德性心理活动规律探索［M］.重庆：西南师范大学出版社，2012：134.

育中的"养"字，延续了最初生物学上"养活"一词的生动表达，延伸到参与人类社会发展的"养成"，呈现出一种能够使种群向上、向好发展的方式。在养的过程中，要求人们要遵循事物的发展规律。福禄培尔把儿童比作花木，他认为每种花木都有自己独特的成长规律，儿童也如此。小学阶段的教育需要关照儿童完整的生活和个体性，走进儿童的物质生活、精神生活和内心世界，观察和发现儿童的天性和才能，帮助他们在成长的路途中分辨自己的潜能，获得发展的能力，养成健全的人格。（2）主体发展优先于教育评价。养成教育中的"成"字，表达的是一种评价目标。"成"字在汉字字源中由大斧头的形象和一小竖构成。大斧头向下砍进行杀牲取血誓盟，由此产生办好了、可以、达到一定程度、定性、成果、成为、其中之一等意思。[1]"成"代表着事物发展到一定的形态或状况，实际上就是一种"结果"。"养"与"成"连在一起使用，意味着持续的主体发展（而非某一次考评结果），这与小学阶段养成教育的使命更为接近。以上两种认识进一步明晰了养成教育的内在特点和内部过程，也显现出小学教育的价值目标——促进小学儿童连续的发展，而且尤为重视习惯、品德与社会性的发展。因而，"发展性"也成为小学教师专业伦理的一个显性特质，这一特质会广泛影响教师对待小学教育和小学生的态度，同时也会深刻影响他们具体的教育教学方式，从急功近利的干预和评价转向张弛有道的教育陪伴和等待。

由小学教育阶段的养成性分析，我们发现，促进"养成教育"是承前启后的小学教育的任务与价值，它在一定程度上规定了小学教育的价值方向是促进"发展"。小学教育的研究和实践亦表明，也只有秉承促进"发展"的价值方向，小学教育的基础性、综合性才可能真正有条件被推进、被落实。由此，发展性作为前提2也为推断小学教师之优良道德提供了判断，发展性也因此成为小学教师专业伦理的一种显性特质。

由以上分析得出，小学教师专业伦理具有"向善性""示范性""发展

1 窦文宇，窦勇. 汉字字源：当代新说文解字［M］. 长春：吉林文史出版社，2005：395.

性"三种显性特质。探讨小学教师专业伦理特质，将有助于我们进一步从职业内部的专业属性来展现、甚至是重申小学教师在工作中应当把握的伦理方向和原则：（1）尊重小学生的童蒙教育需要，以"向善"的伦理刻度来引领小学生发展；（2）充分重视小学教师角色中存在的应验性，无论是教知识还是教做人，小学教师时时刻刻都要以身示范；（3）将"养成教育"作为小学阶段的重要任务，注重教育的过程性和渐进性，一切教与学的目标都需指向小学生的连续"发展"。这些讨论和研究从某种程度上会增进人们对小学教师职业本身的信心，也能让小学教师从专业伦理的理论议题上获得实践力量，在教育岗位上做到有所为、有所不为。

第二章 比较视野中的小学教师伦理研究

教师专业伦理是教师在其专业化发展过程中不可缺少的重要部分，也是教师的职业道德规范发展到一定阶段的产物。本章将梳理中国小学教师伦理发展历史，考察小学教师伦理的国际视野并进行比较，探讨国内外关于小学教师伦理的共识与差异。

▎第一节 小学教师专业伦理的发展历史 ▎

由于小学教师职业和教师劳动的特殊性，社会赋予了小学教师更高的道德要求。不同历史时期的小学教师专业伦理多表现为师德规范。师德规范是一定历史时期社会对教师职业道德所做的要求与期待，其发展历史能够在一定程度上反映出特定历史时期背景下社会发展的特点。随着社会的发展，师德规范逐渐从约定俗成的礼制规约向成文的法律规章方向转变。同时随着教师职业专业化的不断发展，师德规范也越来越具体和严格，并逐渐向教师专业伦理转变。[1]整体而言，在中国教育发展的历史长河中，小学教师的伦理

1　白雪. 论我国师德规范的演进 [J]. 教育与教学研究，2018（4）: 58-63, 126.

要求还未能从整体的教师伦理规范建设中分离出来。

一、从原始社会到民国初年的师德发展

中华民族有着三千年的教育史，教师职业活动历史悠久，教师职业道德的发展源远流长。由于中国古代并没有十分清晰地界定小学教师，因此，教师职业的专业伦理或职业道德是针对整个教师群体而言的，而教师的职业道德正是中国古代教育家普遍关注的问题。这一时期主要指从孔子创立私学至清末初步创办师范教育。对教师的道德要求大多体现在古代教育家的著作言论中，如孔子、孟子、荀子、朱熹等人对于师德都有着自己独到的见解。随着朝代的变化和书院的发展，学规逐渐对教师的言行起到约束作用。此后，到清朝末年，清政府颁布相关章程和制定教师考核标准等，对未来教师的师德提出基本要求与规范。中华民国成立后，对清朝末年的各种教师制度也逐渐进行完善和修订，但初期并未正式提出有关师德规范的专门文本。[1]

（一）师德的具体内涵

师德在中国的萌芽可以追溯至原始社会时期。在原始社会，虽然教育尚未成为一种专门、独立的活动，但其中已经蕴含着师德的萌芽，如风俗禁忌、行为习惯以及礼乐制度等都在原始教育活动中发挥着约束及规范作用。从广义上理解师德，这些都可看作师德的萌芽，这对后来中国古代师德的产生与发展产生了直接影响。在古代，教师与天、地、君、亲相并列，具有较高的社会地位和历史责任。为了获得和维持这种教师职业所带来的光辉，社会对教师也有着相应的要求，而这些要求大多与现在探讨的师德有关。我国对师德最初较为全面的论述是从孔子开始的，而后又有诸多教育家在长期的教育实践中不断总结经验，在孔子的思想基础上不断丰富和发展，逐步形成了相应的师德，主要体现在以下几个方面：

---

1 白雪. 论我国师德规范的演进 [J]. 教育与教学研究，2018（4）：58–63, 126.

1. 以身作则，为人师表

中国古代教育家在其各自的论述中特别注重为人师表，要求教师不但要注重"言传"，而且要重视"身教"，这是我国教师的优良传统之一。孔子最早提出教师要"以身作则"，他认为："其身正，不令而行。其身不正，虽令不从。""不能正其身，如正人何？"（《论语·子路》）教师以身作则，以自己的模范行为作为表率，可以形成巨大的教育力量来感化、教育学生。南北朝时期重要的思想家和教育家颜之推，尤其注重以身作则。他认为："夫风化者，自上而行于下者也，自先而施于后者也。是以父不慈则子不孝，兄不友则弟不恭，夫不义则妇不顺矣。"（《颜氏家训·治家第五》）这句话着重强调了上位者对下位者的影响，对教师也同样适用。唐代教育家韩愈强调"身教"具有巨大价值："是三人俱以一身立教，而为师于百千万年间，其身亡而其教存。"（《韩昌黎集·原毁》）只有以身作则的教师才能做到"其身亡而其教存"。可见，教师的言行举止、思想品质时时刻刻都在影响和熏陶着学生。而具有极强可塑性的学生，他们不仅会从书本中学习，更会向老师学习，因此，教师应时刻注重自身的模范作用。

2. 学而不厌，诲人不倦

孔子有名言"学而不厌，诲人不倦"，即要求教师要努力学习且不满足，对待教学要态度认真，不知疲倦。孔子十分看重为师者的学习品德，强调教师应该不断学习。孟子同样对为师者在知识方面提出了严格的要求，认为教师应"以其昭昭，使人昭昭"（《孟子·尽心下》），而"昭昭"的基础就是教师的虚心好学。荀子将教师与天地君亲共提，认为教师有绝对的权威，并且把教师的知识作为衡量其自身是否能够拥有权威的重要条件。他认为教师要想在教学过程中充分发挥主导作用，达到"人有师有法而知，则速通"（《荀子·儒效》）的层次，就必须拥有渊博的知识。

由于育人是一件极其复杂且艰巨的工作，不能一蹴而就。这就要求教师要对学生进行长期反复的教育，即做到"诲人不倦"。孔子认为教师拥有了广博的知识后，更要通过教学活动"见己道之所未达"（《礼记正义》）。宋代王安石主张教师对学生不但要"问其口",还要"传以心",不但要"听以耳",还要"受以意",做教师要"为师不烦,而学者有得也"(《书洪范传后》)。王夫之强调:"讲习君子,必恒其教事。"(《姜斋文集》卷一)这种"诲人不倦"的精神是教师最宝贵的品格和最崇高的精神境界。

3. 热爱学生

古代教育家认为教师要诚心诚意地爱护自己的教育对象,才能教好学生。

热爱学生,表现在教师要关心、了解学生。孔子把对学生的热爱、对教育的忠诚看作是教好学生、搞好教学的前提,认为教师对学生应常想到"爱之,能勿劳乎?忠焉,能勿诲乎?"(《论语·宪问》)。也正是由于孔子对学生的关心、热爱,使得他能够准确概括出学生的特点,并根据不同学生的特点因材施教,从而培养出各有专长的学生。

热爱学生,表现在要爱全体学生,对所有学生一视同仁。孔子提出"有教无类"(《论语·王灵公》)更是强调无论学生智力高低或出身贵贱都不应受到歧视,要爱全体学生。荀子也提出"故师之教也,不争轻重尊卑贫富,而争于道"(《吕氏春秋·劝学》),强调教师对待学生不应以贫富贵贱等相区别。

4. 教学相长,严谨治学

在中国传统师德中,好学进取是教师履行职责的重要保证与基础。《学记》强调"是故学然后知不足,教然后知困。知不足,然后能自反也;知困,然后能自强也",明确提出教师应该做到"教学相长",认为教与学之间是相互依存、相互促进的,教师需要通过不断的自我反思来发现自身的不足和困惑,来促使自己进步。此外,孔子认为"我非生而知之者,好古,敏以求之者也"(《论语·述而》),他的学识是在刻苦钻研中求得的,教师要想教好学生,自己就应勤奋好学,而后才能严谨治学。古代教育家指出,教师求学,一方面要像《论语·泰伯》中说的"学如不及,犹恐失之";另一方面要善于求师，不耻下问，方能学到真才实学，执教才能"名师出高徒"。[1] 由此可以窥见，教师的学习态度和知识水平本身并没有道德意义，而出于教师职业的特殊性，教师的学习态度和各方面能力才被赋予了道德意义，因此教师自身首先要具备良好的知识水平和教育能力，才能承担起教书育人的重任。

（二）中国古代师德的明确规定

1. 文本规定

到了宋代社会，书院逐渐兴盛，师德规范便随之逐渐形成且较为明确，并出现专门的文本对师德进行规定，文本多以学规的形式出现。所谓学规，是书院所订的规程章法，用以规范约束生徒。[2] 学规的内容除了明确书院的办学宗旨、教育目的、培养目标和制定日常生活的管理通则外，还规定了生徒修身立德、读书治学的准则和方法。如在宋代的《白鹿洞书院揭示》中，朱熹明确将"父子有亲，君臣有义，夫妇有别，长幼有序，朋友有信"五伦列为"教之目"，位于首位，并强调"学者学此而已"。又如《程董二先生学则》也对教师的师德进行较为清晰的规定：凡学于此者，必严朔望之仪，谨晨昏之令，居处必恭，步立必正，视听必端，言语必谨，容貌必庄，衣冠必整，饮食必节，出入必省，读书必专一，写字必楷敬，几案必整齐，堂室必洁净，相呼必以齿，接见必有定，修业有余功，游艺及适性，使人庄以恕，而必专所听。这两个学规不仅对学生进行各方面的规定约束，而且对教师也有规范、指导作用，强调道德修养和行为品质是担任教师的重要条件，因此，在古代社会被普遍使用，影响深远，这也使得这两个学规成为我国古代有明确文本的师德规范的雏形。

1840 年鸦片战争后，我国由封建社会逐渐沦为半殖民地半封建社会，

---

1 杨建犹，王天桥，刘兰英，等. 我国古代教育家论师德 [J]. 江西教育科研，1984（1）：45—51.

2 唐卫平，张传燧. 古代书院学规的教学论思想探微 [J]. 当代教育论坛（教学研究），2010（6）：5—6.

对教师的道德要求也随社会性质的变化发生改变。清朝末年，清政府为了维护封建统治，迫切地希望通过教育来培养巩固封建王朝的人才，兴学运动也随之开展，由此推动了近代教师群体的产生。在此背景下，师范学堂和师范教育体系逐渐建立起来。康有为在《大同书》中对师德的论述，是我国教育史上第一次对各级教师师德问题进行系统的阐述。书中指出，对小学教师的选用应"当选德性仁慈、威仪端正、学问通达、诲诱不倦者为之"；还指出"女傅非止教诲也，实兼慈母之任"[1]，对小学教师的道德和责任进行明确的规定。1903年清政府颁布《奏定初级师范学堂章程》指出："膺师范之任者，必当敦品养德，循礼奉法，言动威仪足为模楷；故教师范者宜勉各生以谨言慎行，贵庄重而戒轻佻，尚和平而忌暴戾；且须听受长上之命令训诲，以身作则，方能使学生服从。"[2]体现了清朝末年对小学教师的师德规范的基本要求。

2. 教师检定规则

近代，主要通过对小学教师的检定来考察小学教师是否具备从教资格。1909年清政府颁布了《检定小学教员章程》，其中对师德提出了一些基本要求，如对教员的品德等进行说明，并对出现以下五种情况的教师不予检定："教员最重品行，如有后开各事项，不得与检：一、曾犯刑律者；二、现有刑事诉讼者；三、沾染嗜好者；四、举贡生监学生曾经斥革者；五、曾经斥革教员尚未开复者。"[3]由此也可以看出，当时师德规范的内容还比较简单，仍停留在对师德表面的、大范围的劝诫上。

除此之外，当时的一些地方教育部门也制定了相应的教师考核标准，如重庆府于1908年遵行学部颁行"新学制"章程中有关教师选用条件的规定，依据四川省学务处、提学使司的部署，提出教师考核标准："服务上，凡任教员者须奉戴教育之宗旨，勤奋职务，凡教员须尊奉法律命令，不可从事于

1　陈学恂.中国近代教育文选［M］.北京：人民教育出版社，2001：115.

2　璩鑫圭，唐良炎.学制演变［M］.上海：上海教育出版社，2007：405.

3　舒新城.中国近代教育史资料（第1卷）［M］.北京：人民教育出版社，1981：346.

营利事务。教学上，要导儿童为善良，不可抱贪求奇功之念，不可以身体教育委之于体操，不可抱鄙令之心志与陋劣之思想。职务上，教员须保全身心之健康，教员须学历丰富，教员须磨心志，教员须常研究教育法，教员须经常讲究心理学、生理学及卫生学，教员须知管理之方法，教员须熟练恳切勤勉，教员须具刚毅、忍耐、威重诸德。处置儿童须宽厚和平，教员须有善良之性行，教员须品行高尚，学识渊博，经验积重。"[1] 这也体现出重庆府对教师的考核标准相对成熟，其考核标准也具体说明了教师应具备的师德规范。

二、民国中后期小学教师专业伦理规范的萌芽

（一）教师专业伦理翻译阶段

在民国时期已经有一些学者认识到教师专业伦理规范的重要性并开始进行研究，对当时美国学者的教师专业伦理研究成果进行翻译，教师专业伦理规范的制定与实施等内容由此进入中国学者的研究范畴。当时的教师专业伦理规范被界定为："乃是指示教师们在各种关系及活动中所常信守之德义的和专业的原则。"不同于由国家制定的正式的法律制度，"前者乃由行政官厅以法令形式所规定关于教师职务上一切行为之准则；后者则为由教师全体自行草创，用资共同遵循之生活信条"。如中国香港于1987年成立"教育工作者专业守则筹备委员会"，以此专门制定《香港教育专业守则》来对全部教师进行专业伦理的规定。邰爽秋曾翻译发表《教师品德及其品德动作》一文，详细指出了教师应具备的83种品德及表现品德的700余条动作，对教师伦理进行了详细的说明。如在文中列出了教师应具有正确、适应、机警、有志气、有生气、赞扬美德等品德，每一条品德下又有具体的动作规范，如"正确"的品德动作有：（1）正确地记录学生成绩；（2）考核学生之观察是

1　重庆市教育委员会. 重庆教育志 [M]. 重庆：重庆出版社，2002：594–595.

否正确；（3）对专门名词发音准确；等等。[1]

此外，当时比较有影响的期刊如《教育杂志》也曾登文介绍美国教师专业伦理规范的相关内容。[2]但受种种条件限制，当时的教师专业伦理研究仅是对国外研究成果的翻译，并未进行本土化的深入研究。

（二）教师专业伦理仿制阶段

1939年以后，中国学者开始了对教师专业伦理的进一步探索。常道直于1939年教师节之际发表《全国教师公约：今年教师节对于教师们之献言》一文，介绍美国教育协会的教师专业伦理规范，并称之为"教师公约"，强调教师公约可视作培养专业意识的有效手段之一。[3]随后，陶愚川、王炯珍、王欲为、李相勖等人分别以美国教师专业伦理规范为模本，各自仿制草拟"教师道德律"或"中国教师服务道德公约"。这些仿制的教师专业伦理规范基本上涉及了教师和学生及其家庭、教师和国家社会、教师和同事、教师自身、教师和业务等方面，对教师的专业行为做出详细的伦理规定。即便学者们的仿制成果引起了学术界的极大反响，但仍停留在对美国教师专业伦理规范的效仿上。

（三）教育组织团体制定阶段

抗日战争时期，时局动荡，学者们的研究受到影响，全国性的教育组织也遭到破坏，教师专业伦理规范的相关推进工作亦随之被迫搁置。抗战胜利后，中国教育学会作为当时最大的教育组织迅速恢复工作，重新召开全国性会议，将探讨制定全国教师专业伦理规范等诸多事宜提上日程。之后，众多国内教育团体组成了中国教育学术团体联合会，在其之后的第五届、第九届联合年会中，重点讨论了制定中国教师专业伦理规范的诸多事项，最终在第九届联合年会上，讨论并通过了由常道直和朱炳乾二人主持草拟的《全国教

1　邰爽秋.教师品德及其品德动作［J］.开封教育旬刊，1933（67）：143–161.

2　世界教育杂讯.美国教师专业规约之一斑［J］.教育杂志，1937（5）：84–85.

3　常道直.全国教师公约：今年教师节对于教师们之献言［J］.教育通讯，1939（33）：4–5.

育专业道德规约》。这是中国首部全国性的教师专业伦理规范。[1] 其内容包括三个部分：总则、主体内容和附则，论述了教师与社会、专业、学生、同事等的关系并罗列了教师的具体行为，规定了该规约生效和修订的方案以及相应的惩罚措施。

纵观民国中后期教师专业伦理规范的发展成果，从节译到仿制，再到自主制定，这在一定程度上开启了我国近代具有可操作性的教师伦理标准研究的先河，但小学教师专业伦理并未从教师整体中分离出来。

三、新中国成立至今小学教师专业伦理规范的丰富和发展

新中国成立至"文革"结束期间，教师专业伦理规范在曲折中重建与发展。在此期间，一方面为进一步明确教师的基本职责和职业道德，相关教育部门先后颁布高等学校和中学暂行工作条例。由此，教师不仅在政治思想方面积极上进，而且在人才培养和科技研发方面都取得了重大成绩，为国家战后恢复和发展做出了突出贡献。[2] 另一方面，受政治因素影响，教师对学生的正常教学活动、管理活动、考务等被严重扭曲，教师的职业道德修养和新树立的职业自信受到极大的冲击与打压。1977 年"文革"结束以后，教育工作开始恢复并得以拨乱反正。改革开放后，随着我国教育事业逐渐发展且步入正轨，国家和人民对教育的期望越来越高，教师队伍建设不断深化，由此对教师职业道德的要求也趋向严格。至此，我国开始了教师专业伦理规范的正式建设与发展，并真正向教师专业伦理转变。

（一）教师专业伦理的学理研究

教师专业伦理作为一个专门且严肃的研究领域，其学理研究主要是从

1　王凯. 中国教师专业伦理规范的早期探索 [J]. 杭州师范大学学报（社会科学版），2019（6）：120–126.

2　秦苗苗，曲建武. 新中国成立 70 年师德建设回顾总结和展望 [J]. 现代教育管理，2019（10）：21–26.

20世纪80年代开始的[1]，此后，我国学术界对教师专业伦理进行了长时间的探索。

1. 教师专业伦理的内涵

自开展关于教师专业伦理的研究以来，其内涵的界定是学术界探讨的重要问题之一。首先有学者指出："对于在教师职业道德规范制定和师德建设过程中面临的诸多问题，解决的出路只有一个，那就是在观念上实现由一般性的教师职业道德向教师专业道德方向的转移，在承认专业性存在的前提下从教师专业生活的需要出发、从专业发展的角度理解和建设教师专业道德。"[2] "由一般性的教师职业道德向教师专业道德的方向观念转移实际上是经验型教师向专业型教师转变的一个重要方面。"[3] 这样的论断在一定程度上为我国教师专业伦理建设引领了新的方向。

而后，有学者认为教师专业伦理是指教师在从事教育教学这一专业工作时应该遵守的基本伦理规范和行为准则。[4] 也有学者从教师专业道德方面进行思考，认为它是教师在从事教育教学这一专业工作时所遵循的能体现教师专业特性、教师道德价值以及教师人格品质的道德规范和行为准则，指向的是教师作为一种专门职业的特殊道德要求和准则，具有不可替性、示范性、深远性等特征。[5] 此外，有学者对教师伦理的范围进行延伸，认为教师专业伦理涉及的是在教育工作中协调人际关系的伦理规范，即教师应当合道德地处理与其他教育利益相关者的关系，包括学生、家长、同事、领导和社会等方面，还关注与教学生活紧密相关的伦理议题，即思考教师如何用合道德的

1 Colnerud G.Teacher Ethics as a Research Problem: Syntheses Achieved and New Issues. *Teachers and Teaching: Theory and Practice*, 2006(3).

2 檀传宝.教育劳动的特点与教师专业道德的特性 [J].教育科学研究，2007（3）：5–11.

3 檀传宝.论教师"职业道德"向"专业道德"的观念转移 [J].教育研究，2005（1）：48–51.

4 徐廷福.论我国教师专业伦理的建构 [J].教育研究，2006（7）：48–51.

5 张凌洋，易连云.专业化视域下的教师专业道德建设 [J].教育研究，2014（4）：116–121.

方式进行教学。[1]

基于教师专业伦理的诸多界定，有学者认为，小学教师专业伦理主要是指小学教师在其职业专业化发展的现实状况下所表现出来的一种极为鲜明的伦理特性，或者说是其在专业活动过程中认同接受并自觉恪守的规范与准则。[2]简言之，小学教师专业伦理，就是指小学教师在从事小学教育教学这一专业工作时应该遵守的基本伦理规范和行为准则。

综上，从学者们对教师专业伦理的界定来看，小学教师专业伦理是从教师整体专业化背景下分学段式地考量教师职业道德发展的必然取向，在此背景下，小学教师专业伦理不仅要关注小学教师个人的道德修养，同时也要思考小学教师如何达到专业伦理。

2. 教师专业伦理与教师职业道德

教师专业伦理由教师职业道德演变发展而来，关于二者的区分与比较也是研究的重点。目前关于教师专业伦理与教师职业道德的界定有两种说法：一是认为教师专业伦理是师德。从理论层面来看，"道德"更突出主观和个体，它适合于诸如个人修养等实践范畴，注重提升人性之特殊性，而"伦理"更体现客观和团体，它更适用于公共意志等理论范畴；从实践层面来看，专业伦理能够纠正传统师德建立的经验方式，借助理论的指导，运用演绎的方法建立规范。[3]二是认为教师职业道德是师德。教师职业道德规范是教师从事教育活动时所应遵守的社会规范之一。[4]

由于教师专业伦理是由教师职业道德发展而来，教师职业道德规范并没有与教师教育活动领域中的经济、政治、法律、技术和语言这些非道德规范区分开来，存在对于教师工作的专业特性反映不够，规范的制定随意性

1 王晓莉. 教师专业伦理：师德研究的扬弃与转型 [J]. 思想理论教育，2013（24）：19-23.
2 张典兵. 小学教师专业伦理品性的内涵、结构与涵养 [J]. 教学与管理，2015（35）：1-3.
3 王丽佳，洪洁. 解读"教师专业伦理" [J]. 湖南师范大学教育科学学报，2009（6）：22-24.
4 冯婉桢. 教师职业道德规范的边界 [J]. 教师教育研究，2009（1）：16-20.

大、不全面、不具体等弊端。[1] 而专业伦理产生之初主要是对其服务对象的关系和行为进行规范，目的在于更好地满足服务对象的需求，但随着专业化的进程，专业伦理开始承担起保持专业团体在社会中的道德威望和名誉，进而为专业团体发展新成员提供道德门槛的任务，因此"在外部所强加的要求之外，专业人员也希望去阐明和指定道德准则来规范成员之间的关系"[2]。于是，职业道德规范或许可以约束教师的行为，但是无法约束教师的思想、情感、态度与价值观，更无法让教师提升职业幸福感。坚守教师专业伦理将激发教师对本职工作的坚持与执着，并引领教师达到职业幸福的境界。[3] 据此，可以看出，教师的专业伦理更符合当前教师专业化的需要。

3. 教师专业伦理的比较研究

我国教师专业伦理研究起步较晚，因此有部分学者通过翻译、研究不同国家和地区的教师专业伦理相关政策和具体内容，从中汲取教师专业伦理建设经验。当前研究主要介绍了英、美、德、加拿大、澳大利亚、芬兰等国家和中国的香港、台湾地区的教师专业伦理发展现状、教师专业伦理规范的政策文本、制定、建设等。如有学者通过研究美国教师的专业伦理，认为可以通过凸显专业伦理的专业基础、强化服务意识、加强自主与合作等促进中国传统师德向专业化时代所要求的教师专业伦理转化。[4] 此外，有学者考察分析了澳大利亚在教师专业伦理建设上的特点，包括非常强调尊重、责任和正直等核心价值，重视对教师进行价值引领，制定明确规范，注重团队间的相互帮助以及给予有效的安全保障等。[5]

除了关注国外教师专业伦理规范本身，学者们还关注到了教师伦理行为

---

1 檀传宝. 论教师"职业道德"向"专业道德"的观念转移 [J]. 教育研究，2005（1）：48–51.

2 宋萑. 教师专业伦理之辩证 [J]. 湖南师范大学教育科学学报，2009（6）：9–12.

3 杨晓平，刘义兵. 论教师专业伦理建设 [J]. 中国教育学刊，2011（12）：66–69.

4 徐廷福. 论教师专业自主权的个体实现 [J]. 教师教育研究，2005（6）：26–29.

5 田爱丽. 引领、规范和保障：澳大利亚教师职业道德建设考察与启示 [J]. 比较教育研究，2013（6）：52–56.

的监管机制。以英国为例，英国逐步设立了以教学管理局和揭露与禁止服务局为主的教师专业伦理行为监管机构，颁布《教师不当行为》系列文件，规定监管系统运作，保障教师专业伦理不当行为的认定程序公正且明确。对此，我国要发挥多方参与教师专业伦理行为监管的作用，重视建立并完善教师专业伦理行为标准与惩戒措施，严格进行教师专业伦理行为监管机制的建设。[1]

4. 教师专业伦理的问题与路径研究

国内有学者通过对教师专业伦理建设进行实证研究，并将国内外教师专业伦理建设进行比较，指出我国教师专业伦理建设过程中存在的问题并提出了相应的解决路径。

（1）存在的问题。首先，教师专业伦理的自身存在问题，如对教师专业伦理理解混乱、大杂烩式建设路径、没有时效的建设评价、外励式规范等。[2]其次，我国当前的教师专业道德缺乏对道德的时代性和民族性的考量。专业道德有其文化属性，必须充分体现中国精神的要求。[3]再次，教师专业伦理的制度缺乏一定的专业性，教师的资格认证制度中并未具体考察教师的伦理道德，师范生教育中也少有专门的教师伦理教育，教师培训也是更侧重于教师教育技能的发展。[4]最后，教师的专业伦理存在实践困境：一是教师专业生活领域与其他生活领域之间引发的困境；二是教师专业生活内部引发的困境。[5]

（2）解决路径。针对教师专业伦理中存在的问题，有学者提出要"坚守

1　李欣蕾，桑国元.英国教师专业伦理行为监管机制概况及其启示［J］.中小学德育，2020（1）：13-15，12.

2　王玉玲.中小学教师专业伦理缺失与重建研究［D］.上海：华东师范大学，2007.

3　陆道坤，张芬芬.论教师专业道德——从概念界定到特征分析［J］.教师教育研究，2016（3）：7-12.

4　喻学林.制度建设视域下的教师专业道德发展问题论析［J］.广西教育学院学报，2009（1）：18-21.

5　苏启敏.论教师专业道德的实践品格［J］.教育研究，2013（11）：119-128.

底线"。如陈桂生曾明确提出"守底线"对于我国教师专业伦理建设的重要性。"我国德育忙于建树高标准的道德大厦，而别国重在守底线。"[1] 还有学者认为，我国应该在坚持底线伦理要求与最高伦理准则的统一、教师专业伦理规范的建设应具有系统性和完整性、教师专业伦理建设应具有可操作性、教师专业伦理建设应有相应的制度保障的原则之下，从宏观和微观两个层次来发展教师专业伦理。[2]

教师专业伦理建设成果体现出极高的社会意义与研究价值。教师专业伦理的相关规范的探讨与制定，应立足于社会现实，一方面，不能脱离现实生活对教师提出过高的伦理要求，也不能用一般劳动者的伦理标准来衡量教师的伦理道德；另一方面，要守住教师伦理底线，不断加强教师专业伦理的内化，使之成为教育工作者自觉的行为选择。专业伦理的终极目的应是与教师的人生幸福相一致的。[3]

（二）教师专业伦理规范的政策发展

我国教师专业伦理建设的相关政策从无到有，从少到多，逐渐形成了较为细致、完善、多维度的政策体系。

1982 年党的十二大召开，提出了"建设社会主义精神文明"的目标，对教师职业道德提出了更高的要求。为了更好地建设教师职业道德，1982年全国教育工会召开了教育工作者座谈会，专门就教师职业道德问题进行深入讨论。有学者指出，师德的核心，至少包括四点：一是爱教育，二是勇献身，三是勤学习，四是谨言行。[4] 在这种时代背景下，1984 年教育部、全国教育工会制定并颁发了《中小学教师职业道德要求（试行草案）》（下文简称《要求》），提出"热爱祖国，献身教育；探索规律，教书育人；勤奋学

1　陈桂生. "师德"研究［J］. 教育研究与实验, 2001（3）: 8-11, 72.

2　徐廷福. 论我国教师专业伦理的建构［J］. 教育研究, 2006（7）: 48-51.

3　孙峰. 大学教育的追求：知识与道德的整合［J］. 西北师大学报（社会科学版）, 2008（1）: 41-45.

4　崔阶平. 尊师和师德［J］. 宁夏教育, 1982（5）: 6-7.

习，又红又专；热爱学生，诲人不倦；遵纪守法，团结协作；以身作则，为人师表"六点师德要求。这是中华人民共和国成立后正式建立和颁布的第一个对中小学教师职业道德做出规定的专门文本，由此则体现出国家对小学教师职业道德建设的重视，该文本也成为我国教师职业道德规范发展与完善的基础。

此后，广大小学教师基于职业道德要求，努力提高自身业务水平，对小学教师队伍建设起到了积极的作用。但时代形势的发展及教育的新需要对小学教师职业道德提出了新的要求。为此，国家教育委员会和全国教育工会在总结试行情况的基础上，对《要求》进行了修订，于1991年8月颁布了《中小学教师职业道德规范》（下文简称《规范》）。《规范》体现了党和国家对教师应具有的职业道德的基本要求，其核心是坚持社会主义方向，教书育人，精心培育德、智、体全面发展的社会主义新人。

随着我国社会主义市场经济体制的建立，社会原有的价值体系和价值观念受到了巨大的挑战，教师的职业道德也同样遭受前所未有的冲击。国家教委和全国教育工会于1997年重新颁布《中小学教师职业道德规范》，增加了"团结协作、尊重家长、廉洁从教"这一内容，以此来应对教师职业道德受到的不良风气的冲击。

进入21世纪后，教育部于2002年印发《关于加强中小学教师职业道德建设的若干意见》，文件强调要"充分认识加强中小学教师职业道德建设的必要性"，教师职业道德建设必须放在教师队伍建设的"突出地位"。这是我国第一个关于师德建设的细致意见，也是第一次就师德建设机制做出专门论述，为后续师德建设的机制完善与政策阐释奠定了重要理论基础与基本框架。[1]

2008年，汶川大地震中的"范跑跑事件"引起了人们对教师道德的极大

---

1 邹红军，柳海民. 新中国70年中小学师德政策建设回眸与前瞻 [J]. 中国教育科学（中英文），2020（1）：38-44，106.

关注，同时也引发了学术界对师德问题的讨论。由此，教育部和教科文卫体工会全国委员会于 2008 年再次修订《中小学教师职业道德规范》，重点增加了"保护学生安全"的道德要求，明确了教师保护学生安全的职责。

到 2010 年后，随着我国义务教育的全面普及，我国基础教育发展逐步重视质量提升，重点优先发展教师职业道德成为推动教师专业发展和提升教师队伍质量的首要任务。2012 年国务院印发《关于加强教师队伍建设的意见》明确提出："将师德建设作为学校工作考核和办学质量评估的重要指标，把师德表现作为教师资格定期注册、业绩考核、职称评审、岗位聘用、评优奖励的首要内容，对教师实行师德表现一票否决制。"同年又颁布中小学《教师专业标准》，"师德为先"作为教师专业标准的四大理念之首被确立下来。2012 年后，针对社会上出现的一些影响较大的教师失德问题，教育部陆续发布了一些规范性文件作为《教师专业标准》的补充，如《关于建立健全中小学师德建设长效机制的意见》（2013 年）、《中小学教师违反职业道德行为处理办法》（2014 年）、《严禁中小学校和在职中小学教师有偿补课的规定》（2015 年）等。

2017 年，为全面贯彻落实党的十八大和相关会议精神，深入贯彻落实习近平总书记系列重要讲话精神，落实立德树人根本任务，教育部制定了《中小学德育工作指南》，提出中小学实行师德"一票否决制"，把师德表现作为教师资格注册、年度考核、职务（职称）评审、岗位聘用、评优奖励的首要标准。2018 年，教育部印发《新时代中小学教师职业行为十项准则》，较为全面地规定了中小学教师的职业道德行为。2019 年，教育部等七部门联合再次出台《关于加强和改进新时代师德师风建设的意见》，从更广泛的内容上对教师道德提出要求。

上述教师职业道德建设文件构成了较为系统的政策规范，同时也体现出国家对于教师职业道德的重视，是教师职业道德在教师专业化背景下朝向教师专业伦理发展的政策基础。

纵观我国教师专业伦理的演变，各个历史时期因其特定的历史背景，对教师伦理的要求既存在共性，又存在特殊性。随着教师专业化的倡导，教师专业伦理逐渐向精细与专业方向发展。为了顺应时代发展，人们意识到应当更关注教师自身，从教师的专业生活质量提高和专业发展的角度循序渐进地推进教师专业伦理建设。

第二节　小学教师专业伦理的国际比较

一、共识：小学教师专业伦理理念、原则与规范中的共同主张

将中西方小学教师伦理的相关研究成果进行比较，我们不难发现它们在理念、原则与规范上存在共同之处。

（一）教师专业伦理规范研究：从教师职业道德向教师专业伦理转变

从教师专业化的角度来看，世界各国都将教师伦理建设视作教师专业化的突破口。英国教育学者休·索克特（Huge Sockett）在《教师专业化的道德基础》一书中提出了教师专业化的四个维度：（1）专业社群，即教师所形成的遵循共同伦理原则的互助性发展集体；（2）专业知能，即伦理层面的诚实、勇气、关怀和公平等实践智慧；（3）专业问责，即教师对学生道德成长与发展所应尽的义务；（4）专业服务，即规范教师履行这一义务的原则。这四个维度决定了伦理道德是教师专业化的重要基础。[1]

从知识观的角度来看，伦理知识是一种个人的专业性的能力，它能够驱动教师考察其自身的行为，质疑自己的意图与行动。它要求教师运用专业美德，如公正、正直、道德、勇气、同情、忠诚和耐心等一般伦理原则，去审视、考察课程和他们从事的教学与评价工作，也包括他们与学生或他人之间

1　祝刚. 西方教师伦理研究：回溯与评论［J］. 外国教育研究，2019（2）：69–88.

的人际交往。[1]教师的学习活动具有道德性，教师伦理作为教师学习的重要内容，是教师专业化发展的重要途径。

此外，我国《国家中长期教育改革和发展规划纲要》（2010—2020 年）也指出，要加强师德建设，加强教师职业理想和职业道德教育，增强广大教师教书育人的责任感和使命感，同时将师德表现作为教师考核、聘任聘用和评价的首要内容。[2]

（二）教师角色研究：教师是伦理道德的主体

当代教师伦理研究主要有三种取向：规范取向、专业取向和实践取向。[3]其中规范取向通常指将教育（或教学）看作是具有道德性质或目的的活动，一方面将教师看作是社会的"道德主体"，负有对社会、对他人、对自我的道德责任；另一方面将教师看作是学校的"道德教育主体"，是学生人格完善或道德成长的重要条件。[4]加拿大多伦多大学教授伊丽莎白·坎贝尔（Elizabeth Campbell）在《伦理型教师》一书中提出伦理型教师（ethical teacher）这一教师角色，其内容主要包括两个方面：第一，教师作为道德人（The teacher as a moral person）；第二，教师作为道德教育者（The teacher as a moral educator）。这二者联系在一起就构成了伦理型教师的范式。[5]因此，教师作为受教育者的模范这一角色定位决定了其自身应具备的伦理要求，小学教师因其自身角色的特殊性更需要遵循严格的伦理标准。而中国则自古以来就对教师有着较高的道德要求，随着教师职业的产生和发

1　〔加〕伊丽莎白·坎普贝尔. 伦理型教师 [M]. 王凯，杜芳芳，译. 上海：华东师范大学出版社，2011：2.

2　参见《国家中长期教育改革和发展规划纲要》（2010—2020 年）第五十二条。

3　程亮. 规范·专业·实践：当代教师伦理研究的三种取向 [J]. 教育发展研究，2009（12）：71–76.

4　Bergem T. The Teacher as Moral Agent. *Journal of Moral Education*, 1990 (2). Elizabeth Campbell. *The Ethical Teacher*. Philadelphia: Open University Press, 2003: 23–46.

5　Elizabeth Campbell. *The Ethical Teacher*. Philadelphia: Open University Press, 2003: 1–130.

展，伦理或道德的要求逐渐成为培养和选拔教师的重要标准。教师不仅要满腹学识，即"学高"，还要恪守伦理道德准则，才能成为"世范"。

教师是伦理道德的主体这一共识意味着教师需要遵守社会期望的伦理原则与价值观念，并将这些原则和观念内化为个人良好的内部伦理素质，从而达到社会对教师的期望与要求。

（三）教师培养研究：重视教师伦理教育

在教师的培养过程中，传统的师范生或教师培养更重视知识与技能的训练，而关于教师职业道德教育或教师伦理的培养是相对欠缺的。在小学中也不难发现，教师的伦理道德是很难评价的。对于大多数教师而言，教师职业道德的考核往往是象征性的"走过场"，教学成绩优秀等同于教师职业道德优秀，由于人们对此的忽视，才出现了教师漠视学生安全、教师殴打学生等失德事件。因此，转变课程价值观、构建教师专业伦理的核心内容是首要任务。于是，有学者指出，"当教育专业类课程聚集于各种理论时，虽然一定程度上使得课程建构更为科学、更有逻辑性、更具抽象性和绝对性，但却失去了教师本真、鲜活的生活本身，也即丢失了'伦理'品性。'伦理'品性始终处于丰富的现实可能性之中……为此，我们必须关注教育专业类课程设计中的另一维度，即教师伦理品性的形成。"[1] 所以，多个国家和地区采取措施重点培养教师伦理，如美国不断修订教师培养的政策文本以完善教师伦理规范，新加坡通过进行新一轮的教师教育课程改革，以此关照师范生的专业伦理精神的养成，再者如加拿大重点培养伦理型教师，以及我国台湾地区对教师伦理相关问题的研究等，都为教师伦理培养提供了丰富的经验与成果。

---

1 姜勇，庞丽娟. 论教师教育课程的精神关注：文化·伦理·智慧 [J]. 教育科学，2008（3）：75–78.

（四）注重教师专业伦理的规范建设

西方国家普遍重视制定教师专业伦理准则，以确保教师能够遵照标准规范自己的价值观与行为。如美国最早制定教师专业伦理的相关规范。早在 1896 年，美国佐治亚州的教师协会就颁布教师专业伦理规范；1929 年，美国通过了《教学专业伦理规范》，并于 1941 年和 1952 年进行了两次修订；1963 年，美国全国教育协会（NEA）正式制定了《教育专业伦理规范》（也称 NEA 准则）。此外，日本对教师道德建设也十分重视。从"士族教师形象"到"顺良""信爱""威重"的教师道德要求，日本教师专业伦理受到极大影响。1952 年，日本教师联合大会通过并颁布《教师伦理纲领》，并将其作为正式的教师职业道德规范，至今仍然被广泛运用。我国于 1984 年出台《中小学教师职业道德要求（试行）》，之后《中小学教师职业道德规范》经历多次修订；2012 年出台《小学教师专业标准（试行）》；2019 年出台《关于加强和改进新时代师德师风建设的意见》。这一发展过程体现了我国对小学教师专业伦理越来越重视。

可以看出，不论是世界各国关于教师伦理的政策文本，还是国内外学者的研究，达成共识的一点是教师专业伦理是教师专业化必不可少的重要组成部分，而对教师职业道德的培养与重视是教师专业伦理发展的必经之路。

二、差异：不同文化背景中小学教师专业伦理要求的特点

教师的专业伦理是其专业素养的重要组成部分，重视教师的专业伦理建设是中外教育的共同特征，但是在具体的建设实践中又存在诸多差异，这些差异或许可以为中国的教师专业伦理建设提供有益的借鉴。

（一）英国

英国一直非常重视教师的培养，为了有效规范教师行为，英国一直致力于教师职业行为规范的制定。为了更好地将教师职业行为规范落到实处，英国又经过长期的实践探索，最终探索出了一整套行之有效的教师职业行为规

范实施策略，出台了《英国教师职业标准》《专业伦理准则》来规范和管理教师行为。

1. 制定的主体：多方参与

不同于我国自上而下的制定模式，英国《专业伦理准则》的制定是通过国家教师联合会（National Union of Teacher，简称 NUT）来制定的。教师工会的前身是全国小学教师联合会（National Union of Elementary Teachers），主要由小学教师组成，是英国在 1870 年成立的第一个教师组织。而后由于中学教师的加入，所以该组织更名为国家教师联合会，也称教师工会，该组织旨在维护教师权益，在国家教育政策制定的过程中扮演着重要角色，是目前英国规模最大的教师组织团体。

英国教师职业标准最早是由英国教育与科学部制定与修改的，后来其他专业及学术团体也参与其中。进入 20 世纪后，随着社会对教师职业要求的不断提高，加之受"教师专业化运动"的影响，英国更加频繁地修订教师标准，进一步更新教师专业知识的内容，明确了教师专业素质。由此，英国教师标准局等机构在 2002 年 6 月颁布了《英国合格教师专业标准与教师职前培训要求》。后来，英国教育部为了更进一步提升学校教学质量和教师队伍素质发起了多项改革行动，其中就包括再次评估和修订已有的教师标准。因此，2011 年，在教育部的授意下，由多名优秀教师、校长和知名学者等组成的专家小组开始对已有的教师标准进行全面评估和修订。

可以看出，英国的教师专业伦理的相关规定经过英国政府、教师工会、学校培训和发展机构等的不断完善，才最终发展成今天体系较为健全的《英国教师职业标准》和《专业伦理准则》。

2. 制定的内容：注重教师专业的伦理

教师的专业伦理应包含多个方面：教师自身、他人、专业、社会和国家。通过已有研究可以看出，英国《专业伦理准则》中关于教师专业的规定数量要高于关于学生的规定数量，即英国的教师对于自身专业的伦理素养相对重视。[1]

2012 年英国颁布的《英国教师职业标准》明确要求作为一名合格的教师，要具备良好的职业道德、合作精神与端正的教育态度，同时能够培养学生的独立性。具体内容包括：教师首先要热爱自己的事业，愿意为教育事业做出贡献，必须具备良好的职业道德，做到热爱学生、尊重学生；整个教学过程的实施需要教师之间共同努力合作，相互配合，在相互合作中为学生树立良好的榜样；要通过指导、监督、展示有效实践、提供建议和反馈帮助同事的专业发展；鼓励家长和监护人积极参与对孩子的进步、发展和身心健康有益的对话和交流；教师能够确保开发学生的教育潜能，建立平等、尊重、信任的师生关系，为学生提供个性化教学等；教师应该具备正确的价值观、态度和高标准的行为。[2]

在《英国教师个人与职业行为标准》中，教师个人与职业行为标准是教师职业的底线。英国教师个人与职业行为标准规定：在英国，所有教师，包括工作于地方公立学校、专科学校、非公立特殊学校、独立学校及六年制专科学校、青年住宿学校、儿童之家的教师，在整个教育职业生涯中，无论在校内还是校外，必须遵守如下行为标准（详见表 2-1）。

表 2-1 英国教师个人与职业行为标准[3]

序 号	内 容
1	教师要严格对待学生，尊重学生，遵守教师工作的职业边界
2	尊重学生的法定权利

1 陈黎明. 如何完善我国教师职业道德规范?.——基于对五个国家教师职业道德规范的质性内容分析 [J]. 教育科学研究，2019（2）：74-81.
2 郭云飞. 英国教师职业道德内涵 [J]. 江西教育，2013（34）：41-42.
3 Teachers misconduct: information for teacher [EB/OL]. (2018-04-02). https://www.gov.uk/government/publications/teacher-misconduct-information-for-teachers. https://www.gov.uk/education/teaching-standards-misconduct-and-practice.

序 号	内 容
3	不损害英国核心价值观,即民主、法治、自由、共同尊重包容不同信仰与观念
4	教师确保自己所表达的个人观念不会激发学生的弱点或导致学生犯法
5	教师必须了解并遵守学校法规
6	教师必须理解教师职业的义务与责任,在法律所规定的责任范围内从事教学
7	教师必须依照《儿童保护法》的要求保护学生的利益

从以上内容可以看出,在英国众多关于教师专业伦理的相关规定中,大部分内容指向了教师职业行为上的伦理,即教师专业的伦理。

3. 内容的实施:教学作为教师专业伦理的实现

根据《英国教师职业标准》中第一部分教学内容可以看出,各种教学内容和教学实践在一定程度上体现了国家、社会对教师专业伦理或职业道德的要求。尤其是师生关系作为教师专业伦理的重要内容,在《英国教师职业标准》中有明确规定:教师应对学生给予充分的尊重,并逐渐形成尊重、包容的师生关系。此外,在最新的英国教师职业行为规范中明确规定了不合法的教学行为,指出教师有法定的职责为学生计划、准备和传授课程;对学生的发展、进步、成就进行评估;报告学生的发展、进步、成就;传授教学包括远程教学或电脑辅助教学;除此之外其他不以教学为目的开展的教学,如:课外收取学生费用辅导学生等教学行为、没有履行法定职责的行为皆为不合法的教学行为。[1]

---

1 The Department for Education's statutory guidance publications for school sand local authorities [EB/OL] (2017–01–05). https://www.gov.uk/government/collections/statutory-guidance-schools/.

4. 核心目标: 具有小学教师专业伦理特质

为了培养卓越且具有"英国特性"的小学教师,从教师专业伦理标准的制定到职前小学教师的培养,其核心目标在于帮助职前小学教师发展自身教育哲学,澄清个人价值观念,发展其在具体情境中对伦理道德问题的敏感性,以及他们的专业素质,如公正、同理心、诚实等,更强调了不仅要提升小学教师的专业技能,还要增强小学教师对专业责任的认识。小学教师因其自身属性,在学校教育与工作生活中受到专业知识、专业技能、专业精神的影响,而小学教师在传授专业知识、使用专业技能、投入专业精神时面临着大量的道德诉求。[1] 因此,小学教师需要明晰自身的价值观念,具备公正、诚实等专业伦理素养,在面对诸多道德诉求时能够敏锐地判别小学生的行为与情绪。基于上述目标,英国在其相关教师专业伦理标准以及职前教育的目标上具有小学教师专业伦理特质。

(二)美国

美国为推进教师专业化建设,制定了全国统一的教师专业伦理准则,有效提升了教师队伍质量和专业伦理水平。

在教师伦理规范制定初期,美国全国教育协会(National Education Association,简称 NEA)制定了《教学专业伦理规范》,期望通过树立理想的教师形象来促进教师伦理建设,后经过三次修订,最终更名为《教育专业伦理规范》(也称 NEA 准则,下文简称《规范》),并于 1968 年正式颁布。而后教师专业化的发展对教师伦理提出了新要求,为此《规范》迎来了第四次修订,其结构和陈述方式都发生了重大改变。至此,《规范》渐趋完善,逐步成为美国教师专业伦理的核心纲领。进入 20 世纪 80 年代后,美国国家教育协会再次全面修订、出台了《教育职业伦理准则》,各州以此为基础制定符合本州情况的更细化、更具操作性的教师伦理标准。1996 年,美

---

1 李敏. 优良道德与关键道德: 小学教师专业伦理的内容思考 [J]. 教育科学,2020(4): 44-50.

国又以《教师专业标准大纲》和《教育职业伦理准则》为基础，制定了《优秀教师行为守则》，对教师伦理提出新的规定。而后，美国在教师专业伦理建设方面，一方面以《规范》作为核心纲领，另一方面又以《优秀教师行为守则》激励教师，不断提升教师的专业伦理水准。[1]

进入 21 世纪以后，伴随着信息技术和互联网的迅速发展与应用，美国社会对教师专业水平和专业伦理的要求进一步提升。2008 年，美国教师教育鉴定委员会修订了教师教育专业标准，其中小学教师教育专业标准的专业成长、反思和评价部分要求小学教师能根据他们对教学、专业学习、职业道德的研究，主动思考和反思他们的教学实践。他们应能不断评价自己的专业决策的效果和对学生、家庭和其他专业人员等学习共同体的影响，并积极寻求专业发展的各种机会。[2] 而后，美国教师教育与认证州管理者协会（National Association Of State Directors Of Teacher Education And Certification，简称 NASDTEC），于 2015 年发布了《教育工作者专业伦理准则》，这是对 1986 年《教育职业伦理准则》的进一步扩大、细化和完善。其扩充了教师专业伦理的原则，新增了 18 条标准和 86 条具体措施，详尽列举了教育工作者应具备的伦理行为规范，使其更具可操作性。美国教师教育与认证州管理者协会表示，该准则是美国第一份面向全国教育工作者的专业道德标准，有助于提升教育工作者的专业地位，指导现在和未来的教育工作者明确认识并忠实履行其专业道德责任。[3]

总的来说，美国传统的教师职业伦理顺利过渡到专业伦理，其特点有以下几方面：

1. 制定的主体：以教师组织为主

美国作为一个政治分权制的国家，自上而下分别由联邦政府、州政府和地方政府管理，其教育也实行分权管理。因此，联邦教育主管部门并不会颁

1 傅维利. 教师职业道德教育指南 [M]. 北京：高等教育出版社，2009：51.

2 闫龙. 美国新修订的小学教师专业标准的特点及启示 [J]. 教育导刊，2011（10）：42-44.

3 韩文根，田丽阳. 美国教育职业伦理准则及其启示 [J]. 教学与管理，2020（6）：117-120.

布文件对教师伦理做出统一的规定，而是通过国家、各州及地方三个层面的教师专业团体制定的组织公约或规则来不断完善教师专业伦理的内容，这些教师伦理准则都是以教师组织内部的伦理规范形式出现的，美国的教师专业伦理也因此不断发展，日趋完善，并且具有一定的灵活性和地方性。

2. 制定的体系：系统性与完整性

美国的教师专业伦理相对来说是一个比较科学、完善的体系。其最新的《教育工作者专业伦理准则》按不同相关利益主体分类，将原有的教师专业伦理的"服务学生"和"专业责任"两项原则扩充为五项原则：对专业的责任、胜任专业要求的责任、对学生的责任、对学校共同体的责任、负责任并合乎道德地使用技术。前两项原则着重规定了教师的专业伦理和专业责任；第三项原则重点要求教师对学生的关心、爱护、尊重、人性化教育和保护等；第四项原则强调教师与他人的协作与互助的责任要求，如教师与教师、教师与学生、教师与家长及其他相关人员之间的帮助、关爱与合作；第五项原则要求教师要承担合理使用专业技术和重视安全保障方面的伦理责任，对教师使用技术的规范和基本要求进行规定。

3. 制定的内容：可操作性

相对于我国的《中小学教师行为守则》而言，美国教师专业伦理中涉及小学教师专业伦理的方面结合了教师行业特点，运用宪法所赋予公民的各种权利来调节教师工作中涉及的各种人际关系，且在具体内容上偏重教师的外显行为，呈现出细化、分化的特点，对教师的要求十分清晰。[1] 伦理规范的具体条目多采用限制性表述，操作性强，所有的教育工作者都可以根据标准来衡量自身是否达到了专业伦理的要求。如在对待学生方面，要求教师做到公平公正，不得根据种族、肤色、信条、性别、原有国籍、婚姻状况、政治或宗教信念、家庭、社会或文化背景、性别取向，不公正地排斥任何一个学生参加任何课程，剥夺任何一个学生的任何利益，或给予任何一个学生以任

1　邱哲. 美国教师专业伦理的制定及其启示 [J]. 教育研究与实验，2010（2）：38-41.

何有利的条件。[1] 表面上看，让教师致力于专业发展，逐步成长为一名优秀教师，关注点似乎不在专业伦理本身，但当一名教师专注于自己的专业工作时，已经表明他有积极实践专业伦理的要求，并表现出良好的专业精神。[2]

（三）加拿大

在多元文化背景下，加拿大采取积极措施来应对多元价值对加拿大教师专业伦理道德上的挑战。其中，安大略省在教师专业与社会公众保持对话与沟通的过程中，结合本土化经验，整合、分析教师行业乃至国内外资源与环境，以维持伦理标准的通行性、开放性和适应性，为专业伦理标准在国际上的开发与应用提供了可借鉴的经验。[3] 同时，安大略省制定和实施了科学有效的《教师专业伦理标准》与《教师专业实践标准》，且得到联合国教科文组织国际教育规划研究所（IIEP-UNESCO）的认可与推介，由此，本书将安大略省的教师专业伦理建设作为加拿大教师专业伦理建设的代表进行比较与论述。

为进一步推进教师专业化，加拿大安大略省建立教师专业自治组织，出台了教师专业伦理标准，形成一套独特的伦理标准与实施方案，有效地提升了教师队伍与学校教育的质量。安大略省现行的是 2006 年修订后的《教师专业伦理标准》，包括序言、目的、主干内容、核心内容四个部分。其中，主干内容包括关怀、信任、正直、尊重四个伦理概念。四个伦理概念中，关怀是指教师应为提升学生潜能表现出同情、包容、兴趣与洞察力；尊重是指教师尊重人的尊严、情感健康和认知发展；信任则要求教师应与学生、同事、家长、监护人和公众建立相互信任的关系；正直则主要包括教师诚实、可靠和道德行为。[4] 在尊重学生方面，《教师专业伦理标准》特别要求教师应

---

1 傅维利.教师职业道德教育指南［M］.北京：高等教育出版社，2009：63.

2 徐廷福.美国教师专业伦理建设及启示［J］.比较教育研究，2005（5）：71-75，83.

3 刘智超.加拿大安大略省教师专业伦理标准研究［D］.杭州：杭州师范大学，2017.

4 徐平.美国外语教师语言教学的道德维度［J］.吉林师范大学学报（人文社会科学版），2012（4）：94-97.

与学生建立起平等教学的关系，无论在课堂上还是生活中，都要尊重学生的人格，做学生的"良师益友"。

加拿大安大略省的教师伦理规范的制订与执行主体是一个教师自治组织，通过教师自主制定并执行相应的伦理标准，继而又同步制定实践标准。这表现出了加拿大安大略省教师专业伦理标准建设的两个主要特点，也是与中国教师专业伦理建设的不同之处。

1. 强调伦理共同体

由于教师专业化发展已成为全球教师发展的趋势，教师专业的伦理也同样受到关注，多数国家和地区已将教师专业伦理建设作为教师专业化发展的一个重要突破口。在教师专业伦理建设过程中，多数研究更关注教师个人或职业的伦理，而加拿大安大略省教师专业伦理标准除了关注教师个人，更关注教师群体。面对全球多元价值的挑战和师生不对等关系的存在，教师专业需要依靠专业群体的力量，依据行业内外部共同认可的价值观，开展伦理对话与道德讨论。[1]就小学教师而言，小学教师对基础教育负重要责任，需要形成以教师群体为核心，家长、社会共同参与的伦理共同体、学习共同体，以此提升小学教师群体的责任感和核心凝聚力，促使教师由个体本位转向群体本位，加强教师的专业伦理知识与专业伦理实践，增强教师职业自律，促进教师群体的专业化。

2. 以伦理实践为伦理核心

加拿大安大略省的教师专业伦理建设以伦理实践为基本理念。伦理实践，即以伦理价值为核心的专业实践。2013年，加拿大安大略省发布《对教师专业的基本建议》，进一步明确了以专业实践为基础，由伦理标准、实践标准和专业学习框架共同构成的专业实践基础体系，三者相对独立而又不可分割，伦理标准与实践准则同步进行，每一项实践标准都细化出对教师的伦理要求与道德规范。其从整体上论述了成为安大略省教师专业成员的重要

---

1 刘智超. 加拿大安大略省教师专业伦理标准研究［D］. 杭州：杭州师范大学，2017.

意涵，也同时阐明了其致力于学生终身学习和参与民主生活能力、品质的提高，引入反思示范性教师行为和持续的专业发展对于有效教学基础性价值的教师专业的目标和愿景。[1] 相比于 2000 年版的《教师专业伦理标准》，2006年版的《教师专业伦理标准》中的表述更多地使用了道德词，如责任、公正、关心、关系、信任等道德概念，其中，关系、尊严、公正、信任四个词多次出现。[2] 对于小学教师而言，维持良好师生关系、维护教师尊严、给予学生公平与尊重等带有伦理特性的实践活动是制定教师专业伦理标准的基础与价值追求，也是小学教师在实践中实现从教师职业道德到教师专业伦理的突破口。这些伦理实践促使小学教师反思自己的教育教学活动。因此，伦理实践是小学教师专业伦理的核心，其理念渗透在《教师专业伦理标准》之中，同时也成为小学教师赖以生存的精神支柱和行动之源。

（四）澳大利亚

21 世纪以来，澳大利亚政府出台了一系列教师专业发展的政策，其中较有代表性的政策文本包括：《澳大利亚政府优质教师计划》《国家教师专业标准》《澳大利亚教师专业学习章程》《澳大利亚教师绩效与发展框架》等。澳大利亚把教师看作社会中基本道德的扮演者[3]，期望教师也能作为社会的道德实践者向着多元文化主义和社会公正的方面发展。为了国内教师专业化的发展，作为教师专业的重要组成部分的伦理规范则以目的、价值观、原则等形式，使这些社会期望得以确立和强化。[4]

澳大利亚实行联邦制，教育权限隶属于各州和领地。虽然澳大利亚在教育中的多领域已经实现了全国化，如已经确立了澳大利亚国家课程、全国

1 Ontario College of Teachers. *Essential Advice to the Teaching Profession*. Toronto: Ontario College of Teachers, 2013.

2 刘智超. 加拿大安大略省教师专业伦理标准研究 [D]. 杭州：杭州师范大学，2017.

3 Lovat Terry, McLeod Julie. Fully Professionalised Teacher Education: An Australian Studyin Persistence. *Asia-Pacific Journal of Teacher Education*, 2006 (11): 287–300.

4 张家雯，王凯. 激励、共享和引导：澳大利亚教师伦理规范建设取向 [J]. 教师教育论坛，2016（5）：87–91.

合作伙伴、全国教师专业标准等。但是教师专业伦理规范还是由各州和领地自行设置。因此，澳大利亚在进入 21 世纪后，各州和领地也纷纷重新设置、颁布了教师专业伦理规范，如新南威尔士州的《行为规范》和首都领地的《教师专业实践规范》。澳大利亚与我国几乎同时期重新修订并颁布教师伦理规范，其专业伦理建设与我国的教师专业伦理规范相比，主要有以下几处差异：

1. 激励型规范占主导地位

随着科技大爆炸时代的到来，有关教师的专业道德问题也逐渐增加，如有学者的调查显示，主要存在个人道德和专业道德的冲突问题、公平问题、人权问题、同事道德问题、学生隐私问题等。[1] 由此，出现了两种类型的伦理规范守则：一是新南威尔士州和首都领地的规范型守则，认为规范的目的在于为教师设置专业义务，规范只是纪律的工具。这种规范型守则旨在确保教师能够遵守伦理规范与教师专业标准，对教师的不良行为进行约束和管理，教师如违反相关规范，就会受到纪律处分。[2] 另一种规范为激励型守则，主要体现在其他五个州和北领地的教师伦理规范中，认为伦理规范的目的在于肯定教师的专业身份、指导教师实践、激励卓越、促进公共信心。这种激励型守则的目的在于界定教师专业中普遍认同的核心价值和伦理原则，使得教师在处理伦理问题时能够拥有更多的道德自主，它相信教师能够做出适合学生和符合社会利益的道德决策，从而能够激发教师更高的专业理念。[3] 相比之下，激励型守则给教师提供了指导和参考，为教师在进行道德实践时留有空间，同时也更注重教师自身的内在道德与对专业核心价值理念的承诺。因此，激励型规范逐渐成为主导规范，原来表现出规范型要求的新南威尔士

1　Boon H. Raising the Bar: Ethics Education for Quality Teachers. *Australian Journal of Teacher Education*, 2011(7): 76–93.

2　DaniellaJ, Forster. Codes of Ethics in Australian Education: Towards a National Perspective. *Australian Journal of Teacher Education*, 2012(9): 1–19.

3　同2.

州的伦理规范也开始向激励型规范转变。

2. 强调教师伦理的核心价值

专业价值理念，本质上是专业对公众的道德承诺，也是一种激发教师做出符合专业行为的道德动机。[1] 一些守则从专业角度出发，确立专业理念，承认专业自身的公众责任，从而更好地促进教学专业的发展，对教师伦理的核心价值的规定也就显得格外重要。如南澳大利亚州的核心价值明确为"正直、尊重、责任"[2]，西澳大利亚州的核心价值是"公正、尊重、责任、关怀"[3]，昆士兰州将核心价值确定为"正直、尊严、责任、尊重、公正、关爱"[4]，首都领地的核心价值则设为"服务、责任、公平、正直、效率"。总体来看，不管是南澳大利亚教师注册委员会推行的教师专业道德守则，还是首都领地教师质量机构所制定的教师专业实践行为守则，都以"正直、尊重、责任"为核心价值理念来引导教师的专业实践和行为，并明确其为教师道德角色的重要内在成分。对于教师伦理核心价值的强调印证了在激励型规范占主导地位时，这种核心价值成为一种可共享的专业道德认同，为教师提供连贯的道德观念和道德实践参照，同时有力地推动了教师伦理的规范建设，推动了教师的专业化发展。

3. 实践中的规范引导

澳大利亚虽然没有出台全国教师伦理准则，但针对教师如何在实践中明晰规范及其中的核心价值采取的常用方法有：提供结构化的道德决策模式、教师伦理实践的在线记录访谈、伦理问题的在线讨论等形式。如维多利亚州

1　陶燕琴，苏启敏. 澳大利亚教师专业道德守则的基本特质、价值取向与发展趋势［J］. 教育导刊，2020（1）：89-96.

2　Code of Ethics for the Teaching Profession in South Australia［EB/OL］. http://www.trb.sa.edu.au/sites/default/files/Code-of-Ethics. pdf, 2015-04-23.

3　DaniellaJ, Forster. Codes of Ethics in Australian Education: Towards a National Perspective. *Australian Journal of Teacher Education*, 2012(9): 1-19.

4　Code of Ethics for Teachers in Queensland［EB/OL］. http://www.qct.edu.au/PDF/PCU/CodeOfEthicsPoster 20081215. pdf, 2015-04-26.

采取线性决策模型和在线研讨活动，其模型分为六个步骤：第一步，需要教师明确问题，界定问题是否由于存在冲突和两难而难以解决；第二步，从各利益相关者的角度考虑，教师的任何决策都会涉及学生、同事、家长、学校以及自身等相关人员，教师需要考虑自己的决定最终会使哪些人受到影响；第三步，确定和问题相关的原则、法律和政策等；第四步，明确和评价自己的各种问题解决方式及其带来的其他可能的结果，有时问题的解决不止一种方式，那么就需要考虑其他可能解决问题的方法及其相关的结果；第五步，获取他人的建议，这里教师可以向直属的管理者咨询，包括校长、校长助理，或者和维多利亚州教学协会联系咨询；最后一步则是做出合适的决策并付诸行动。[1] 一方面，这些形式可以辅助教师将伦理规范与教学实践建立有效的联系，同时也能够弥补规范不能涵盖所有伦理实践和问题的缺陷。另一方面，这些规范可以帮助教师澄清规范中的核心价值，促进教师对伦理规范与现实中的道德困境的思考，增强教师的道德敏感性。[2]

（五）芬兰

芬兰近些年在国际教育评比中取得了非常优异的成绩，也因其独具特色的基础教育及高质量的教师教育受到世界的广泛关注。芬兰能够在基础教育领域取得卓越成就的原因有很多，其中对教师伦理的要求或教师职业道德的建设是推动芬兰基础教育不断向前的重要因素。芬兰的教育体系是基于对教师的信任和教育，但芬兰并未专门出台关于教师伦理的教师职业道德培训课程，也没有具体的师德考核评价制度与标准。对此，有学者认为这是因为"他们对教师职业有自己的认识……芬兰的教师不用讲师德问题，教师都非常热爱学生，非常热爱自己的职业"[3]。也有学者从教师与学生、集体、自身和教育事业的关系方面对芬兰教师的职业道德要求进行了梳理，认为其核心

1　张家雯，王凯. 激励、共享和引导：澳大利亚教师伦理规范建设取向 [J]. 教师教育论坛，2016（5）：87–91.

2　同1.

3　顾明远. 为什么中国人爱讲师德 [N]. 中国教师报，2015–10–21（13）.

在于善待学生、善于合作、善立自信、善担责任。[1] 由此可以看出，在芬兰的教师选拔与培训中，诸如尊重、信任、公正等道德品质早已融入其中，加之芬兰教师拥有高度的自治权，综合种种因素，使教师成为芬兰值得信赖的专业人士，对教师的伦理要求也就成为无须强化的教师的日常生活的基本操守。因此，芬兰小学教师的专业伦理具备以下四个特点：

1. 教师为主

芬兰的教育工会负责制定教师专业伦理的相关规定。自 1973 年成立以来，教育工会逐渐成为芬兰最具影响力的教师组织团体。芬兰的各级各类学校的教师自愿加入工会。目前芬兰约 95% 的教师为教育工会成员。教育工会所制定的教学伦理的有关规定体现的是芬兰教师的共同意志，是教师对自身专业要求内化的体现。

2. 师德为先

芬兰小学教师态度及素养评价指标主要包括"职业道德""职业发展"和"交流与反思"三个方面。其中，职业道德位于首位，主要包括：热爱教育事业、团结合作的团队精神、对自己的教学行为负责、对学生的成绩负责、敢于创新、有进取心六个方面。[2] 这份指标明确要求教师首先要认可、热爱自己的工作，并把这份工作当作完善自己的平台。在这项指标的要求下，芬兰的小学教师的满意率高达 91%。由此可见，在芬兰小学教师的评价标准中，教师的伦理素养居于首位。

3. 教师职业选拔与培养严格

芬兰的师范生入学考试十分严格。根据芬兰《教师教育发展计划》规定，为了提高教师队伍的能力、积极性和责任感，所有的选拔必须特别强调性向测试。此外，各学校可以根据自身需要设置笔试、群体面试、单独面试和心理测试等环节。而师范生在读期间需完成本专业学科、教育学、心理

---

1 王浩，唐爱民. 芬兰教师职业道德的核心内容及启示 [J]. 中小学德育，2019（9）：31-34.
2 郝妍. 中国与芬兰小学教师评价指标体系的比较研究 [D]. 辽宁：沈阳师范大学，2009.

学、伦理学、信息技术、项目合作、实习等众多课程后才可毕业。[1] 最终只有极少的申请者能够被录取，然而即便通过考试获得培训机会，也需再经过五年培训后才能获得教师资格，这样才能保证全国最优秀的毕业生进入小学教师行业。如此严格的师范生考试，在一定程度上对教师的伦理道德起到约束、筛选作用。

芬兰的教师选聘制度也十分严格，可以将其视作芬兰教师职业道德养成的制度源头。[2] 1995 年芬兰《基础教育法》规定，小学教师必须具有硕士学位，这至少要 4—5 年时间培养，且通过教师资格考试才能申请教师职位。为了统一中小学教师的任职标准并且对未来教师提出高质量的要求，芬兰根据不同层次的教师教育安排不同的学习内容。[3]

正是如此严苛的教师选拔、培养过程才塑造出芬兰高水平的教师职业道德素质。正如赫尔辛基大学师范教育部门负责人亚里·拉沃宁介绍说："花费五年时间去培训我们的教师，需要的费用非常昂贵。但这让我们的教师拥有了较高的水平，由此受到尊重和爱戴。"

4. 强调专业、自治与责任的内化

在芬兰，教师的工作与发展由地方政府和学校负责。芬兰没有具体的伦理道德标准和指标来考察、评价教师，加之芬兰的教师教育体系是高度开放且注重合作的，并不去刻意强调教师"必须做什么"，而会在高水平的教师教育中将教师的职业性、自主性和责任心内化于心，并不断加强。因此，学校会建立教师个人专业发展计划，通过这种方式，教师必须将自己视为主动学习和工作的主体，理解自己是否专业，是否有较高的专业素质，并自主地

1 章磊. 芬兰教育：不是虎妈也可以教出好孩子 [J]. 内蒙古教育，2012（7）：48-49.
2 王浩，唐爱民. 芬兰教师职业道德的核心内容及启示 [J]. 中小学德育，2019（9）：31-34.
3 Ritva Jakku-Sihvonen and Hannele Niemi. (Eds.). *Research-based Teacher Education in Finland-Reflections by Finnish Teacher Educations*. Turku: Finnish Education Research Association, 2006: 97, 115.

发展自己的教学能力。[1]

（六）德国

德国的教师教育发源较早，有着较为浓厚的历史底蕴和丰富的经验。第斯多惠于 1835 年发表《德国教师教育指南》，提出包括教师道德在内的教师进行教育教学工作的基本要求。2004 年 12 月，德国出台第一个国家层面的教师教育培养标准《德国教师教育标准：教育科学》（下文简称《标准》），从教学、教化、判断与创新四大能力领域及其细分的 11 项能力指标和 22 个标准模块规定了教师所要达到的标准。[2] 2008 年，德国针对教师教育中的具体学科又制定了相关的标准，即《各州通用的对教师教育的学科专业和学科教学法的内容要求》，可以说，以上两个教师标准的文本共同搭建起了德国教师教育的认证框架，为德国教师专业伦理的发展也提供了文本政策基础。

由于教师在德国属于国家公务人员，教师队伍素质较高，其社会地位和福利待遇十分优越，所以德国并没有单独颁布教师专业伦理的标准或规范，也没有特设的相关课程和教育活动。为了推进教师专业化发展及解决本国教师职业道德素养问题，德国在师范教育中十分强调教师教育理念的培养，将职业道德教育完全渗透在具体的专业教育教学之中，以此实现职业理想与职业兴趣的培养。由此，德国的教师专业伦理与中国相比而言，存在以下差异：

1. 强调专业取向的教师伦理

《标准》涵盖四个领域：教学、教化、判断和创新。其中，"教学"处于首位，要求教师必须在指导学习和教学的过程中成为专家，关注知识和能力；"教化"强调教师在参与民主、非暴力解决冲突、宽容等事件中的态度

1　Niemi H & Jakku-Sihvonen R. Teacher education in Finland. Zuljan M V & Vogrinc J. (Eds.). *European imensions of Teacher Education: Similarities and Differences*. Ljubljana：University of Ljubljana, 2011: 33–51.

2　彭学琴，张盼盼. 德国教师专业伦理建设探析——基于《德国教师教育标准：教育科学》的分析 [J]. 中国成人教育，2019（22）：75–78.

和关注的价值；"判断"要求教师能够分析学生的学习过程和进展，向学生提供形成性反馈和总结性反馈，并能够给出恰当等级的成绩；"创新"即要求教师要富有创造力，能够开发教学和教育过程，参与学校发展，并关注自我发展。[1] 受教师专业化的影响，《标准》中对教师的要求将教育视为一种专业性工作，教师则为从事专业性工作的专业人员，其内容更关注教师专业的特性及其伦理要求。这意味着，德国的"教师专业伦理"将对教师的伦理道德要求融入其专业要求之中，强调教师的专业性，以此提高教师的专业品质和专业地位。

2. 教师伦理贯穿教育教学全过程

《标准》并没有单独对教师伦理进行要求，而是将教师伦理作为隐形组成部分渗透到四项能力领域当中，以此来提高学校教育质量。从整体来看，德国对教师专业伦理的要求贯穿教师教育工作的方方面面，不论是教学活动，还是其他行政活动均有覆盖。如对教师与学生、家长及学校交往的每一个环节都有所要求，包括教师模范作用的发挥、教师进行评价时坚持的公平准则等。因此，教师对专业伦理标准的奉行，并非简单遵守，而是要把专业伦理标准转化为自发行为。

3. 教师伦理要求的开放性

德国对教师的专业伦理要求，指出了教师应具备的伦理态度和应遵守的伦理规范，但是并没有规定具体的课程与途径。也就是说，德国对教师的伦理要求只是设立了教师应达到的目标，并没有规定达成目标的途径。德国为各州和各高校培养小学教师的课程设置提供了空间，对小学教师的培养可以根据其面临的学段特征、受教育者特征来进行多样的课程设置，从而有针对性地培养小学教师，使其达到国家对小学教师专业伦理的要求和标准。

1　万明明. 21 世纪德国教师教育标准的发展、实施与评价——访德国 IQSH 主任托马斯·里克－包雷克 [J]. 山东高等教育，2018（2）：79—84.

（七）日本

日本文部省以及其他地方文件很少直接规定教师伦理，有学者指出对教师提出道德要求在日本是有损教师形象的。[1]但日本又在教育教学、教师聘任、法律法规中渗透对教师的道德要求，强调教师应具备的道德形象。日本受我国儒家思想影响，教师在社会上享有崇高的威望，深受人们的尊敬。同时，社会又对教师提出严格的要求，教师必须处处以身作则，为人师表，成为社会道德的化身。

日本创办近代学校后，大力发展师范学校，培养教师。1947年，日本成立教职员组织，并通过了以提高教师地位与建设民主主义教育为目标的《宣言》。1952年，日本教师联合大会通过作为师德规范的《伦理纲领》并沿用至今。20世纪60年代后，日本对教师伦理的研究日益增多，出版了一系列关于教师职业伦理和教师职业道德修养的专著、教材。如原玉川大学总长小原国芳撰写的《师道》，原广岛大学校长皇至道撰写的《人类教师与国民教师》，广岛大学教授新崛通撰写的《现代教育讲座》。这些专注、教材探究了师道的本质、内容与发展条件，强调教师以身作则的精神，推介了英美教育伦理学研究的新成果。[2]此外，日本各地教育委员会教育长对新教师提出了职业道德标准，如要求教师认识到教师工作的意义，为这项工作竭尽全力并持之以恒，能在教师工作中发现自己的生活价值，自觉培养自己的使命感等。

1. 以法律法规推进教师伦理建设

日本十分重视法律法规对教师伦理的约束与保障作用，法律是衡量教师伦理行为的重要标准。2006年，日本颁布施行了新的《教育基本法》，这是对1947年制定的《教育基本法》的全面修订。《教育基本法》作为一部综合性法律从整体上明确了教师责任，结合《伦理纲领》规定了教师自身、教

1 杨民.日本教师的职业道德及培养［J］.教育科学，1999（3）：59–61.

2 刘新春.教育伦理学研究的历史回顾与展望［J］.湖南农业大学学报（社会科学版），2006（1）：57–60.

师与他人、教师与自然、教师个人与团体应遵循的伦理准则以及相应的问责体系。比如规定教师应自觉地认识自己的历史使命、努力完成自己的任务，再如要求教师尊重正义与责任、对自己和他人的热爱、相互合作等。[1] 此外，日本还设有《教育职员许可法》《教育公务员特立法》等法律，与《教育基本法》《伦理纲领》共同形成较为完整的师德问责法律体系，覆盖范围十分广泛，这也为日本预防师德失范、治理教师不适当行为提供了法律依据[2]，这些不断健全的法律法规也为日本教师专业伦理建设提供有力保障。

2. 在学科教学中渗透教师道德教育

日本采取开放型的教师培养制度，没有系统地对教师进行专门的职业道德教育。由日本文部省批准有资格设置教师培养课程的大学开设了几十门教育类课程，这几十门课程均结合教学内容，对即将成为教师的大学生进行教师职业道德教育。如对宪法的讲解要讲教育的作用、教育的公共性，从而引申出教师要具有教育责任感和奉献精神。这种渗透式的职业道德教育方式不易引起学生反感，也能获得更好的效果。

3. 教师选聘过程中严把师德关

日本对于从事专业性工作的教师提出了基本条件，如必须经过长期的专业性教育训练、把社会对教师的期望转变为教师个体的道德自律行为等。此外，教师资格证书是衡量教师质量与素质的重要标志。日本法律规定，想当教师者必须先在指定的大学修完规定的全部课程，考试合格者取得教师资格证书，然后参加竞争上岗考试，合格者才能录用为教师。在新教师录用标准中有八条涉及教师道德的内容，如未来教师的人格品行、教养、责任心、热情、干劲、使命感等。这种严格的选拔保证了新教师具有较高的道德水准，从而保证教师队伍的整体道德水平稳步提高。[3]

---

1 张德伟.日本新《教育基本法》（全文）[J].外国教育研究，2009（3）：95–96.
2 乔花云，吴振其.日本中小学师德问责制述评及启示[J].现代中小学教育，2018（10）：85–91.
3 连盟.西方国家教师道德建设的成功经验[J].辽宁教育，2012（2）：95.

4. 教师形象中的教师专业伦理

在国际社会普遍关注教师专业标准、教师资质的背景下，教师专业化成为教师教育的核心议题，各国着力开展教师培养课程改革与教师专业素质能力研究，日本也不例外。有学者明确提出："80年代后期以来，教师专业化研究成为世界教育改革的中心问题，其中'以怎样的教师专业形象来打造未来教师的形象'成为聚焦点之一。"自此，日本官方开始发表一系列文件对教师形象作出要求，对教师的专业伦理形象要求也融入其中。如2005年日本中央教育课程审议会（以下简称"中教审"）发表题为《创造新时期的义务教育》的答询报告，明确成为优秀教师的必要条件主要集中在以下三点：（1）热爱教育事业，即对教师工作的使命感，对学生的爱和责任感；（2）作为专家型教师的能力，具体包括理解、指导学生的能力，管理班级的能力，课堂教学和解读教材的能力等；（3）综合的人格魅力，包括丰富的人性和社会性，有常识、有教养、懂礼貌以及具有沟通能力。[1] 2012年，中教审发表《关于综合提升贯通教师生涯的素质能力的策略》，首次提出教师作为专业人员应具备的高度的专业素质能力：（1）教师的使命感、对学生的理解和爱；（2）作为专门职业的高度的知识和技能；（3）综合的人格魅力。[2] 此外，为遵照以上中教审一系列答询报告的宗旨，日本部分师范大学开始了小学教师专业素养的研究活动。2007—2008年，一些日本学者接受文部科学省的委托开展了《关于小学教师素质能力形成的调查研究》。该研究共涉及10个能力维度，其中"专业理想"中的"作为社会人的常识，遵守社会规则，使用正确的语言""作为常人的温和、亲切和幽默"，明显是对教师的性格、人文素养和社会道德等方面的要求，这些都是人格魅力的范围。[3] 可以看出，日本所强调的教师形象在一定程度上与其他国家的教师专业标准有相似之处，小学教师的专业伦理要求实际上是融入到了教师形象的规定中。

---

1 夏鹏翔. 日本教师专业化研究 [M]. 天津：天津人民出版社，2022：67–68.

2 同1：69.

3 同1：70–73.

总体来看，小学教师职业道德向小学教师专业伦理转变正在成为一种世界性趋势，小学教师专业伦理能够使小学教师发自内心地投入专业精神与承担专业责任，并按伦理要求进行教育教学。通过比较中西各国关于小学教师专业伦理的相关政策文本，我们可以看到从强调教师职业道德到教师专业伦理、从强调教师群体到强调学段教师的关键性转变。小学教师专业伦理研究需要通过回顾自身发展历史来明晰当前的不足与未来的走向，为推进我国小学教师伦理研究提供历史依据与经验借鉴，为教师专业化发展提供有力支持。

第三章　小学教师的关怀伦理

对小学生的关怀是小学教师专业伦理的重要维度，教师关怀是小学生身心成长的重要资源。特别是在当前"少子化"社会背景下，小学生易被宠养溺爱，同时又被过度期望，这就使得教师对小学生"合理关怀"的意义凸显出来。随着关怀伦理学的兴起，对教师关怀的理论探讨已较为充分，但当前学界倾向将教师关怀实践偏差简单归因于教师个体素养，而对社会系统的影响考量不够。我们认为，小学教师关怀行为固然与其专业能力及关怀素养不足有关，但促进全社会小学教师对学生合理关怀的有效实现，需要有整体性的社会建制。小学教师合理关怀的有效实现，除了需要从学理上厘清小学教师关怀的价值旨趣，并构建相关伦理规范之外，还应有合理的社会建制来促进其落实。

第一节　小学教师关怀的实践偏差

通过对教育实践的观察可以发现，小学教师关怀存在的问题可以归纳为"有无关怀""关怀谁""关怀什么"以及"怎样关怀"四个方面。具体来看，这些小学教师关怀问题分别呈现为以下四种偏差。

一、贫乏式关怀

毋庸置疑，小学师生关系除了包含基本的教学维度，至少还涵盖着个体相遇的情感维度。正如有学者所言，教师对那些被托付给他们照看的孩子履行着一种"替代父母"的职责。[1] 即是说，小学教师除了要履行教书育人的基本职责，还理应承担关心、爱护学生的天然使命。小学六年的时间跨度较长，无论是低年级还是高年级的小学生，生理和心理都较为脆弱，小学生的学业与精神成长都需要教师的丰裕关怀。但是，在现实生活中，有些小学教师或许对自己的教学工作认真负责，然而对学生的日常生活和情感世界却不以为意。他们与学生发生关联的时空局限于课堂，交流内容也仅限于学科知识，其他与课程无关的内容他们都漠不关心。这种情况下，师生关系已经完全窄化为单一的教学关系，教师对学生的人文关怀较少且方式贫乏。更有甚者，个别小学教师非但不关心学生，反而滥用教师权威，肆意训斥、羞辱和体罚学生，在他们眼里，调皮的小学生不是需要被关爱的孩子，而更像是需要被管教的"囚犯"。毫无疑问，小学教师关怀的缺失与贫乏和教师自身的情感素养及道德品质等内在因素直接相关。但是，某些外在限制性因素的客观存在，譬如班级规模过大、教学工作负荷大、教师的时间精力有限等，同样也是导致小学教师关怀贫乏的重要原因，特别是小学教师个人的生存境况会对其关怀情感和行为产生影响。有调查发现，教师的社会经济地位与教师关怀行为呈显著正相关，前者可以直接预测并可通过教师的主观幸福感间接作用于教师的关怀行为。[2]

---

1 〔加〕马克思·范梅南.教学机智——教育智慧的意蕴 [M].李树英，译.北京：教育科学出版社，2014：5.

2 雷浩，李静.社会经济地位与教师关怀行为关系：主观幸福感的中介作用 [J].教师教育研究，2018（5）：34-40.

二、偏爱式关怀

所谓偏爱式关怀，意指小学教师在关怀对象的选择和关怀情感的表达方面所表现出来的偏向性，而且这样的偏向不符合正当、合理的伦理要求。小学教师的偏爱式关怀，通常表现为教师对成绩优异、表现乖顺及家庭背景优越学生的偏爱，并呈现出一种关怀的"马太效应"，即在成绩、家庭背景等方面处于优势地位的小学生越容易获得教师的关注和关怀；相反，弱势学生则越容易遭受教师的情感忽视。显然，这种"扶强抑弱"的偏爱式关怀，不仅直接伤害了很多小学生的情感、心灵，还导致许多小学生的个性潜能未能得到应有的关注和重视，从而限制了其个体发展的充分性。之所以出现这种不合理的偏爱式关怀，与教师个人的道德修养有很大关系。从自然情感上来说，那些各方面表现突出，特别是聪明、乖巧、听话的小学生，会更容易获得教师的赏识和关注，也更可能得到教师更多的关怀。倘若此时没有公正和弱势关怀的伦理精神来平衡或纠偏，教师自然难以避免地陷入自然情感偏好导向下的偏爱式关怀。另外，部分小学教师狭隘的自利心态助推了其偏爱心理的形成。自利心态驱使下，教师往往会更关心能够为自己带来实际利益的学生，于是那些向教师直接进行利益输送的家庭的孩子以及对教师考评有利的学生自然就成为教师重点关怀的对象。如此，成绩好等更有"价值"的小学生往往被视为是更值得关怀的对象，而越是没有"价值"的小学生则越可能面临被忽视、被放弃的命运。

三、功利式关怀

功利式关怀根源于功利主义心态，即以现实的物质利益作为人生发展的主要目的和行为选择的主要依据。在功利式关怀的心态下，那些表面看来无关乎实际利益的东西，譬如人的心理感受和情感需要都被漠然置之，纵然得到了一定关注，也只是被视为谋求现实利益的手段和工具。正是这种功利主义心态，让小学教师对学生的关注完全指向了知识学习和技能训练，关怀的内容也窄化为对智力发展的关心，而学生的情感、态度以及那些与小学生利益看似无关紧要的内容，譬如道德品质、劳动素养等内容则实际被摆在了次要乃至架空虚置的位置。毋庸讳言，这种狭隘且短视的功利式关怀对小学生身心的可持续成长和全面发展极为不利。与偏爱式和贫乏式关怀不同的是，功利式关怀不能简单归结为是小学教师个人的道德问题，就其根本而言，它更是一个社会性问题。一方面，在当前竞争激烈的应试升学、基础教育环境裹挟下，即使是在小学，为数众多的家长和学校管理者也被迫过分关心学生的学习成绩，而这些过度的关注、期望和焦虑都成了转嫁到小学教师身上的责任，如此自然容易导致教师的功利式关怀。另一方面，那种将学生成绩与教师个人利益直接挂钩的考评制度，也在很大程度上驱使小学教师产生功利式关怀。由于学生考试分数的高低直接影响着家长和管理者对小学教师的评价考核，并决定着教师在物质和精神利益上的获得。在这种制度逻辑下，同样是作为具有个人利益需要的普通人，小学教师也难免会过分关心学生的学习成绩，而忽视学生的其他成长。

四、控制式关怀

在实践中，有的小学教师关怀学生，但其关怀却不为学生所接受。譬如，教师不顾小学生的内心感受和实际需要，简单地按照个人意志给予他们单向关心。还有教师以成年人的优越姿态，预先为小学生规划、安排好一切生活，强制学生听从自己的要求。另有教师凭借身份权威，通过各种奖惩规则的制定和实施，迫使学生遵从自己制定的不合理规范。诸如此类，都可以称之为"控制式关怀"。这种关怀看似是为了促进小学生的发展，实则是以"爱"之名对学生施行身心"规训"。很显然，在控制式关怀下成长的小学生，很难有独立思考和个性舒展的机会，很难有自我选择和自主决定的空间，因而也很难获得自由、自主的发展。与功利式关怀相似的是，控制式关怀也不能简单地归结为小学教师的道德问题，在很大程度上是教师专业素养不足所致。一方面，这是小学教师教育素养欠缺的表现。一般地，承认和尊重学生在教育中的主体地位以及强调学生的个性发展是现代教育的重要理念，同时，这也是现代社会教师应当遵循的教育原则。当小学教师缺乏这种基本的教育素养，而仍旧以一副居高临下和不容置疑的传统的权威者姿态面对小学生时，自然容易产生教师对学生的单向度管控。另一方面，这也是小学教师关怀伦理不足的表现。了解学生的真实想法，体察学生的内心情感以及掌握与学生对话、交流的技巧，是小学教师在和学生相处过程中应当具备的基本技能，若缺乏这些能力则易产生对小学生单向的控制式关怀。

▎ 第二节　小学教师关怀的价值旨趣　▎

　　纠正小学教师关怀在实践中存在的偏差，首先需要厘清小学教师关怀所追求的价值旨趣，即从深层的价值原理层面来看教师对小学生的关怀所要实现的目的旨趣应是什么。教师关怀是一个教师伦理的议题，它应当具有伦理性，而从根本上看，它又是一项教育活动，故小学教师关怀又理应符合教育性。

一、小学教师关怀的伦理性

　　在关怀伦理学代表人物诺丁斯（Noddings）看来，关怀可能源于我们现在称之为"家庭"的小环境或者父母之爱。[1] 父母之爱的最直接表现在于给予幼儿生理、安全等各种基本需要的满足，所以就其本质而言，可以认为

---

1 〔美〕内尔·诺丁斯. 始于家庭：关怀与社会政策 [M]. 侯晶晶，译. 北京：教育科学出版社，2006：2.

关怀就是一种"利他"行为，即以增进他人利益为行动的出发点和最终目的。对此，诺丁斯也曾指出：关怀意味着从被关怀者的利益出发的行动，意味着负有保护或维持某人或某事的责任，使他幸福。[1] 因此，利他性是关怀伦理的最基本旨趣。作为一种原始的自然情感，关怀早已超越其狭小的家庭范围而向更广阔的人类社会延伸，并在人类种族繁衍和社会发展等诸多方面发挥着巨大的积极作用。根据"道德价值判断推导公式"——肯定的道德价值判断等于行为事实判断与道德目的判断之相符[2]，正是人的关怀行为具有满足人类共同体需要、欲望和目的的客观价值，并且符合保障利益共同体与增进人类利益的道德目的，所以人应该践行关怀。简言之，关怀是社会人应有的基本德性。依此逻辑，小学教师作为社会中的成员，自然就应当具备关怀的品质。更为关键的是，作为"家长代理人"和"社会楷模"，教师的特殊身份决定了利他地关怀学生更是小学教师不可或缺和务必遵守的专业伦理。

除了利他性，小学教师关怀还蕴含着公正性。这是因为，虽然关怀通常是一种自然情感的生发，但是当关怀一旦作为面向公众的专业伦理出现时，就应当遵循或者符合其他（以及更为）一般性的道德原则，譬如公正。[3] 在对关怀的分类论述中，诺丁斯也特别提出了"自然关怀"与"伦理关怀"的范畴。伦理关怀是一种诉诸伦理努力和道德理想，并能克服自身抵触情绪的

1　Nel Noddings. Caring: *A Feminine Approach to Ethics & Moral Education*. California: University of California Press, 1984: 9–10.

2　王海明. 伦理学原理（第三版）[M]. 北京：北京大学出版社，2009：51.

3　尽管在一般的关怀伦理学那里，靠理性推演出来的普遍性原则常常被加以驳斥，而具体性以及关系性则视为关怀伦理的重要特性并予以特别强调。但是，一旦我们假定或者承认关怀可以作为并且应当作为共同遵守的一种伦理规范，便已无法避免并且实质已经接受了抽象概括式的理性思维和普遍法则，同时我们也不可避免地要在普遍法则的理性思维框架内深入剖析关怀的某些更具体的普遍规范。在这种情况下，诸如公正等普遍原则与关怀便不再是对立的事物，而是能够相互补充和相互解释。

关怀类型。[1] 这里的伦理关怀恰如诺丁斯本人所言,是一种"近似于康德道德取向的义务式关怀"[2],也即服从伦理的普遍法则或者是"绝对命令"。当然,必须承认,人是具有个人利益需要、情感偏好的个体存在,故每个人都难以避免地表现出对不同事物的偏好,这也是为何小学教师会容易出现偏爱式关怀。但是,由于关怀伦理的公正性要求,特别还因为教师职业本身丰富的伦理内涵,小学教师在关怀实践中就理应克服内心的情感与利益偏向,遵从关怀的职业道德和公正的伦理规范。倘若小学教师对学生的关怀违背了公正性原则,我们也就不能把这样的教师关怀称之为道德的关怀。

此外,小学教师关怀还具有关系性。可以说,对于关怀伦理而言,最显著的特征就是关系性。诺丁斯就曾直言:关怀理论是以关系为中心,而不是以行为者为中心,它更强调关怀的关系,而不在意关怀是否是一种美德。[3] 具体来看,首先,关怀伦理认为人与人之间的联系或相遇是人类生活的根本属性,而在人类社会中构建一种普遍的关怀关系则是关怀伦理的根本出发点和最终目的。其次,关系性意味着关怀者与被关怀者之间存在现实的直接联系,而不是虚拟的或间接的联系,离开二者在同一时空的真实相遇便构不成关怀关系。最后,同时也最为关键的是,关怀不仅仅是关怀者做出了实际的关怀行为,当且仅当这样的关怀获得被关怀者的承认和认可,二者间的关怀关系才算真正建构完成。在诺丁斯看来,关怀就意味着走出自己的个人框架而进入他人的框架。[4] 关怀伦理的关系性表明,对于小学教师关怀的实现,教师与学生双方都要承担各自的责任。一方面,教师对小学生的关怀要有实

1 〔美〕内尔·诺丁斯. 始于家庭:关怀与社会政策〔M〕. 侯晶晶,译. 北京:教育科学出版社,2006:26-27.

2 同1.

3 Nel Noddings. *Educating Moral People: A Caring Alternative to Character Education*. New York: Teacher College Press, 2002: 2.

4 Nel Noddings. *Caring: A Feminine Approach to Ethics & Moral Education*. California: University of California Press, 1984: 24.

师爱的向度——小学教师伦理研究

际行动，而且这样的关怀要考虑学生的内心感受，并指向学生的合理需要；另一方面，小学生在关怀关系中并不是处于完全被动的位置，学生对教师关怀的感知、态度和回应不仅直接决定关怀是否顺利实现，而且将影响教师关怀的进一步表达和持续构建。

二、小学教师关怀的教育性

除了具备普遍意义上的关怀伦理性，小学教师关怀的价值旨趣还在于"教育性"。这是因为，教师与小学生的相遇时空就发生在教育领域，教师与学生双方的角色也是在教育关系基础上才得以建立，离开教育便也无所谓教师和学生，小学师生之间的关怀关系以及其他任何关系也都是在教育关系成立的前提下建构形成的。所以，小学教师关怀必然蕴含着与教育及教师职业相关的教育性旨趣。具体来看，首先，小学教师关怀具有明确的教育性目的。作为教育的专职人员，教师不同于医生、律师等其他各类角色，教书育人是教师的天然使命，引导、促进学生身心健康成长和可持续发展是教师的根本目的，故小学教师对学生的关怀也必须始终指向于此。其次，小学教师关怀具有较强的教育生产力。在明确的教育目的引导下，教师对小学生合理、持续地关怀不啻为一种难以估价的教育资源投入，它能长期地直接作用于每一位小学生身心的健康成长，有力地促进他们在德、智、体、美、劳等方面的全面发展，显著地提升他们自主发展和自我实现的个体能力，从而也为社会人力资源生产提供了有力保障。最后，小学教师关怀对学生具有较强的道德影响力。教师不仅是教学上的传道者和解惑者，同样也是道德上的榜样和引导者，教师的关怀行为对小学生的道德发展具有较强的示范作用。通过教师关怀潜移默化的影响，小学生能够在不知不觉中受到关怀的熏陶，因而有助于他们从教师关怀中学会对他人和社会的关怀。

总体来说，合理的小学教师关怀的价值旨趣在于伦理性与教育性两个方面，并且二者密切相关。一方面，小学教师关怀的教育性要以伦理性为前提条件，只有具备伦理意义上的合法性与正当性，教师关怀的教育性才能存在，否则将丧失关怀的教育意义与价值；另一方面，小学教师关怀的伦理价值要透过教育性目标的实现来显现。对教师关怀价值旨趣的如上探讨是一种形而上的反思，是构建小学教师关怀伦理规范的思想基础。

▎第三节　小学教师关怀的伦理规范　▎

教师关怀的伦理规范是教师在关怀实践中应当遵守的行为准则。通过前文对小学教师关怀实践偏差的描述和归因分析，以及对小学教师关怀价值旨趣的理论探讨，我们不仅能够从现实问题中汲取某些经验教训，而且可以透过理论反思把握小学教师关怀的应然要求。借由这两方面论述，我们能够合乎逻辑地从关怀的目标、对象、内容和方式四个维度得到小学教师关怀所应遵循的中观层面的基本规范。

一、小学教师关怀应促进学生可持续全面成长

如前所述，小学教师对学生的关怀不只是一般性的情感关怀，也不同于其他职业的关怀，教师关怀蕴含着教育目标，即以学生的身心成长为其行动出发点和归依。但显然地，小学生的成长不是一蹴而就的短期过程，也不是单一方面的发展，教师不仅要关注小学生的当下发展，同时还必须关照其未来发展，增进他们持续成长的源动力。正如杜威所言，教育的目的是要使个人能够继续他的教育，亦即使人能持续不断地向前生长。[1] 因此，小学教师关怀的伦理目标是有利于学生的可持续成长。更具体地，首先，小学教师关怀的基本目标是要保证小学生身心的健康成长。毫无疑问，所有对小学生的

---

1 〔美〕杜威.民本主义与教育［M］.邹恩润，译.北京：东方出版社，2013：108.

教育期待和培养目标都必须建基于学生身心健康发展，任何以牺牲学生身心健康为代价的教育"关怀"，都必然不具有伦理上的正当性，也必定不符合教育性。其次，小学教师关怀要以促进学生积极人格的成长为核心目标。当代心理学的诸多研究表明，积极的人格特质是个体可持续成长的坚实基质，也是个体幸福感的有力源泉。相反，消极不良的人格特质不仅限制了个体身心持续的良性发展，而且很可能成为个体社会适应不良和产生心理行为偏差的问题根源。最后，小学教师关怀的目标还应指向学生的精神和价值世界，使他们成为能关心自我、关心他人、关心社会的具有真善美之品性的人。正如诺丁斯强调的，以关心为核心的道德人生应该成为教育的主要追求，这一目的并不与学生智力发展或学术进步相抵触，相反，它为智力和学术发展提供了坚实基础。[1]

二、小学教师关怀既要面向全体又要关照弱势

关怀与被关怀是社会人的共同需要，特别是对正处于身心成长关键期的小学生来说，每一位学生都需要也都渴望得到教师的关怀，故全体学生都应当成为教师关怀的对象。然而，关怀有自然与伦理之分，也有数量与质量之别，符合伦理性的小学教师关怀必须遵循公正性的伦理旨趣。进而言之，小学教师在关怀实践过程中除了要关怀所有学生，还必须能够公正地对待全体学生，也即是教师要一视同仁地表达对学生的关心，而不能偏爱或偏袒某一方，歧视或贬低另一方。譬如，小学教师不能因为学习成绩的好坏过分褒奖或贬损某个学生，也不能因为外貌长相的美丑刻意亲近或忽视某个学生，同样不能因为家庭境况的优劣有意关心或冷落某个学生。也就是说，小学教师不能以外在的功利标准去衡量学生的人生价值，并以此来区别对待学

1　Nel Noddings. *The Challenge to Care in Schools: An Alternative Approach to Education*. New York: Teacher College Press, 1992: 173–174.

生，相反，所有学生的生命都值得教师以最诚挚的关怀去温暖与呵护。需要注意的是，所谓公正并不是数量上的绝对平均或是结果上的强制平等，公正除了含有公平之义，还蕴含着以至善为价值追求的正义之意。[1] 这就意味着，小学教师对学生的公正并不是毫无差别地给予学生完全相同的对待，而是应当充分考虑学生之间的个体差异，根据学生的不同情况和具体需要给予具有针对性的适切关怀。特别是对于那些弱势小学生群体，根据文明社会"弱势补偿"的价值理念，教师应当给予他们额外的补偿性关怀。譬如，对于那些学习落后、家庭贫困、身心发展存在障碍的小学生，教师应投入更多的关注和关怀，给予他们更充分的精神鼓励，从而帮助他们获得自尊和自信，提升他们自我发展的能力。

三、小学教师关怀要满足学生多样化成长需要

关怀总是指向他人的需要，关怀某人通常就意味着满足他的某种需要。而人的需要类型多样，既有身体健康、安全等自然性需要，又有归属、爱和人际交往等社会性需要，还有自尊、自我实现、信仰等精神性需要，所以，关怀的内容也是广泛多样的。依此逻辑，小学教师关怀学生就要考虑学生成长的不同需要，根据学生需要的不同类型进行相应的关怀。譬如，教师应当营造安全、舒适以及和谐的班级环境，保障小学生在校的人身安全和身心健康；教师要与小学生搭建情感沟通的平台，适时给予精神鼓励和情感关怀，满足他们归属、爱和自尊等心理需要；教师还要关注小学生的精神世界，实现积极的价值引导，使他们对生命价值和生活意义有所体悟，满足他们的精神需要。事实上，人原本就是自然性、社会性以及精神性的统一存在，不同层级的需要都是个体生命不可或缺的。这也就是说，小学教师应当把学生视为一个完整的生命体来给予关怀，而绝不可只关心学生的某方面需要，忽视

1　冯建军. 论公正 [J]. 河南师范大学学报（哲学社会科学版），2007（3）：17–21.

或漠视其他方面的需要。另外，由于教师关怀的教育性要求，小学教师的关怀还必须指向学生的发展需要，亦即教师要关心小学生的人生发展。显然，小学生的发展需要包括德、智、体、美、劳等多方面，缺乏其中任何一方面的发展都不足以支撑他们的幸福人生。因此，小学教师对学生的发展关怀也必须全面兼顾、不可偏废，尤其是要注意避免"唯智主义""唯分数论"等功利式关怀。当然，每个学生都有不同的兴趣、期望和能力，教师应尊重和理解小学生的差异性，相信所有学生都有各自的个性潜能，所以，教师也必须因人而异地对小学生的个人发展进行有针对性的、多样化的教育关怀。

四、小学教师关怀应致力于构建良好师生关系

虽然教师在对小学生的关怀实践中一般占据着主导地位，但这并不意味着关怀完全是教师的个人意志活动，小学生在其中完全处于接受和顺从的被动位置。事实上，真正有效的小学教师关怀必须指向学生个人的真实需要，并且这样的关怀能够得到学生的认可。这就要求小学教师在关怀实践中要尊重学生的主体性，并能以相互独立和平等的身份与学生构建良好的关怀关系。具体来说，首先，小学教师要保障学生自主发展的权利，避免过分干涉和过度控制。为此，小学教师必须承认每个学生都具有自由人身份和自主发展的权利，为学生营造自由、宽松和温馨的成长环境，排除外在力量对学生身心发展的过分干预和控制，反对蒙蔽、强制和禁锢等践踏学生尊严和侵犯学生自由的教育教学形式。其次，小学教师要承认并接受学生的个体差异性，因人而异地采取适切的关怀方式。因为每个小学生都有不同的家庭背景和成长经历，也有各自不同的志趣、情感和个性心理，所以，教师不能简单地使用同一种标准或方式来要求和对待学生，更不能无视学生的心理需要而把个人观点或要求强加于学生。最后，小学教师要提高关怀的表达能力，掌握与学生对话和沟通的技巧。一方面，教师要能以朋友式的身份与小学生相处，积极主动地与他们进行平等对话和亲切交流，善于倾听和体察他们的情

感世界与内心需求；另一方面，教师要充分重视小学生个人的真实想法和意见，积极回应他们的需求和关切，以恰当的方式努力帮助他们解决实际问题，而不能因为其年龄小，教师就高高在上，不听取他们的意见，不尊重他们的感受。

▌ 第四节　小学教师关怀的社会建制 ▌

小学教师关怀的有效实践固然有赖于教师对关怀伦理规范的遵循，但社会系统的影响和作用同样不容忽视。关怀伦理学家赫尔德（Held）论证并指出，关怀必须被视为公共的关注，而不是只属于某类群体的私人责任。[1]作为一种具有深远影响的社会价值观，关怀的广泛实践还应当通过社会建制来落实。所谓社会建制，即围绕着某一价值而发展的实践和社会角色的组织体系，及旨在调整实践和管理规划的机构。[2]一般来说，社会建制由价值系统、规则系统、组织系统和物质系统构成。[3]小学教师关怀要产生良好的实践功效，需要通过社会建制从以下四方面来落实。

一、价值方面

在价值方面，需要通过各种渠道和方式对小学教师关怀的价值旨趣和伦理规范进行宣传教育，以取得社会共识。一般来说，人们对教育的不同理解和不同态度会产生不同的教育行为，亦即教育行为反映着人们内心深处的价

1　Virginia Held. *The Ethics of Care: Personal, Political, and Global*. New York: Oxford University Press, 2006: 18.

2　〔美〕亚历克斯·英克尔斯. 社会学是什么 [M]. 陈观胜，李培茱，译. 北京：中国社会科学出版社，1981：99.

3　王思斌. 社会学教程（第四版）[M]. 北京：北京大学出版社，2016：203.

值认知，所以小学教师关怀偏差的出现往往暗示着价值问题的存在。譬如，功利主义心态往往会使教育以及小学教师工作被异化为谋取现实利益的工具，并且直接导致小学教师功利式关怀等偏差的出现。无疑，这种功利式心态不仅仅存在于小学教师群体，也广泛存在于包括家长、教育管理者等群体在内的社会成员当中。因此，要在全社会范围内普遍建构关怀性师生关系，就应当让小学教育系统中更广泛的社会成员都能确立关怀的价值认同，从而使管理者和教师、教师和学生以及所有不同身份的人与人之间都情愿以一种关怀的姿态和彼此相遇。当然，这种关怀并非只是针对某一部分对象的关怀，也绝不仅限于某一方面的关怀，更不是异化的单向度关怀，而是特指合乎伦理规范的真正的善性关怀。而要实现这种关怀的价值认同，除了直接开展关怀伦理教育，还应当引导人们对人与人的关系、教育本质、人生价值等根本性问题进行深刻反思，使人们在理性反思中获得关怀的价值认同。

二、规则方面

在规则方面，需要进行相应的改革，为小学教师关怀提供制度保障。从根本上说，制度就是物化的伦理，制度本身就蕴含着人们的价值判断和伦理追求。正因为强调小学教师关怀，小学教育制度本身也应体现对教师和学生的关怀，也即教育制度的制定和变革要遵循关怀的制度伦理。不同于正义或公正伦理，关怀伦理导向下的小学教育制度更加强调对个人尊严的维护和对个体生命特殊性的关怀，并且也更加强调对弱势群体的生命关怀。相反，在关怀缺乏的小学教育制度下，教师和学生的生命尊严都无法得到有力彰显，情感需要也难以得到充分满足。而小学教师得不到应有的人文关怀，自然也很难企求他们能够对学生表现出足够的关怀。譬如，在以学生成绩作为教师和学生考核唯一标准的教育制度下，对小学教师评价的好坏和奖励的多少都将取决于学生考试分数的高低。在这样的制度逻辑下，小学教师和学生的尊严、价值都无可避免地被功利化，他们的情感与精神世界也因此将被功利化制度所遮蔽。量化考核不但是学生身上的紧箍咒，而且也给广大小学教师带来巨大的身心压力，并破坏了他们教育爱心养成的环境氛围。[1] 因此，在最大范围内和最合理意义上有效实现小学教师关怀，基于关怀伦理的小学教育制度尤其是教育评价制度改革是必不可少的重要举措。

三、组织方面

在组织方面，需要加强小学教师队伍的管理和建设，提高小学教师的职业道德和教育专业水平。通常来看，小学教师的思想品德和专业素养不仅直接影响其教育教学行为，而且也决定着他们与学生相处时的情感态度和言行举止。具体而言，那些有着较高道德与专业修养的小学教师，更可能表现出对教育事业的热爱和对学生的真切关怀，具备和表现出关键道德；相反，那些职业道德水平低下和缺乏教育专业能力的小学教师，则更可能表现出对教育工作的懈怠和对学生的冷漠，甚至做出有害学生身心健康和有违师德的行为。所以，提高小学教师队伍的职业道德水平和教育专业能力，丰富和发展教师的优良道德，是教师关怀实践的重要基础。为此，一方面，教育部门和学校要严格执行教师资格和准入制度，对品行不良和教育能力不足的小学教师要及时撤销其教师资格，小学在聘任教师时要特别注意考查候选人的思想道德和教育能力，在教师入职以后也要适时对教师的职业道德和专业发展进行监督和考评；另一方面，国家和地方政府要建立健全师德建设和专业成长的相关规章制度，确保小学教师师德成长与专业发展建设的有效性。

四、物质方面

在物质方面，需要特别增加对薄弱小学的资金投入，并在整体上改善小

1　蔡连玉. 论教师的专业理性之爱［J］. 中国教育学刊，2013（10）：79-82.

学教师工作与生活条件。正如赫尔德所指出的，一种只赞扬关怀却不考虑关怀负担如何被分配的关怀伦理学，只会增加对某部分群体的"剥削"。[1]一般而言，个体只有在体验到外界关怀之下，才更可能表现出对外界的关怀。同理，小学教师只有在获得社会关怀的前提下，才更可能和更好地表达对学生的关怀。然而，在现实生活中，人们强调更多的往往是小学教师对学生的关怀，而对小学教师关怀的呼声却相对微弱。但实际上，面对繁重的工作职责、外界的过高期望以及巨大的身心负荷，小学教师的生存处境其实并不乐观，甚至经常产生身份认同困扰、职业意义丧失和职业倦怠等精神危机，而这一情况在贫困地区小学中表现得更为明显。因此，当我们要求教师给予小学生关怀的时候，还必须注意强调对小学教师的关怀。为此，国家政府应加大对小学教师的关怀投入，努力改善他们的工作和生活条件，特别是要加强对农村或城市薄弱地区小学的财政投入，充分保障这些地区教师的福利待遇。针对教师外流现象严重的贫困地区小学，政府还应安排、增加专项的津补贴，适当提高当地教师的工资待遇，妥善安置好他们的工作和生活，解决他们的后顾之忧，让教师真切感受到国家对他们的关注和关怀，从而使小学教师能够安心从教，甘于为教育事业奉献。

总而言之，小学教师关怀对学生可持续的全面成长极其重要，但是要在全社会范围内最大程度地实现兼具伦理性与教育性的小学教师关怀，不仅需要小学教师遵循关怀的伦理规范，还需要通过全方位的社会建制来支撑和落实。

1　Virginia Held. *The Ethics of Care: Personal, Political, and Global*. New York: Oxford
　　University Press, 2006: 16.

第四章　小学教师的惩戒伦理

　　在我国教育现代转型过程中，传统的"棍棒教育"被摒弃，这是社会文明进步的体现。然而实践中教育惩戒被"因噎废食"，在"少子化"社会的当下，造成了被广泛关注的教育困境。从学理上分析，教育是一种特殊的社会活动，教师应被赋予作为公权力的教育惩戒权。[1] 当前教育惩戒权在学界已取得肯定性共识，相关立法也在推进中。然"徒法不足以自行"，法律自身具有简约性，面对纷繁芜杂的教育实践，小学教师拥有较大的教育惩戒"自由裁量权"[2]，小学教师的教育惩戒伦理修炼是其教育惩戒行为"合善"的基础。从伦理学、教育学角度厘清教育惩戒的善性标准，分析实践中小学教师教育惩戒的伦理风险，并在两者基础上构建小学教师教育惩戒的基本伦理规范，能为小学教师的教育惩戒伦理修炼提供思想资源，具有实践意义。

1　程莹. 论教师惩戒行为的正当性——惩戒德性之异化与回归 [J]. 教育科学研究，2014（3）：28–31，36.

2　Kenneth Culp Davis. *Discretionary Justice: A Preliminary Inquiry*. Baton Rouge: Louisiana State University Press, 1969: 4.

第一节　小学教师的教育惩戒伦理及其价值

一、教育惩戒概述

教育惩戒，是学校或教师为避免失范行为再次发生以达到教育目的，依法对学生的失范行为进行否定性评价的一种教育手段，可分为纪律惩戒与学业惩戒两类。[1]教育惩戒作为一种"必要的不幸"[2]，如同奖励与表扬一样，是教育中不可或缺的部分，换言之，没有惩戒的教育是不完整且责任缺失的教育。[3]这是广大小学教师思想意识中的一种并不难以达成的共识，但是不得不承认的是，在小学教师行使教育惩戒权的实践过程中存在着各种伦理问题，困扰着大众对教育惩戒的价值判断，也影响着广大小学教师对教育惩戒权的规范运用。一般可以认为，伦理是指基本的人际关系及其所应遵循的道德原则。[4]伦理和道德与人的行为准则密切相关，但前者着重强调具有客观社会性的道德法则，而后者则侧重于个体性。[5]由此可以推论，小学教师的教育惩戒伦理是指小学教师对学生的失范行为进行否定性评价以及采取教育措施时所应遵循的道德准则与行为规范。

二、认识小学教师的教育惩戒伦理

教育惩戒伦理是小学教师专业伦理的重要组成部分。小学教师的专业伦

1　任海涛. "教育惩戒"的概念界定 [J]. 华东师范大学学报（教育科学版），2019（4）:
142–153.

2　Tim McDonald. *Classroom Management: Engaging Students in Learning*. Melbourne: Oxford
University Press, 2010: 187.

3　陈兰枝，夏豪杰. 把教育惩戒权还给教师——访全国人大常委会委员、中国教育学会副会
长、华中师范大学教授周洪宇 [J]. 教师教育论坛，2019（6）: 4–8.

4　朱贻庭. 伦理学小辞典 [M]. 上海：上海辞书出版社，2004: 29.

5　檀传宝. 教师伦理学专题——教育伦理范畴研究 [M]. 北京：北京师范大学出版社，2003: 6.

理是小学教师从事教育专业活动时所应遵循的伦理规范，而小学教师所从事的教育专业活动包括了教育惩戒行为。人类社会只要存在教育活动，就存在教育惩戒，教育惩戒是教育活动的重要组成部分。教书育人作为一项专业的教育事业，就应该恰当地履行教育职责，根据专业的教育判断和伦理基础，对学生实施适当形式和恰当程度的惩戒，以纠正失范行为，使学生有更好的学业发展，形成良好的规则意识，更好地社会化与成长。当前小学生要么是独生子女，要么是来自少子女家庭，在原生家庭里往往会成为关注的焦点，甚至被"溺爱"，这就容易带给他们以自我为中心的价值观念以及社会性成长中的诸多问题，故教师合理的教育惩戒对"少子化"社会中小学生的成长尤为重要。既然教育惩戒是小学教师教育活动的重要组成部分，教育惩戒伦理就应是小学教师专业伦理的一部分。譬如，实践中，小学教师在教育学生时有意免除教育惩戒以规避教育惩戒可能带来的"麻烦"，或者将教育惩戒与体罚混为一谈，都是不可取的[1]，因为这些行为都违背了小学教师的教育惩戒伦理，没有体现出教师对小学生的关爱，没有为学生的成长担责，从而也就违背了小学教师的专业伦理。

相较于教育惩戒法律，小学教师的教育惩戒伦理蕴含着独特的价值。首先，教育惩戒伦理与教育惩戒法律相异，前者是后者的思想基础。伦理与法律相异。从约束形式来看，伦理主要通过个体的内心信念与社会舆论来起作用，是一种间接、温和的"软约束"；而法律主要是根据明确的法律条例、通过强制性的力量给予制裁，是一种直接、刚性的"硬约束"。[2] 所以，教育惩戒的伦理与法律一样都对人的行为起约束作用，但是约束方式与强度有异。另外，伦理是立法的思想基础，即教育惩戒立法需要有相应的伦理思想基础，教育惩戒立法不能违背教育惩戒伦理规范。其次，教育惩戒伦理是教育惩戒法律的功能补充。社会有了从外部"令行禁止"的法律还不足以形成

1　卢世林，胡振坤. 教师伦理学教程［M］. 武汉：华中科技大学出版社，2012：96.
2　何怀宏. 伦理学是什么［M］. 北京：北京大学出版社，2002：48.

良好的社会秩序，因为法律制裁针对的只是犯罪行为，轻微、细小的失范行为不在其管辖范围内。那些程度较低的错误或不当的言行举止需要伦理的约束和道德的谴责以制止与纠正。对教育惩戒而言，相关法律以刚性的方式约束着教师的惩戒行为，防止严重和原则性的教育惩戒失范行为发生，但教育惩戒法律因其简约性难以对教育实践中的所有细微方面进行规范，这时需要教育惩戒伦理进行功能上的补充。具体地，因教育惩戒法律具有法律的简约性，故在小学教育实践中，教师在行使教育惩戒权时拥有较大的自由裁量权，"徒法不足以自行"，只有教师具有较高的教育惩戒伦理素养，才能更好地行使教育惩戒权，更好地自由裁量，从而有利于全体学生的身心成长。在教育实践中，由于小学教师教育惩戒伦理素养的缺失，教师职业所赋予的教育惩戒权遭遇"放弃使用""错误使用"和"过度使用"的现象屡见不鲜。小学教师从事的教育教学实践活动纷繁复杂，与整个社会紧密关联；小学教师面对的学生千差百异，学生具有不同的生理基础，其早期家庭教育也各不相同，且学生是成长中的个体，一方面作为人，小学生不是没有思维的"物"，而是具有主观动机、会思考的精神性个体，具有精神性；另一方面小学生还处在成长过程中，其理性仍不成熟，具有犯错逾矩的可能性。小学教师承受着社会性的教育焦虑和"少子化"社会家庭对孩子过度关爱的压力，面对着具有差异性、成长性和精神性的小学生，在这样的工作情景中，即使有了教育惩戒的立法，小学教师在运用法律所赋予的教育惩戒权和面对相关的自由裁量空间时，也只有具备较高的教育惩戒伦理素养，才能减少实施教育惩戒时的失当，如此则特别地彰显了教育惩戒伦理的价值。

一、教育惩戒中的"善"

因教师教育惩戒伦理具有独特的价值，故教育实践中的小学教师应有相应的修炼，以获得教育惩戒的伦理素养。然而当前学界对小学教师教育惩戒伦理规范的探讨语焉不详，而这一学术努力的基础是从学理上追问教师教育惩戒的"善"的标准是什么。

从伦理的角度来看，小学教师在教育实践中实施教育惩戒，追求的理应是"善"。这一点容易达成共识，关键是到底什么是教育惩戒中的"善"，而这一探究应设定在"教育"这一特定情景中。《说文解字》从词源上解读"善"为："善，吉也，从言从羊，此与义、美同意。"另外，通过对儒家思想的分析，还可以认为"己所不欲，勿施于人"为"善"。[1] 在西方伦理思想史上对"善"的理解更是聚讼纷纭，快乐主义认为只要让人快乐就是"善"，德性主义认为只要符合美德就为"善"，功利主义则要仔细计算各种功利得失，并根据功利的"量"的多少来判断是否为"善"，康德的"义务论"则认为要符合道德的"绝对命令"才为"善"。这些伦理思想可能是"目的论"，抑或是"效果论"，它们展示了伦理分析的两个传统维度。除此之外，罗尔斯（John Brodley Rawls）的正义论也值得关注，他的理论核心在于构建一个公平的程序，以实现正义。[2] 故程序正义为"善"，而程序正义是一种"过程论"。以上对什么是"善"的纷争的梳理并不一定能让我们通约获取一个对"善"的一般性理解，但是从中可以明确讨论出"善"的三个维度："目的""过程"与"效果"，这三者就是一个伦理事件的"发生学"逻辑。基于此，讨论教育惩戒这一发生于小学教育场域的事件的善性标准时，我们也应

1　蔡连玉.信息伦理教育研究：一种"理想型"构建的尝试［M］.北京：中国社会科学出版社，2011：79.

2　林火旺.伦理学入门［M］.上海：上海古籍出版社，2005：269.

相应地从小学教师实施教育惩戒的"动机""过程"和"结果"三个维度来展开。

二、教育惩戒需指向"教育性"

从理论上看，在小学教育场域中，教师的每一个教育活动都应具有教育性，这是由教育的根本旨趣决定的。这里的教育性具有"个体本位"和"社会本位"双重属性。教育惩戒是众多教育活动之一，所以教育惩戒也应具有教育性。有学者把教育惩戒分为"教育性惩戒""非教育性惩戒"和"反教育性惩戒"三类[1]，这是一种有益的学术努力，但其着眼点主要是在教育效果上，而且问题的关键是，我们对何谓"教育性"需要有全面深入的理解。思考"教育性"的内涵，首先要做的是探究何谓真正的教育。[2] 就此学界古今中外的叙说丰富，但归根到底真正的教育就是要促进学生的成长，且强调的是每一个学生的成长。这里就回到了个体本位的思路。就小学生个体而言，其成长有当下的成长和未来的成长之分，具有教育性的教育显然要兼顾当下和未来的成长，偏重应试的教育以小学生的想象力、创造性和求知欲望为代价来追求当下的考试分数，显然是教育性不足。从横向来看，小学生个体的智力是多元的，每个学生都是不同智力的组合，基于小学生不同智力组合全面发展的教育，以及追求学业成绩与社会性发展并重的教育更具有教育性。总之，"纵向有序、横向丰裕"地促进小学生成长的教育具有教育性。而且教育要面向全体，不能仅为了部分学生的成长就以另外一部分学生被忽视为代价，要知道能促进所有小学生成长的教育才更具有教育性。再从社会角度来审视，具有教育性的小学教育必须是促进社会整体文明发展的教育，而不只是培养"精致的利己主义者"[3] 或者鼓励小学生"原子式生存"的教

1　蔡辰梅. 论教师的惩戒之善及其实现［J］. 教育伦理研究，2017：181-194.
2　曹永国. 道德教育必须坚守教育性［J］. 现代大学教育，2017（2）：1-6，111.
3　钱理群. 中国教育的血肉人生［M］. 桂林：漓江出版社，2012：47-48.

育[1]。综上所述，小学教育的教育性体现在这种教育能够促进学生个体当前和未来的成长，能够促进学生个体基于其自身多元智能组合的全面成长，能够促进所有学生的成长，进而能够促进社会整体福祉的提升。

小学教师的教育惩戒发生在学校场域和小学生的教育生活中，所以对其善的判断标准理应就是教育惩戒行为是否具有如上讨论的教育性的标准，但是是否可以认为只要教育惩戒具有教育性就达到了善？小学只是整个社会的一个子系统，在社会大系统中存在诸多的"善"或"德目"，如果特定的教育惩戒具有教育性，它就应该也必然符合社会大系统中的善。所以，不需要在教育性之外另用其他伦理标准来判断教育惩戒的善。也正是基于此，我们可以断定，教育性就是小学教师教育惩戒的善性追求。而且根据上文的探讨，我们在审视特定的小学教师教育惩戒行为是否具有教育性时，不能单一地局限于结果维度，而应综合地审察教师实施教育惩戒的动机、过程和结果三者是否都具有教育性。小学教育实践中，存在诸多以"为学生好"的教育惩戒（动机）的"善"遮蔽教育惩戒方法、场合和时机（过程）选择不当的"恶"的现象，也存在以学生考试分数高（结果）来为自己"恶"的教育惩戒辩护的小学教师。而且，单一的效果论对小学教育而言难有定数和说服力，因为小学教师教育实践的好或坏的结果具有滞后性和迷散性，所以在判断教师教育惩戒行为的善性程度时需要从"动机""过程"和"结果"三个维度来综合考察其是否具有教育性。小学教师的教育惩戒在"动机""过程"和"结果"三个维度都具有教育性，是其教育惩戒伦理的最高位规范，这一认识也是制定小学教师教育惩戒基本伦理规范的基础之一。

---

1 许敏.美国中产阶级"协作培养"家庭教育方式的伦理风险 [J].道德与文明，2014（1）：150–153.

教育惩戒之善在于惩戒的动机、过程和结果均具有教育性，即对全体学生的学业与社会性成长都有益。然而，在实践中小学教师的教育惩戒未必都能达到这种善，对每一个小学教师而言，在教育惩戒行为上都存在不同程度的伦理风险。伦理风险，意味着不确定性，且这种不确定性极可能致使在做出道德选择后产生不良效应。[1] 在教育惩戒中，小学教师所面临的伦理风险是指教师在选择教育惩戒行为时可能带来的伦理层面的负面后果。通过对教育实践中小学教师教育惩戒行为进行细致观察与梳理后发现，小学教师面临的教育惩戒伦理风险主要有"放弃使用""错误使用"与"过度使用"三种类型。

一、教育惩戒的"放弃使用"

教育惩戒的"放弃使用"是指教师没有对小学生的行为失范实施应有的教育惩戒这一现象，弃用教育惩戒又分为"有意识放弃"与"无意识放弃"两种。在教育实践中，一些小学教师明知道学生行为失范，更好地帮助这些学生成长的方式是实施相应的教育惩戒，然而因现实社会层面的原因，教师不去惩戒学生，久而久之教师甚至形成了不愿惩戒学生的习惯，此为有意识地放弃教育惩戒。小学教师有意识地放弃教育惩戒，很大程度上是出于现实和社会性的考量，是趋利避害的人性所致。当前，我国"少子化"社会的格局已形成，家庭对孩子的过度呵护具有普遍性，再加上不当教育观念的流行，导致小学教育中教师应有的教育惩戒权被虚化。现实中，小学教师因管教学生而引发"校闹"事例屡见不鲜，教师可能会因此名誉受损、受处分、遭受人身伤害甚至生命威胁，这样的教育环境促使小学教师在价值判断上认

1　张彦. 价值排序与伦理风险［M］. 北京：人民出版社，2011：58.

为应当惩戒学生，但是在行为上却不敢惩戒学生；另外，也有小学教师在应当惩戒学生的情境下却不自知，没有实施应有的教育惩戒行为，此为教师无意识放弃教育惩戒。小学教师无意识放弃使用教育惩戒，主要是由于其专业素养不足或对教育惩戒的认知不当。譬如，"小学生插队，教师无动于衷"之类现象的发生，可能是因为教师认为"插队"等只是小事情，无须惩戒和引导纠正。这种情况下，教师不是因为不敢管或不想管，而是没有意识到这些"小事"属于应当被教育惩戒的范围，也就不会采取举措制止。

　　无论是有意识还是无意识，小学教师对教育惩戒的"放弃使用"，都与其教育惩戒伦理修炼不足有关。教师放弃使用教育惩戒，最终的受害者是学生。小学教师没有对学生的失范行为实施合理惩戒，这种对学生成长教育的不作为，会让学生无法认识到自己的错误所在，也就失去了纠正的机会，教师也就难以帮助学生获得学业成长和社会性发展。故从本质观之，合理的教育惩戒是小学生成长的需要[1]，而不因教育目的放弃教育惩戒实质上是小学教师对小学生的成长没有真正担责，从而不具教育性。

二、教育惩戒的"错误使用"

　　小学教师对教育惩戒的"错误使用"体现在教育惩戒学生时运用的方法、选择的时机与场合的不当上，相应地，教育惩戒的"错误使用"就有"方法错误""时机错误"和"场合错误"等主要类型。小学教师教育惩戒的方法错误，意指教师实施教育惩戒时没有体现出学生个体的差异性，具体来说就是没有考虑小学生之间的年龄、性别、个性等差异而"因人施戒"。在实施教育惩戒时，有的教师不管是对低年级的小学生还是对高年级的小学生，都采用同样的惩戒措施。小学从一年级到六年级，学生的年龄跨度很

1　Don Fuhr. Effective Classroom Discipline: Advice for Educators. *NASSP Bulletin*, 1993(1): 82–86.

大，生理和心理的成熟程度也有较大差异，而事实上对处于高年级的小学生来说，以更为尊重的方式进行教育惩戒会更有效果，更具教育性；有的小学教师对行为失范的学生毫不留情地施以同样的惩戒，而没有顾及学生性别的差异；有的小学教师没有考虑学生的性格内向或外向等个性特质，而实施同样的教育惩戒。现实中有较多的案例表明，心理敏感、抗压能力差的小学生易因遭受方法不当的教育惩戒而走向极端，甚至酿成悲剧。教育惩戒的时机错误，意指小学教师实施教育惩戒时时机选择不正确。教育惩戒的时机与学生对惩戒的接纳程度紧密相关，而小学教师是否准确把握惩戒时机会产生云泥之别的教育效果。譬如，有教师观察到学生在教室里情绪激动地打架，如果这时教师严厉地指责正处在情绪中的学生，学生肯定难以听进去教师的言说，高年级小学生甚至会顶撞教师。所以这时的教育惩戒效果往往不佳，只有当学生心平气和后，才可能接纳批评、惩戒，这时的教育惩戒才可能触及学生的灵魂。小学教师教育惩戒的场合错误，意指教师实施教育惩戒时所处的场合不当。例如，有教师因为班上一位学生多次迟到，便让该生举着检讨书站在校门口示众。这种场合不当的教育惩戒存在双重风险：一是对被惩戒学生。即使是低年级的小学生在众人面前受到打击，也可能会陷入自卑或产生愤怒甚至怨恨情绪，对学生的人格发展造成伤害。二是对旁观者——其他学生。教师是学生的榜样，尤其是对"向师性"强的小学生而言，教师的一举一动都会对其产生潜移默化的影响。教师对被惩戒学生的严苛同样也会印刻在旁观学生心中，这不仅在师生之间增添了隔阂，学生"不亲其师"也就"难信其道"，教师的教育效果也将难以彰显。且长远地看，这种严苛的教育惩戒会让小学生无意间习得刻薄与不宽容，从而难以在他们心中播下温暖与关怀的种子。

如上三类教育惩戒的"错误使用"之所以发生，主要是小学教师专业素养特别是教育惩戒伦理素养不足。作为专业的小学教师，不应只是凭直觉与感性实施教育惩戒，因为不充分考虑学生差异、方法与场合选择不当的教育惩戒，不利于小学生的成长，从而缺失教育性。

三、教育惩戒的"过度使用"

　　小学教师对教育惩戒的"过度使用"主要指惩戒实施的程度与范围过度，教育惩戒实施时在程度和范围上应有"度"的限制。对行为失范小学生的惩戒超过了其所犯错误的严重程度，此为教育惩戒在程度上的"过度使用"；教师本应对失范小学生个体实施惩戒却波及小组或班级全体，这是教育惩戒在范围上的"过度使用"。从惩戒严厉程度上来看，教师的教育惩戒易与体罚或变相体罚混为一谈，而在现实中的确存在较多小学教师对学生惩戒过度的现象，因而被认为是体罚或变相体罚学生。有教师因为班上学生不遵守课堂纪律而对其辱骂，还有教师因学生背诵课文不过关，罚其抄写课文上百遍。从教育惩戒的范围来看，小学教师将教育惩戒对象扩大化在现实中也时有发生。譬如，某小学教师因班上几名学生犯错，惩罚全班学生在烈日下晒一小时。教师意在通过惩罚全班的方式让犯错的学生以及其他学生知道错误的严重性，教师甚至有这样一种想象：犯错的学生会因自己拖累其他同学受罚心生愧疚，便不会再犯。此惩戒行为可能达到阻止犯错者以及其他同学再犯类似错误行为的效果，为此教师不惜对无辜学生一同惩戒。但事实上，教师扩大教育惩戒对象，虽然其动机是好的，但过程中没有正确对待不相关学生，所以这种方法缺失教育性。从惩罚效果来看，这样会导致无辜学生受到不公正对待，他们可能会因此对教师甚至学校产生不满心理，这种不满往往伴随着疏远与敌视感，甚至可能出现破坏性行为。[1]

　　小学教师的教育惩戒行为，无论是程度上还是范围上的过度使用，都缘起教师专业伦理素养不足。过度的教育惩戒行为都因没有教育性而不具伦理上的合理性。

　　总而言之，小学教师在履行教育惩戒权时存在"放弃使用""错误使用"

1　〔美〕肯尼思·斯特赖克，乔纳斯·索尔蒂斯.教学伦理［M］.洪成文，张娜，黄欣，译.北京：教育科学出版社，2007：34.

和"过度使用"三种伦理风险，这三种情况也是实践中较多存在的小学教师教育惩戒问题。究其因，都在一定程度上与小学教师惩戒伦理素养不足相关。但是以上分类并不是绝对和非此即彼的，现实中小学教师的教育惩戒行为具有类型上的交叉性。譬如，教师的某些情绪性惩戒，可能既是不考虑方法、场合的教育惩戒的"错误使用"，又是超出了小学生犯错程度和范围的教育惩戒的"过度使用"。

❚ 第四节　小学教师教育惩戒伦理的基本规范 ❚

对小学教师教育惩戒所应追寻的善的探讨，以及教育实践中小学教师实施教育惩戒时所面临伦理风险的分析，是研究提出小学教师教育惩戒伦理基本规范的理论基础和思想来源。在构建小学教师教育惩戒伦理规范的方法论上需要进一步阐明的是，小学教师教育惩戒行为面临的情境具有复杂性，而教育惩戒行为本身也是复杂的，所以小学教师教育惩戒伦理的规范在微观层面是零碎和细节化的，而且还会因为社会情景的变化、甚至新技术在教育领域的应用而变化、发展。基于此，我们这里主要从宏观和中观层面来构建小学教师的教育惩戒伦理规范，并且把宏观层面的教育惩戒伦理规范称为"1阶伦理规范"，将中观层面称为"2阶伦理规范"。

一、"1阶伦理规范"为上位规范

小学教师的教育惩戒最上位的"1阶伦理规范"是：小学教师的教育惩戒行为应是善的，即教育惩戒的动机、过程和结果都应具有教育性。某一项活动具有教育性，简单地说即具有正面和积极的教育价值。对小学教师的教育惩戒而言，其教育性也即它对全体学生的成长具有教育意义。这里的个体成长包括了小学生个体的学业成长和社会性成长，学业成长体现在学习动机、学习习惯和学习成绩等方面，社会性成长体现在对小学生美好品德的塑造等诸多方面。而且小学生正处于童年期，其个体成长的教育性应该是可持续的。教育惩戒的教育性还要求惩戒是追求全体学生成长的，而不只是少数和部分学生的成长。另外，小学教师教育惩戒的教育性不只是对全体学生个体成长的追求，而且还应具有提升社会整体福祉的旨趣。需要强调的是，判断小学教师教育惩戒行为是否具有教育性和善，需要对其动机、过程和结果进行综合判断，而不只是单一向度的考察。作为"1阶伦理规范"，这一伦理规范是处于最高位的，用它可以宏观地判断现实中具体的小学教师教育惩戒行为是否合乎伦理，它也是审察中观层面的教育惩戒"2阶伦理规范"合理性的依据。

二、"2阶伦理规范"为中层规范

小学教师教育惩戒中层的"2阶伦理规范"依从于"1阶伦理规范"，源于研究对实践中小学教师教育惩戒伦理风险的观察分析，可以细分为三条。其一，小学教师不应无故放弃对失范学生的教育惩戒。这里的"无故"指的是"没有符合教育性的原因"，也就是说，如果小学教师放弃了对失范学生的教育惩戒，其原因应是放弃教育惩戒与实施教育惩戒在动机、过程和结果的综合考量上，放弃更具教育性，即更有利于全体小学生的成长，否则就是"无故"放弃教育惩戒。教育实践中，有诸多小学教师放弃教育惩戒的现象，有很大一部分是因为教师基于现实个人利益的考虑，如避免为自己招来"麻烦""多一事不如少一事"等，还有小学教师是"不自知"、无意识地放弃教育惩戒，这些现象都属于无故放弃教育惩戒。教师无故放弃教育惩戒的行为，不利于需要纠正失范行为、培育美德的小学生的成长，从而最终损害了他们的长远利益，所以有违教育性。其二，小学教师实施教育惩戒时应选择适当的方法、时机和场合。教师针对小学生的行为失范实施教育惩戒时，即使动机是为了学生的成长，如果实施具体教育惩戒的方法、时机和场合选择不合理，也难以从结果上有教育收获。小学生之间有年龄、性别差异，这些是自然分布的不同；另外，小学生的差异一般还源于学生的生理基础与早期教养，不同的基因组合和相异的家庭教养形成了小学生迥异的个性与气质特征。无论是学生自然分布的不同，还是个性气质的差异，都需要小学教师实施教育惩戒时选择相匹配的方法。接受教育惩戒的小学生不是没有思维的"物"，而是具有主观动机、会思考的精神性个体，所以教师只有选择合适的时机和场合才有可能让小学生"悦纳"教育惩戒，教育惩戒才能触动他们的灵魂，也才会有教育效果，具备教育性。其三，小学教师实施教育惩戒时应注意程度与范围的合理性。从学理上讲，教师对小学生失范行为进行惩戒，其程度应与学生失范行为的严重性相匹配，当然还要考虑失范学生的个性、气质等个体差异。从程度上来看，过重或过轻的教育惩戒带来的教育效果都不佳，甚至会产生负面教育效应，因而不具备教育性。从范围来看，缩小和扩大教育惩戒的范围，因公平性欠缺等原因，也不具备应有的教育性。所以，小学教师在实施教育惩戒时若追求合乎伦理，就应充分考虑惩戒的程度与范围的合理性。如上三条中层小学教师教育惩戒"2阶伦理规范"，上承"1阶伦理规范"，下接更为细致、具体的小学教师应遵循的教育惩戒伦理细则。

　　研究通过理论探讨与实践观察，构建了小学教师实施教育惩戒时应遵循的上位的"1阶伦理规范"和中层的"2阶伦理规范"。教育惩戒的伦理规范从外在看是一种客观的社会存在，它应成为一种思想共识，起到约束小学教师教育惩戒行为的作用；从内在看，教育惩戒伦理规范要深入到教师的思想意识中去，才能发挥无形的约束作用，使小学教师面对行为失范学生时能合乎伦理地去应对和施教。小学教师获得教育惩戒的伦理素养需要经由理论学习和实践反思两条路径。研究分析构建出的教育惩戒伦理规范是小学教师理论学习的应有内容，对其研习能够加深小学教师对"什么是善"的教育惩戒的认知，在中观层面能够指引小学教师的教育惩戒行为。当然，理论学习的内容还应包括"迷恋他人成长的学问"的教育学。[1]另外,小学教师还应根据伦理学理论特别是所构建的教育惩戒伦理规范,以及教育学相关理论对教育惩戒的案例和自己已经历、正在经历的教育惩戒事件进行"事上磨炼"[2]。总之,理论学习与实践反思是提升小学教师教育惩戒伦理修养的两条必要路径,提升小学教师教育惩戒伦理修养是规避相关伦理风险、更好地引导全体学生成长的基础。

1 〔加〕马克斯·范梅南.教学机智:教育智慧的意蕴[M].李树英,译.北京:教育科学出版社,2001:18.

2 孙培青.中国教育史(第2版)[M].上海:华东师范大学出版社,2000:244.

第五章 小学教师的话语伦理

　　小学教师话语是教师实现教书育人目标的重要工具和行为载体，具有深厚的道德示范性和伦理学意义，已成为小学教师专业伦理发展和建设的重要内容。小学教师因其教育对象和教育任务的特殊性，其话语伦理在要求和规范上也存在一定的特殊性。小学儿童发展的未成熟性要求教师注重话语的积极引导，树立良好的话语角色形象，遵循基本的话语伦理原则。另外，由于小学教育在国民教育系统中处于基础性和优先性地位，儿童的全面发展在个人生命发展中具有重要的启蒙价值。小学教师担负着促进基础教育事业发展和儿童全面发展的重要职责和使命，小学教师话语具有奠基性和长效性作用，故应追求小学教师话语的合道德性、合伦理性。

一、小学教师的话语

（一）认识教师话语伦理

1. 话语

从词源学视角来看，按照日本学者小川芳男的《实用英语词源辞典》的考察，话语"discourse"通常有名词和动词两种主要用法，作为名词时指讲话、演讲、论述、论文；作为动词时指讲话、论述、演讲。其中的"dis"原意是 indifferent directions，"course"原为拉丁语 currere，原意是 run about，所以"discourse"作为合成词最初的意思为四下走动、话传到各处。[1] 在《现代汉语词典》中，"话语"指"言语，说的话"。在《辞海》中，"话语"指"运用中的语言"。

从社会学视角来看，人类交际行为纷繁复杂，其中言语交际是人类交际行为最基本的形式，言语交际不仅考察言语自身内部系统的有效运作，更关注与人类社会整体互动行为关系的建构和协调。"话语"与"言语"之间存在着一定的关联性：其一，主要体现为二者都从属于语言学系统，都服务于语言规则建立、语言秩序维护的需要；其二，话语作为言语交际的具体承载实体，更多体现为一种具体的言语行为、言说方式、言语实践运用，即话语呈现为一种客观实在的外在行为表征。

哈贝马斯从哲学层面对话语进行了系统阐释，逐渐构筑起话语伦理学理论大厦，他将人类的行为分为工具性行为和交往性行为：工具性行为将话语作为一种方式或策略，以实现个人利益为终极目标；交往性行为表现为相互交流、沟通，以最终获得彼此之间的理解和共识为目标。因而从这个层面理解——话语既是人们实现交往目标的一种手段或工具，也集中指向话语双

---

1 〔日〕小川芳男. 实用英语词源辞典［M］. 孟传良，等译. 北京：高等教育出版社，1994：166.

方走向共同理解的交流过程，前者以话语带来的实际效果为价值标准，后者以行为生成的共同理解为价值标准。

简而言之，话语就是一种话语主体通过双向互动以实现表情达意的言说行为和语言运用的活动，这种双向互动既可以是话语主体与他者、他群的人际互动，也可以表示话语主体与非生命体之间的相互作用，即话语主体对客观对象、事物、情境进行的语言描述、解释、论证等，从而生成新的话语意义。

2. 话语伦理

伦理主要指客观的道德法则，具有社会性和客观性。[1] 社会性主要是关涉个人与他人、与社会之间的关系，适用于整体社会意志范畴，而客观性是相较于个体道德的主观性而言，是外在于个体的一般性的行为准则、伦理规范。现代伦理学相较于传统伦理学主要集中于人的行为、行为准则、行为的正当或应当的问题，即隐含着人的行为应该是什么样的、怎样规范人的行为以及如何实现行为的正当性。因此，话语伦理论述的应是话语行为的正当、正义及具体的行为准则，从而更好地实现人际关系的协调互动。

3. 小学教师话语伦理

小学教师话语是将小学教师作为话语主体，以儿童为主要的话语对象，在教育实践活动过程中以实现教书育人为根本目标所使用的各种言语行为的总和。小学教师话语是人类总体言语行为中的一种，在社会分工下带有明确的劳动特性，以及专门的职业角色倾向和话语对象的特殊性。小学教师话语在教育教学实践活动中作为一种师生交流、传道授业、表情达意的重要工具，在传递具体话语符号内容的同时又显现出外在的言语交际行为，有言语行为的发生就有必要对行为本身所带来的是非善恶问题进行道德层面的思考。此外，小学教师话语主要针对儿童这一特殊的交往对象，与儿童构成了

---

1 檀传宝，张宁娟，吕卫华，等.教师专业伦理基础与实践 [M].上海：华东师范大学出版社，2016：5.

特殊的交往关系，这也决定了对师生间话语伦理关系审视的重要性。

结合上文有关话语、话语伦理及小学教师话语的分析，笔者尝试对小学教师话语伦理做出合理的界定，把握小学教师话语在伦理意义上的内涵实质。小学教师话语伦理是将小学教师作为教育实践活动的主体，以儿童作为主要的交往对象，在教书育人过程中应始终秉持合乎伦理要求的基本话语规则和话语行为规范，以是非善恶为判断标尺实现话语行为正当、应当等方面的伦理规约。小学教师话语伦理的关键要素包括关系、行为以及话语："关系"主要指小学教师与儿童之间所构成的伦理关系；"行为"指以儿童为主要交往对象的小学教师的言语行为，其行为活动本身会带来是非善恶的伦理评价；"话语"则主要就其带来的工具性和交往性功能而言。

小学教师话语具有伦理性的特质、要求和规范，小学教师应在实践中力求言语行为的合道德性、合伦理性，做符合教师专业要求和职业规定的适切行为。同时，小学教师话语要遵循儿童的身心发展特性，尊重儿童的独立人格，在与儿童的言语交往、互动中树立良好的话语角色形象，做好言行示范的榜样。

（二）小学教师话语的一般类型

已有教师话语分类的研究，一种是把教师话语等同于教师课堂教学话语，即教师在课堂上为组织和从事教学所使用的语言。[1] 如从主体上分为以教师为课堂教学言说主体的课堂教学话语系统，以学生为课堂教学言说主体的课堂教学话语系统和以课程教材编制者为课堂教学言说主体的课堂教学话语系统；从形式上分为口语形式的课堂教学话语系统和文本形式的课堂教学话语系统；从性质上分为日常生活言语型课堂教学话语系统和学术言语型课堂教学话语系统；[2] 从功能上分为课堂用语、传授新知用语、言语交际用语和信息反馈用语。[3]

---

1 张晓凤. 我国教师话语研究的发展历程与展望 [J]. 教学与管理，2016（6）：12–15.

2 李森. 论课堂教学话语系统及转换 [J]. 当代教育科学，2003（2）：6–7，19.

3 李舒洁. 交互式课堂中教师话语人际功能的研究 [D]. 武汉：华中师范大学，2008.

另一种是立足整体教育"场域"中的教师话语，是教师在教育活动中对教育的实践、评价、承担，以及对教育的所有话题的意见与态度的总和，分为教学话语、班级管理话语、学术话语。[1]另外，教师话语还可以分为教学话语、课程话语、个体性话语。[2]国外学者卡兹顿从社会语言学立场出发，将教师话语分为课程话语、控制话语、个人的个性话语，与此分别对应着命题性功能、社会性功能、表达性功能。[3]因此，在已有分类研究的基础上，寻找教师话语分类的共同特征，依据教师话语的适用范围和场域不同，归纳总结出以下三种主要类型。

1. 课堂教学类话语

课堂教学类话语将教师话语置于课堂教学场域，以教师作为课堂教学的言说主体，以新知识的授受为主要目的，对于教学目标的实现、教学效率的提升起着关键性作用。教师是传递人类精神文明成果的专业人员，教师话语作为实现文明传承的重要手段和媒介实体之一，成为学生获取知识、文化、价值信息最基本、直接的途径。知识、文化信息间的传播、交流、学习主要依赖于教师的课堂教学，学生、教师、学习材料在课堂情境下相互作用，以话语互动作为教师教学和学生学习的主要方式，其占据着课堂教学行为的核心地位，因此，教师话语最重要的部分便是课堂教学类话语。这类话语通常体现着较强的学科逻辑性、职业实践特性及知识内容的客观真实性，是教学实践者、课程设计者、学科专家们的社会意志在课堂教学上的集中体现。

小学阶段是儿童开始系统知识学习的启蒙阶段，课堂教学作为儿童间接习得知识经验的主阵地，需要对教师课堂教学话语的正确性、规范性、科学性做出明确要求。有关事实表明，儿童在 18 岁时所掌握的知识和技能，有

1　王林，陈昌来. 教师话语系统研究［M］. 上海：学林出版社，2017：13，80–102.
2　牛海彬. 批判与重构——教育场域的教师话语研究［D］. 长春：东北师范大学，2010.
3　（日）佐藤学. 课程与教师［M］. 钟启泉，译. 北京：教育科学出版社，2003：352.

将近一半是他 9 岁前已经掌握了的。[1] 由此可见，教师课堂教学话语在儿童知识学习的早期尤为重要，它奠定了下一阶段知识技能学习的基础。再者，由于儿童刚进入小学，其学习方式、态度、习惯还具有较大的不稳定性，因此，教师需要不断提升课堂教学话语的质量水平，帮助儿童养成良好的学习习惯，激发学习的兴趣和潜能，充分引导儿童善于学习，学会学习。

2. 管理控制类话语

教师不仅承担着文化知识的传递功能，还肩负着为国家和社会培养合格公民的重任。不同历史时期社会对人才培养规格的要求显示出不同的历史特征，当前社会以培养德智体美劳全面发展的社会主义建设者和接班人为教育目标，将教师作为国家意志的代言人并赋予其一定的教育组织和管理职权。儿童正处于人生的启蒙阶段，心智发展尚不成熟，人生观、价值观等思想意识形态还未真正形成，这就要求教师通过教师话语的管理控制将国家的社会意识形态内化为学生认可并信奉的价值观念，促使个体社会化的形成。按照皮亚杰的儿童道德发展阶段理论，5—8 岁儿童处于他律道德阶段，9—11岁儿童逐渐进入自律道德阶段，在他律道德阶段需要教师通过适切的说服教育或权威规约，使儿童遵守日常的行为规范，明白权威和秩序的重要性，树立正确的是非善恶观念，教师应善用批评和赞扬的言语表达，对儿童进行行为规范、道德教育，帮助儿童逐渐形成稳固的道德自律意识和能力。

管理控制类话语形态以传递社会规范、意识，促进个体社会化为目的，作用于教育实践领域中的规范、控制、标准等，具体可以通过对儿童施以思想教育、道德教育、政治教育来实现其核心价值的引领和管理控制的功能。

3. 个性成长类话语

教师是实践教育活动的主体，具有充分的自主性和个体存在价值，有自身独有的个性话语，它体现了教师在职业发展过程中依靠自身专业素养和对人格魅力的塑造来建构的个体理解、感悟和情感态度。个性成长类话语是真

1 〔英〕迈·凯梅·普林格尔. 儿童的需要 [M]. 禹春云，等译. 北京: 春秋出版社，1989: 8.

正属于教师的内部话语，代表教师自身的话语利益和话语魅力，是教师独立意识和个性的彰显，无论是对教师成长还是儿童发展都具有深远而持久的影响。正如马卡连柯所言"我们要善于这样说话：使孩子们在我们的话里感到我们的意志，感到我们的修养，感到我们的个性"[1]。教师话语表达的方式、传达的态度、情绪、动机等，都构成了教师完整的话语形象，带有教师独特的个人魅力和个性特征。低年级儿童通常是通过直觉、感官去认识事物，他们虽不能完全理解抽象、概括的语言，却能通过教师外在的话语形象，敏锐捕捉教师此时此刻的身心状态，从而直接影响到自身的行为表现。因此，教师个性成长类的话语既塑造了教师完整的话语形象，也成为儿童学习的隐性内容。

二、小学教师话语的基本特征

由于小学教师面对的教育对象特殊，小学教师话语也呈现出有别于其他各级各类学校教育教师的话语特色。具体来说，小学教师话语的典型特征主要表现在其示范性、表现性、感染性和创造性上。

（一）示范性

教师与儿童间的教育关系始终在师生关系中占据着主导地位，教师任何一处细小的言行都会对儿童产生深刻的示范影响。小学教师话语具有典型的示范特征，其原因主要来自以下几方面：一是儿童具有一种共同的心理意识，即对教师充满特殊的依赖感、信任感和崇拜感，会把教师当作知识的化身和道德的榜样，尤其是在小学低段，儿童的这种"向师性"尤为明显；二是儿童具有与生俱来的模仿学习能力，模仿是其主要的学习方式，教师的话语行为、内容、情感态度通常可直接成为儿童学习和模仿的对象；三是儿童自我选择以及自我评判正确行为的意识和能力尚未成熟，在他们眼中教师的

---

1 〔苏联〕安·谢·马卡连柯. 论共产主义教育［M］. 刘长松，杨慕之，译. 北京：人民教育出版社，1981：415.

一言一行都可能成为行动的方向。以上三方面内容相互作用，共同形成了小学教师话语的示范性特征。因此，小学教师话语应该起到良好的示范引领作用，教师应以积极的言语行为助力儿童的品德和行为习惯的养成。

一般来说，小学教师话语的示范性表现在课堂教学中，就是要做到语言表达的准确性、清晰性、规范性，向学生正确演示或操作学习要点；在思想道德教育中，要表明基本的道德价值立场，示范正确的道德选择和指明良好的行为方向；在生活化的行为表现中，"身教"的示范性更能发挥道德教化作用。小学教师是儿童学习的楷模，故教师的话语应起到良好的表率作用。

（二）表现性

随着儿童年龄的增长，小学生的思维方式逐渐以具象思维为主开始向抽象思维转变，但从儿童整体心理发展状况来看，具象思维仍占很大比例，这使得小学教师话语应凸显对儿童思维的积极关注，转变成人抽象、复杂、深刻的思维方式和表达形式，以儿童乐于接受的话语形式展现形象生动、富有生命活力的话语表达。相较于其他学段的教师话语来说，小学教师话语更具丰富的表现力，它展现出了教师对实践活动的反思、感悟与自我加工过程，是个体内部经验世界的再现。这种表现性在于：

其一，教师运用教学语言来研读并表达教材文本的内涵信息及传达的思想情感；

其二，教师面对不同教育对象表现出对他们中肯的评价、身心关怀以及殷切期望；

其三，教师借助言语表达自己内心真实的情感、态度、价值观，引发他者积极回应并实现彼此心灵世界的契合。

与此同时，教师话语的表现性通常辅助于不同的面部表情以及肢体动作，是语言、动作、表情、神态等相互协调、共同作用的结果。小学教师拥有丰富、动态、形象的话语表达，这是教师自身言语艺术的自然流露，话语表现得越丰富多彩、生动活泼，越符合儿童的认知发展需求，越能激活儿童丰富的内心世界和情感体验，从而感受到教师语言带来的艺术享受以及由此获得的思想共鸣。

（三）感染性

小学教师话语还具有对教育对象隐性的、间接的感染作用。一方面，教师话语的情绪、情感以及精神状态，都会给儿童带来心灵层面的共鸣体验。随着年龄的不断增长，儿童的情感世界逐渐细分，容易受到外界刺激而调动内部丰富的情绪感受。因此，小学教师话语"以情激情"，凭借话语表达出真实、真挚、多元的感情，更能引发儿童的情感波澜，激发儿童主动学习的积极性，使儿童获得良好的情感体验。另一方面，小学教师话语的感染性表现在教师个人的人格魅力层面，教师话语呈现的话语风格、话语态度、表达方式、价值观念等会逐渐形成教师个人的话语特色，这些都是教师人格魅力和人格形象的重要组成部分，能使儿童潜移默化地受到情感陶冶、思想启迪、价值熏陶。

（四）创造性

教育实践的创造性决定了教师话语具有创造性的特征，教育活动本身是动态创造的过程，其发展变化会受到诸多因素的影响。儿童天真活泼、好奇心强、拥有十足的冒险和探索精神，潜藏着其丰富的创造活力。当今儿童置身纷繁变化的世界，数据、网络、信息等内容也为儿童的创造性提供可能，无论是儿童天性抑或时代变化，都在一定程度上要求小学教师话语应充满创造性的特征，满足学生成长的现实需要，适应时代要求与变化，更新话语表达的内容和形式。在不同的教育情境下，由于学生个体差异、学习条件不同、不可预见性因素的存在，教师话语表达的内容与方法具有差异性，更要求小学教师话语充满创造活力。此外，教师话语本身就是话语双方对话的过程，在参与沟通、交流的过程中，彼此间的意见、想法、观念得到交换与更新，这种交互作用能够使对话双方在已有认知经验的基础上创造新的话语意义、生成新的理解。

总之，小学教师话语特色的形成主要取决于儿童身心状态的独特性，其话语特色也会深刻影响儿童的心智、人格及行为发展。小学教师话语特色从横向上来说，区别于其他职业角色话语；从纵向上来说，区别于各级各类学校教育教师话语，具有不可替代性。因此，上述四个方面共同构成了小学教师话语的专业特色，是小学教师专业化进程中的重要凸显。

三、小学教师话语的伦理影响及要求

小学教师话语首先是一种信息传递的工具，通过话语信息的传递实现教书育人的目的，而小学生对事物的认识和理解也是通过教师话语来实现的。此外，教师话语在与他者实现沟通、交流的同时还具有实践交往的功能，以话语为中介彼此建立起亲密的交互关系。

（一）话语的工具性体现的伦理影响

在传统的语言哲学领域，所谓话语的工具性，可理解为话语是表达思想情感、揭示事物客观存在的工具，以话语为媒介采用记述式的话语表达呈现客观世界和主观世界的真实样态。教师话语是教师作为行为主体，在教育实践活动中使用的一种现实的、直观的、具体的话语符号体系，体现了教师有别于其他专业角色的话语特色，是整体教育系统的重要组成部分，对知识传授、文化传承、情感关怀、人格培育等发挥着不可磨灭的作用。正因为教师话语工具性的功能，教师在伦理上的追求更应形成对话语的责任意识，正确认识到话语表达对整个教育事业、对儿童成长、对自身专业发展的重大影响，从而能自觉做好规范的话语表达。

教师话语占据着教师教育实践行为的主要部分，其工具性的表现，首先是以教师话语作为信息媒介来传播知识文化，传承文明精神，尤其是在课堂教学情境下，教师话语成为教学行为表现、教学任务达成的基本方式和重要途径。学龄初期儿童开始接受正规的学校教育，其生活方式以游戏活动为主转变为以学习为主，早期学习的知识信息为后一阶段甚至是一生的知识学习、能力培养都奠定着重要基础。从这个意义上讲，小学教师话语表达的真实性、客观性、准确性为儿童学习提供了良好的示范，也成为话语工具性伦理价值的重要考量。就话语信息及其承载的内容而言，教师话语可能潜在蕴含着诸如"弄虚作假""模棱两可""主观偏见"等不良因素，教师应当能够依据事实做出科学而规范的话语表达。

教师话语不仅以理性的方式呈现客观世界的真实样态，也糅合了感性的心理因素和情感因素，具体表现在儿童能够通过教师话语感知、体验到主观世界的真实样态。儿童期正是接受情感刺激的敏感期，"儿童在他的敏感期里学会自我调节和掌握某些东西，但如果儿童在他的敏感期里遇到障碍而不能工作，他的心理就会紊乱甚至变得乖戾"[1]。小学教师若能通过具体的话语行为对儿童的情感培育施加影响，以个人的话语魅力感染学生的情绪体验，就能对儿童的成长做出"善"的心理关怀。在教书育人过程中，小学教师话语承载知识授受的工具价值固然重要，但建立在小学教师话语行为载体之上的情感关怀和人格培育作用也不容漠视。小学教师要明确自身话语行为的工具性影响，意识到其中的伦理意蕴，自觉在专业生活中选择"应当"的话语伦理行为，在实践中履行基本的话语伦理责任。

（二）话语的交往性体现的伦理要求

"哈贝马斯既将话语看成是交往的一个构成因，也是交往的继续"[2]，教师话语本身就体现了交往行为的内在规定性。现代儿童对于基本的伦理价值观念有着朴素的认识和自我理解，对师生交往的道德现象具有敏锐的觉察能力，在教育现场，我们也经常听到儿童对于教师平等、公正的真切呼唤。在教育活动中，教师话语的交往性所体现的伦理要求主要包括：

以人格平等为基础。由于不同儿童受到先天生理遗传、后天教育环境以及社会经济文化等因素的影响，成长为千差万别的个体，教师不能因为一己之私或主观偏见而采取有害于儿童人格完善的教育方式。受以人格平等为前提的话语交往性伦理影响，视儿童为自主、自由言说的交往主体，以儿童主

---

1 〔意〕玛利亚·蒙台梭利.童年的秘密［M］.江雪，译.天津：天津人民出版社，2003：49.
2 龚群.道德乌托邦的重构——哈贝马斯交往伦理思想研究［M］.北京：商务印书馆，2003：294.

体人格的健全和完善为话语交往的第一要义。

以相互尊重为核心。哈贝马斯提出，主体间的相互关系要建立在主体间话语的基础上，通过话语才能达成不同主体间的相互理解和尊重。[1] 由此我们认为，以相互尊重为核心的话语交往性伦理价值意在尊重儿童话语的主体地位。具体来说，儿童作为主体的人，在接受教育的过程中有言语表达自由的权利，倾听儿童声音、理解儿童表达、尊重独特的生命体验应成为教师话语交往性的核心要义。儿童尚处在成长发育的关键期，他们的独立人格也需要受到尊重和保护，如果教师以"先入为主""高高在上"的成人视角对待儿童，将涉及侵犯儿童的利益的问题，所以，维护儿童的话语利益就是对儿童自身主体人格的基本尊重。

以关怀的意识、情感和行为为依托。在言语交流过程中，教师真正关心儿童就会付出情感关怀，儿童相较于成人而言"更容易看清我们对他怀有的情感，这是由儿童天性纯真和逗人喜爱的模仿能力所决定的：在成年人的脸上或眼中隐约闪现的情感，会在儿童的神经系统中极其敏感地反映出来，而这种反映又引起心灵的反响"[2]，因此，教师要让儿童充分感受到教师积极的话语情感，进而影响儿童关怀行为的养成。诺丁斯指出，关心最重要的意义在于它的关系性，它最基本的表现形式是两个人之间的一种连接或接触。[3] 运用充满关心之意、关心之情、关心之行的话语表达，对于维护良好的师生关系，提升师生交往的质量具有重要意义。教书育人是爱与被爱、关怀与被关怀的过程，教师作为关怀者"帮助别人，满足其需要、使其获得幸福是关怀伦理的内在要求，可促进被关怀者直接获得幸福"[4]。

---

1 牛海彬，曲铁华.哈贝马斯交往行为理论视阈下的教师话语建构［J］.外国教育研究，2010（5）：83–86.

2 张光林，张静.大师谈儿童情感教育［M］.重庆：西南师范大学出版社，2009：228.

3 〔美〕内尔·诺丁斯.学会关心：教育的另一种模式［M］.于天龙，译.北京：教育科学出版社，2003：23.

4 檀传宝，张宁娟，吕卫华，等.教师专业伦理基础与实践［M］.上海：华东师范大学出版社，2016：91.

▌ 第二节　小学教师课堂教学话语伦理性探析　▌

　　小学教师话语最重要且最常见的部分当属教师在课堂"场域"中的教学话语。"教学话语是指在课堂教学中，为了实现一定的教学目标，教学言说主体运用语言进行言说的行为及其言说结果。"[1] 因而，小学教师教学话语是以教师作为特殊的话语主体展开知识授受、组织课堂教学以及进行师生交往时所使用的各种言说行为和语言运用活动的总和。

一、小学教师课堂教学话语伦理性的彰显

　　课堂教学话语是小学教师实施教学内容以达成教学目标的重要手段，也是学生理解自我世界、社会世界、自然世界的主要途径。教师教学话语带有特定的目标导向，具体言说内容会渗透伦理价值观念，整个课堂教学的组织与管理也离不开合伦理性的教学话语予以调控。

（一）教学话语目标体现了"教书育人"的伦理性

　　在课堂教学活动中，教师教学话语带有强烈的目的性，即指向的是教学目标的达成。教学目标可以理解为学生在教师的引领下可能达到的预期学习结果，当前被广泛接纳的知识与技能目标，过程与方法目标，情感、态度与价值观目标的具体内容根本指向"成人"的培养，不仅仅是认知的丰富和能力的培养，更在于促进儿童生命成长、健全人格塑造以及道德教化等综合素质的全面发展，这些内容都映射了对人性、人伦、人的价值、人的生命、人的主体性等伦理目标的关注。小学教师的课堂教学不能仅仅停留在完成教学任务，不能因教书而教书，而是重在通过教书来达到育人，在课堂教学中始终把学生当作完整的生命个体，给予其充分的话语尊重，通过合理、得当、

1　刘桂影，李森. 论课堂教学话语的实质、价值与优化 [J]. 教育研究与实验，2012（6）：38–42.

适切的教学话语促进儿童生命的健康成长。

（二）教学话语内容渗透了伦理价值观念

小学教师教学话语最重要的一个功能在于对教学内容进行解释、描述、论证，而诸如教学话语所包含的相关意义、信仰、态度等个性化的表达内容，也会对儿童的"知情意行"产生一定的影响。教学话语是教学内容得以落实的具体方式，能够实现知识传递与讲授的重要功能，帮助学生理解知识内容。师生围绕教学内容展开充分互动，在对话、交流中逐渐实现教学生成，使课堂教学变得灵动活泼、富有动态变化。教师教学话语与教学内容的关系密不可分，在教学实践中，由于学科课程的教学内容蕴含着伦理价值观念，尤其是人文性课程，故教师教学话语在此所体现的伦理价值观念也更为明显，比如"语文蕴含的道德价值包括伦理、正义、同情、人际敏感、人道主义；历史蕴含的道德价值包括正义、宽容、理解；外语蕴含的道德价值包括尊重、倾听、国际理解、宽容"[1]。

（三）教学话语管理蕴含了伦理品质和精神

课堂教学是具有组织性、完整性以及系统性的实践活动，在实施教学内容的同时，还需要有效的课堂教学管理与组织的介入才能实现预期的教学目标，同理，发生在"课堂"场域中的教师教学话语，还担负着组织教学流程、把控课堂教学进程、管理课堂教学秩序等职能，因此，教学话语也蕴含了诸如平等、民主、自由等伦理品质和精神。"课堂是学习课程内容的知性场域，是形成并维系多重社会关系的场域，是制度化的场域"[2]，课堂场域存在的多维关系使得教学话语自然存在着知识授受、建立社会关系以及制度管理的功能。

首先，教学话语在发挥课堂教学管理作用时会受到社会伦理规范的制约和控制，它不能完全跳脱伦理价值观念的影响。

1　李敏，张志坤.审议与反思：学科德育的教学表现样态 [J].教育发展研究，2014（22）：12-15.

2　钟启泉."课堂话语分析"刍议 [J].全球教育展望，2013（11）：10-20.

其次，教学话语在履行课堂管理控制功能时也会体现一定的伦理精神和品质，如教师在课堂教学中坚持高压、控制、专断的话语表达方式，可能引发儿童对课堂教学的抵抗情绪，从而对课堂学习失去原有的兴趣和信心。7—8 岁是儿童成长变化的重要转折期，在这个阶段随着儿童自我意识的不断觉醒以及学习压力、学习难度的不断增加，会使儿童表现出情绪冲突、意志力薄弱、自控力弱化的现象，如果教师在课堂教学中持续采用言语上的打压、控制、威胁的方式，强迫儿童听从权威，将进一步激发师生间的矛盾冲突。教师可以通过与学生的耐心沟通、有效劝阻，放弃高压管理，采用民主、平等、公正的管理方式，创造出自由、和谐、相互支持的话语氛围，由此，教学话语所蕴含的管理理念、管理方式、管理效用才能真正被儿童接纳。

最后，教师教学话语在管理课堂教学的同时，也在不断调节师生间、生生间的人际关系和利益关系，存在于课堂教学中各种复杂的社会关系都需要伦理准则来维护，使其不断朝向"善"的方向发展。

二、小学教师课堂教学话语的伦理需求与实现

为达成一定的教学目标，教师势必需要通过教学话语的媒介作用对学生的课堂学习施加影响，小学教师课堂教学话语的伦理需求和实现主要关注教学、学生和教师三个要素。

（一）反思并服务于教学实践

小学教师教学话语的作用范围和实践场域始终立足于"课堂"，这就使教师教学话语的伦理需求一方面体现在为教学实践的服务上。随着当前小学课堂教学实践的不断发展和变革，对教学伦理性的追求也不断提升，其中教师教学话语伦理就成为了教学伦理的重点推进部分。另一方面，在现实的课堂教学情境下，一些伦理失范问题广泛存在且并没有被给予伦理上的深刻反思，教师缺乏对教学话语伦理的专业性和独特性的高度关注，因而小学教师

教学话语伦理需求是立足当下课堂教学实际情况，寻得有针对性的伦理路径来改善教学实践。

作为小学教师，面对教学实践中对教学话语伦理的迫切需求，需要针对自身教学话语的失范行为做出具体回应，反思日常教学话语实践，只有善于总结实践经验，才能更好地找准和认识自身教学话语所带来的是非善恶的伦理影响，不断提升教学话语服务教学实践的意识和能力。

片面追求课堂教学的有效性，会逐渐丧失对教学伦理性的反思，尤其是在现实教学中也缺乏对小学教师教学话语伦理的考核机制，这就需要小学教师发挥自身的主动性和积极性，通过反思教学话语达到自我监控言行的目的。

其一，认清教学话语反思的伦理目标，始终把儿童放在课堂教学的主体地位，这就需要小学教师对教学话语实践活动的整体目标和层级目标做出合理划分，逐次反思教学话语的每一环节是否紧紧围绕目标展开。

其二，教学话语反思的具体内容包括对师生关系和行为本身的反思。一直以来，课堂教学都在追求对话型师生关系，这需要教师思考师生互动是否满足全体儿童话语表达的需求，是否合理分配儿童的话语表达权，是否尊重每一个儿童话语表达的差异，给予他们自由表达的机会。课堂教学话语是以小学教师作为主要的行为主体，它构成了教学行为的主体部分，课堂教学话语表达应遵循教学话语伦理的相关规范，体现教师良好的道德形象。

其三，教师还可以通过具体方式进行教学话语反思，例如撰写反思日记、失范案例解析、与儿童沟通并倾听他们的意见等，从而做出有针对性、个性化、实用性的改进方略。教师只有对教学话语进行伦理反思，才能更深刻地认识到话语伦理性对于课堂教学的深刻意义，才能生成对教学话语的伦理敏感和伦理自觉，最终提升教师教学的伦理智慧。

（二）对儿童生命成长与发展的责任担当

从教育对象层面上讲，小学教师教学话语的伦理需求是尊重学生生命完整性，满足学生生命成长需求，促进学生自主发展的需要。儿童的生命特性一般包括整体性、独特性、超越性和自主性。[1]

基于生命特性之上的课堂教学话语，更多地体现出对儿童精神层面的关照，其核心就在于对儿童生命的尊重。首先是对儿童生命完整性的尊重。这种完整性蕴含着"完整的人和完整的成长。完整是表明一个人是一个丰满的、立体的、多个层面的人。人的完整需要一个完整的成长过程"[2]。在课堂教学情境下，教师很容易只把课堂话语当作传递知识文本的工具，讲求课堂话语的科学文化性，而忽视儿童生命的完整性。只有知识文化的浇灌远不足以满足儿童完整成长的需要，还需要教师用课堂话语表达对儿童精神、情感、体验、经验等多方面的关注与期待。

其次是对儿童生命独特性的尊重。不同的儿童由于生理特性、家庭环境、社会环境不同，成长为独一无二而又千差万别的生命个体，他们每时每刻都在进行着自我创造，不断产生新的生命活力，这需要教师的课堂话语表达出对儿童独特生命体验、经历的尊重，接纳不同儿童的异质声音，耐心倾听儿童的内心世界，使课堂真正成为儿童表现自我世界独特性和丰富性的主阵地。

再次是对儿童生命超越性的尊重。任何生命都处在不断发展变化中，由于儿童身心发展的未成熟性，他们有旺盛的生命活力、生命冲动、生命潜力，他们的探索精神、冒险精神、好奇心等都为其突破此种状态，以实现更好的生命成长提供可能。教师课堂教学话语需要保护好儿童本来的生命状态，并为儿童实现超越性发展做出适时引导。

最后是对儿童生命自主性的尊重。儿童是具有独立人格及自我意识的主体，儿童的语言是其内在精神世界的原始表达，充满稚嫩和朴素的特性，他们对主客观世界的认识有自己独特的表达方式和理解方式，如果教师能改变"唯我独尊"的话语霸权，主动下放话语权，表达对儿童生命成长的主动关怀，满足儿童的话语表达需求，给予精神上的理解和关爱，就能激发儿童的

1　王兴福.尊重生命的特性：儿童教育获得成功的先决条件——生命哲学视野下对儿童教育的反思 [J].教育理论与实践，2013（25）：8–11.

2　孙瑞雪.完整的成长：儿童生命的自我创造 [M].北京：世界图书出版公司，2010：264.

生命潜能，为儿童成长注入新的能量，帮助儿童实现自主发展。

（三）教师"行美"和"德美"的融合

课堂教学是实现知识授受、文化传递、文化创造的主阵地，教师在这一实践活动中占据着主导地位。小学教师实践教学话语的伦理性是教师自身专业角色的体现，教学话语行为和结果反映着教师的职业形象和社会角色，因而对教学话语伦理性的要求是小学教师塑造讲台形象的前提条件。教师通过示范规范化、专业化的教学言语行为来彰显其职业劳动的特殊性，同时也直接影响其劳动对象的学习效果。另外，小学教师教学言语行为的外在美也是其内在伦理品质和人格素养的体现，追求教学话语的伦理性是教师自身德性稳固形成的内在需要，小学教师在长期的教学实践中需依靠主观的努力和内心的主动自觉、不断磨练兼具"行""德"统一的教学话语，在儿童发展的启蒙阶段，做好教学话语"行美""德美"的表率和引领者。

要实现小学教师"行美"和"德美"的融合，不得不依据儿童的"求美"天性来做出要求。"童心，爱美的心灵，真善美的化身，是儿童审美的源泉，是教育的主眼，艺术教育的主眼，生的灵感，天地的灵气"[1]，儿童对于美的追求是其审美天性使然，课堂教学话语在语言表达的内容和形式上具有艺术鉴赏之美，例如语言的生动、趣味、形象等，课堂教学话语传递的价值取向、体现出的师德素养更具有道德教育之美。教师言语行为构成了其课堂话语的整体形象，儿童能形象地感知到可视、可听的教师言行是否符合美的标准，并对此做出审美评价，进而促发他们对美的思考、学习、向往。其中对美的学习就是发挥教师言行之美的感染力，影响儿童的模仿学习，通过美的言行促发道德感化效应。因此，提出课堂教学话语的"行美"与"德美"的融合，主要是以满足儿童趋美之天性为目的，通过言行之美的直观形象展露，为对儿童施以道德教育提供良好契机，影响其人格的不断完善与发展。

1　杜卫.儿童美育概论［M］.武汉：华中理工大学出版社，1995：52.

▎ 第三节　小学教师话语伦理失范类型与归因 ▎

　　小学教师话语伦理失范是教师在教育活动中有意或无意做出的一些失范行为，这些失范行为背离了教师话语应遵循的伦理规范和基本准则。然而在实际教育活动中，话语失范的伦理危机尚未引起某些小学教师的高度重视，他们往往因缺乏对言行的自觉审查与监督，最终对儿童造成身心上的摧残，上演一幕幕"触目惊心"的教育悲剧。

一、小学教师话语伦理失范的表现类型

　　小学教师话语失范危机频发，既损害了小学教师群体的共同利益、师德形象，又加剧了师生间的矛盾冲突，更对儿童的身心健康、人格尊严造成了实质性伤害。根据已有研究和现实状况，总结归纳出小学教师话语伦理失范的类型，主要表现为：言语暴力、言语冷漠、言语控制和言行失当。

（一）言语暴力型

　　"有研究将语言暴力诉诸口头或书面语言的暴力行为，认为教师语言暴力是教师在学校的各种教育教学活动中，直接或间接地对学生使用谩骂、诋毁、蔑视、嘲笑等侮辱歧视性语言，致使学生的人格尊严、个人名誉和心理健康遭到侵犯和损害。"[1]教师言语暴力作为语言暴力的一种，多体现为口头的暴力行为，"某项实证研究就曾针对全国四省市的小学教师言语暴力展开调查，发现有13.9%的小学生每学期曾遭受到教师的呵斥、取笑一次，14.9%的小学生每学期曾遭受教师的吓唬一次，教师言语暴力的起因多为小学生的学业表现（28%）和课堂表现（24.8%），对教师言语暴力产生的影响有接近一半的小学生感到难受"[2]。按照埃里克森心理发展八阶段论，6—12

1　桑青松.小学教师语言暴力成因及消解对策 [J].教育科学研究，2007（12）：54–56.

2　王祈然，李洋.小学教师对学生言语暴力的现状、特征及对策——基于全国四省市的实证研究 [J].中国人民大学教育学刊，2019（2）：51–65.

岁儿童正处于勤奋对自卑的冲突阶段，他们开始尝试新的学习技能，逐渐适应系统化的学校学习，如果教师因为儿童的学业表现和课堂表现不好就对其施以言语暴力，势必会挫伤儿童学习的积极性，影响其"能力"品质的获得，使其产生自卑心理。另外，教师言语暴力还会对儿童产生不良的心理暗示，留下深刻的心理烙印，因为儿童在早期还没有完全形成清晰的自我概念和意识，尚处于不成熟的状态，他们往往是将教师对自己的评判作为自我认识的衡量标准，"假如人们称他是笨蛋，他就会认为自己很笨。因为他的衡量标准是对他有影响的'大人'的衡量标准。如果儿童的能力得不到承认，即使最聪明的儿童也可能认为自己是失败者"[1]。

（二）言语冷漠型

言语冷漠会对儿童的精神和心理造成严重伤害，带有情感虐待的倾向，具有一定的隐蔽性，小学教师并不能完全察觉到其对儿童心灵带来的长期伤害。言语冷漠主要是指教师在与儿童的交往过程中，表现出对儿童不理不睬的言行方式和态度。一种可能是出于外界环境压力的影响，例如教师的教学压力、管理压力、晋升压力等，使得教师心理压力过重而出现情绪释放受阻的情况，因而表现出对儿童交往热情减退，或向儿童表达消极的情绪体验。儿童在面对教师的言语冷漠时，也会变得心灰意冷。另一种可能则是小学教师本身缺乏共情能力，不能设身处地地理解、感知儿童的心声，缺失对儿童话语回应的敏感性，从而表现出话语上的情感淡漠。

小学教师话语不仅能向儿童传递自身丰富的情绪体验，同时也能表达积极的情感关怀，正如吉诺特（Ginott）所言："教师需要具备体恤的语言，他们的话语必须能够传递情感、改变心情、诱导善意、启发见解和散播尊重。"[2] 教师的言语冷漠是教师与学生情感交流的缺失，师生之爱是所有教育

---

1 〔英〕迈·凯梅·普林格尔.儿童的需要［M］.禹春云，等译.北京：春秋出版社，1989：46-47.

2 〔美〕汉恩·吉诺特.接受我的爱：老师如何跟学生说话［M］.许丽美，许丽玉，译.北京：中国广播电视出版社，2009：91.

伦理关系的核心，当教师缺少有温度的话语表达时，教育将是机械、冰冷和无效的。"教师语言道德性的核心标志就是语言承载着教师对学生的无条件的爱和积极期待"[1]，儿童对教师情感上的依赖在小学阶段尤甚，他们对爱及安全感的心理需要要求教师对儿童应充满仁慈，能用爱的话语表达情感，热切关注儿童的成长变化。

（三）言语控制型

教师话语能够体现国家和社会意志，教师由于主导地位的优势和权威力量的赋予，他们相对儿童而言拥有绝对的话语权，言语控制通常表现为话语上的独白、专断、失衡、偏见、排斥等，这在课堂教学中表现得最为典型。小学教师相较于儿童是人类知识财富的先决拥有者，部分教师不能较好地处理教学目标达成和儿童自由学习之间的平衡，会出现顾此失彼的情形，在传统、僵化的儿童观念与教学方式影响下，课堂中极易出现一言堂、知识"满堂灌"等话语霸权的现象。教师对教学具有绝对的支配权和控制权，其对儿童话语表达的本能需要和自由权利的漠视，易使儿童成为静默、被动的学习者，教师将自己的观念、认识、思想等强加灌输给儿童，严重影响儿童的思维发展和师生互动效果。另外，权力控制下的话语失范还会带来小学教师赋予不同儿童话语权的偏见与失衡问题。某些小学教师为了稳固课堂教学秩序，往往给予"优生"更多的话语表达机会，而"后进生"的话语表达权利却被限制，造成师生间、生生间话语权有失公正的伦理危机。儿童本该是生性活泼、自由烂漫、无拘无束的个体，充溢着创造精神和探索精神，他们的思维活力在小学阶段应该得到完全的彰显，然而在教师话语控制下造成的话语霸权、话语不公的问题，会使儿童成为知识接受的工具，会降低他们主动学习的热情，进而逐渐丧失主动思考的能力，甚至还会阻碍儿童积极性格的形成，使他们变得唯唯诺诺、言听计从。

1　蔡辰梅.小学大爱：小学教师师德案例读本［M］.上海：华东师范大学出版社，2016：151.

（四）言行失当型

这种失范类型主要是对教师言行的示范性特征而言，教师既是儿童模仿学习的对象又是社会文明风尚的引领者和践行者。其中，模仿性是儿童的天性，它会随着儿童年龄的增长呈现阶段变化，在小学阶段其模仿天性主要为无意识模仿和有意识模仿，"无意识模仿大概到了二三岁时即有，而至五六岁时发达最甚，有意识模仿从六七岁发达后，一直能把他保存到死为止"[1]。由于小学生模仿学习的天性和教师重要他人的角色定位，小学教师作为儿童学习的道德榜样，其一言一行都会对儿童的认知学习、行为习惯的养成带来一定的示范作用，若缺乏积极的言行示范和引导，儿童则可能习得不良的道德品行。此外，作为社会精神文明的有力践行者、推动者及建设者，小学教师良好的言行举止既是现代道德文明在社会成员中的集中反映，同时也体现了教师职业群体的基本文明素养。更进一步讲，追求小学教师话语的"真善美"不仅给儿童带来艺术享受和审美体验，同时也是教师话语示范性的表现和需要。而诸如一些不健康、不礼貌、伪善、失真等言行失当行为，不仅是对小学教师职业角色的亵渎，更是对整体教育事业不尊重、不负责的表现。

二、小学教师话语伦理失范的归因

小学教师话语失范现象频频发生，本节尝试从历史传统、教师个人素养以及外部制度体系三个层面寻找问题根源。

（一）历史传统角度

1. 传统教育观念异化

某些教师不能基于时代精神对传统教育观念有理性认知，往往会带来教育观念异化的风险，尤其是脱离儿童的时代特征，用传统异化的教育观念面

1 凌冰. 儿童学概论 [M]. 北京：商务印书馆，1934：103.

对新时代的儿童，如以"师道尊严""严师出高徒"等一味夸大和片面追求教师严苛和控制的观点来审视今天的小学教育，将其作为衡量师德水准的重要标准，易使传统教育观念偏离历史本意或不适宜时代要求。具体来说，对教师话语失范的影响主要包括以下方面：首先，传统教育观念赋予了教师在教育活动中绝对的权威地位，易使教师沉迷于个人高高在上的权威而漠视儿童的独立人格，把儿童视为知识接受的静坐学习者，不允许儿童提出任何可能威胁到教师权威地位的异质声音，他们维护的是教师的权威形象和尊严；其次，传统教育观念带有统治、压迫的色彩，是一种师生权利失衡的体现，教师像统治者一样要求儿童绝对服从，以专断控制的方式遏制儿童的言语自由，造成教师"独语"而儿童"失语"的现象；最后，传统教育观念崇尚的是"严师出高徒"的教育态度，美其名曰教师越严苛儿童越成才，然而正是因为对"严师"的误解和吹捧，往往导致教师在教育活动中对儿童采取"打骂"的教育方式。

2. 师生权力关系不对等

国家对教师劳动角色的法定赋予，要求教师严格履行传递知识文化以及培养儿童素质的职责，这决定了师生间并不可能获得绝对的权力平等，教师与儿童之间最基本的权力关系仍是施教者和受教者的角色关系，教师相较儿童还是拥有更多的话语表达权。在传统知识本位目的观的支配下，教师相较于"无知者"的儿童，他们"闻道在先""术业专攻"，掌握了更多的知识经验，二者共同助长了教师知识霸权的地位，教师有更多的权力来分配知识资源及控制儿童话语表达。无论是传统教育观念的异化、外在伦理角色的规定，还是知识本位的价值取向，对教师话语失范行为的影响多是外在的、历史性的、客观性的，易产生诸如话语霸权、话语不公、言语暴力等问题。若儿童长期处于教师话语的高压控制及异化的师道尊严的成长环境下，很容易逐渐丧失主体人格，助长教师话语"施虐"风气。

（二）教师个人素养角度

教师个人素养对话语失范的影响是最根本、最深刻的，由此引发了研究者对教师道德品质、心理素质及伦理自觉的关注。

1. 教师话语道德品质欠佳

"听其言，观其行"，教师内在道德素养与外在言行通常是相符合的。一方面，部分教师由于自身伦理道德品质的缺失或道德意志力薄弱无法抵御外界诱惑（如私欲、利益、名誉），容易使其言行偏离社会主流道德价值观，出现一些消极、粗俗的言语表达；另一方面，教师并不是普遍都能意识到自身言行隐含的道德示范和伦理意义，对自身话语失范诱发的道德危机也未给予足够的重视。即使某些教师具备一定话语伦理的敏锐度，但由于外在教育教学实践的复杂、多变，在具体把握这些话语伦理原则并将其转化为专业话语实践时，也会出现品行和言行之间的错位，引发话语失范的问题。

2. 个性心理素质不佳

教师个性心理素质不佳是导致情绪情感类话语失范的重要原因之一，其具体表现如下：一是教育教学、职业晋升、职称评定和社会公众对教师的高期待在无形中给教师带来巨大压力，教师由此可能产生一种压抑、愤懑、烦躁的情绪感受，并将这种情绪压力借助话语宣泄到无辜的儿童身上；二是部分教师个性心理品质有所缺陷，如冲动、暴躁、易怒等，一旦有刺激的事件或行为发生就会无法控制自己的消极情绪，转而对儿童恶语相向；三是小学教师除了基本的教书育人角色，在教育活动中还扮演着多重角色，各个角色的责任与担当都要求教师做到面面俱到，从而给教师带来角色冲突与困惑的问题，若不能较好地调适心理冲突状态，就容易失去对儿童的爱心和耐心，产生对教育工作的挫败感和对职业的倦怠情绪，面对儿童表现出话语上的情感冷漠或语言暴力。

3. 话语伦理自觉意识的不成熟

教师在教育实践活动中承担着对社会、对他人、对职业的道德义务，教师职业最基本的伦理要求是履行教书育人的职责，最高的伦理要求是教师对履行道德义务怀有强烈的主体自觉意识和道德责任感，依据内心的道德自律和伦理自觉指导自己的行为。"这种高度自觉的道德义务责任感，是教师个人的专业伦理意识的深刻体现，也就成了教师个人的专业伦理良心。"[1] 从这个角度思考，教师话语伦理失范的根本原因就在于教师并没有将话语责任和义务上升到内心自觉的高度，对于更高层次的道德良心的追求尚不成熟，这些并未成为教师内心深处稳固的信念支撑和意志体现，所以，当教师对话语伦理的深刻理解不能较好地内化为自身高度的自觉意识时，在指导和调节教师具体言行时便会陷入放任自流的境地。

（三）外部制度体系角度

教师的失范言行不仅是其自身话语伦理素养不高带来的，同时也有外部制度体系不健全的原因。教师话语失范的伦理危机缺乏强制性和专业性的规范要求与指导建议，具体来说，主要包括师德培养、考核、规范等长效机制建设有待完善。教师话语伦理在师范培养和教师培训中是薄弱的环节，在师德考核中缺乏必要的评价标准，评价体系尚不完善。另外，也缺乏对教师话语进行规范的专业文本的制定和强有力的法律惩戒，因此，从法律制度层面对教师话语失范的监督和指导效果不尽如人意。近几年来，教育部相继颁布了《中小学教师违反职业道德行为处理办法（2018 年修订）》《新时代中小学教师职业行为十项准则》《小学教师专业标准（试行）》《中小学教师职业道德规范》等政策文本，制定了话语伦理的相关规定，如"不讽刺、挖苦、歧视学生"，"语言规范，举止文明"，但并未得到一线小学教师的足够重视。此外，制度规定主要参照外显的行为结果来对话语失范加以制止，而对于内隐性较强的诸如动机、情感、关系等话语失范问题，法律规约发挥的效用范围仍是有限的。

---

1 李晓波. 教师专业伦理精神与道德修养［M］. 上海：上海三联书店，2017：196.

古人云:"君子一言以为知,一言以为不知,言不可不慎也。"(《论语·子张》)小学教师话语对儿童全面发展的影响具有长期性、基础性、启蒙性特征,这就决定了教师在教书育人过程中的包括言说过程、言说方式、言说结果在内的言语行为都必须符合"共同语群体"的利益(如国家民族、社会公众、教师群体、教育对象、教育从业者等),也需要建设相对完善的话语伦理基本规范保障"共同语群体"的利益。

一、话语伦理基本规范的内涵与价值

"规范就是通过'应该'(ought to be)这一形式表达出来的行为规则"[1],包含的是"有责任或有义务去完成某事"。所谓小学教师话语伦理的基本规范,即小学教师在教育教学实践活动中运用话语表达思想言论、情感态度、价值观念时应始终坚持的伦理标准、伦理规范以及行为准则的总和。它体现的不仅仅是一定社会或阶层对教师行为标准的外在强制规约,同时也是教师专业群体内部共同认可和遵循、普遍适用的行事依据,明确规定了教师言行的界限和范围,以及背后所蕴藏的基本伦理价值和原则,让教师清楚知道这样做或不做的理由、意义、影响何在。

小学教师话语伦理基本规范的作用,首先是约束教师的不良话语行为,为教师行为提供正确的参照标准和选择依据,更好地调节和指导教师话语行为;其次是为教师言语交际行为提供"是非善恶""应不应该"的评价标准;最后,教师话语伦理规范作为教师专业伦理发展和培养的重要组成部分,是由教师所从事的教育职业劳动的属性以及教师伦理角色的特点决定的。因此,我们说教师只有在话语基本伦理规范的范畴内做出符合实际情

---

1 赵汀阳.论可能生活[M].北京:生活·读书·新知三联书店,1994:26.

况的适切性行为，才能真正通过义务的履行与职业的发展来主动把握师生幸福。

二、建设话语伦理基本规范的原则

借鉴哈贝马斯"话语伦理学"的合理解释，"一个成功的话语必须满足三项附加的有效性要求，包括命题的真实性、规范的正确性以及主观的真诚性，相应地划分行为与客观世界、社会世界以及主观世界之间的反思关系"[1]。小学教师作为一个有效的话语表达者，基于其对知识信息的理解与加工，在向儿童传递知识信息时必须做到客观真实，使事物的真实状态得以显现，若话语信息与外在的客观世界相吻合，则实现了命题的真实性。小学教师话语在一定的话语规范情境下应符合正确性和合法性的标准，维护正当的人际关系与秩序，师生关系作为最主要的话语关系，恰恰体现的是教师话语与外在社会世界的关联。另外，小学教师话语表达的所思、所想、所感应言出心声，促发主观经验表达的真诚性，使得教师言语行为与主观世界相符。

基于对"话语伦理学"的相关思考以及现实失范问题的审思，提出以下制定话语规范的基本原则，以此为推进我国小学教师话语伦理基本规范的建设与发展做出努力。

（一）实事求是，保证知识信息客观真实

话语的工具性体现了教师话语传播知识信息的功能，当代小学教师最重要和最基本的职业角色是"知识的传授者"，小学阶段的知识传授是帮助儿童正确认识客观世界的关键，真实的信息内容与表达的客观真实奠定了儿童下一阶段学习的基础，小学教师面对的劳动对象是身心尚未成熟且具有成长

---

1 〔德〕尤尔根·哈贝马斯. 交往行为理论（第1卷）〔M〕. 曹卫东，译. 上海：上海人民出版社，2004：100.

可塑性的儿童，主要的劳动任务是向儿童传递人类发展历史积淀下来的精神文明财富，把儿童培养成为能适应未来社会变化的合格人才。儿童在认知发展上还不够成熟和全面，对于基本的是非判断还存在一些不确定性和不合理的成分，需要大大依赖教师的讲授和引导，帮助他们正确理解事物。此时，如果教师在知识教学中将一些错误的、虚假的、伪善的信息内容传递给学生，势必对学生产生负面影响。因此，作为一名有责任心、有义务感的小学教师，引用或陈述客观事实时必须做到科学、准确、严谨、规范，以确保儿童能正确理解知识信息并有效运用其解决实际问题。"实事求是、客观真实"的话语伦理原则指向的是信息内容与外在客观世界之间的关系，即教师所传达的信息内容必须与客观世界相符合，这需要教师在筛选和开发教学资源时对即将授课的内容有一个全方位的科学把握，有事实根据作为支撑。另外，在讲授过程中也要注意言语表达力求全面、准确、清晰反映客观事物的全部特征，帮助儿童从本质上认识事物、掌握概念。

（二）平等尊重，促成师生共同理解

师生关系也是社会人际关系的重要组成部分，"平等尊重""共同理解"是通过调节教师与学生之间利益冲突来实现师生关系的和谐发展，保障学生切身利益。根据已有的规范条例来看，"平等尊重"成为了教师伦理规范的基本原则，如在《中小学教师职业道德规范》（2008年修订）中规定了教师要"关心爱护全体学生，尊重学生人格，平等公正对待学生"，《小学教师专业标准（试行）》也规定了对待小学生的态度与行为应做到"尊重小学生独立人格，维护小学生合法权益，平等对待每一位小学生。不讽刺、挖苦、歧视小学生，不体罚或变相体罚小学生"。

小学教师话语伦理基本规范的平等原则应从以下方面实现：首先，话语参与者的平等，即所有与教师形成教育关系的儿童都应积极参与言语交流；其次，平等关注每个儿童的话语能力和话语需求，在言语活动交流中鼓励儿童随时发表自己的言论、提出质疑或建议，与教师形成平等的对话关系；最后，所有话语参与者都应共同遵守既定的话语规范和伦理原则。"尊重"的话语伦理原则要求教师充分认识到儿童表达的差异性，接纳儿童不同的观点和意见，尊重儿童独立人格，禁止使用一些挖苦、讽刺、侮辱类的话语伤害儿童心灵；尊重每位儿童言语表达的自由权，满足其言说的需求；尊重儿童向自己倾吐的隐私，严格保守儿童秘密等。

"平等尊重"是相互理解的前提，只有教师在言语表达上真正做到对待儿童一视同仁，尊重儿童权利与人格，了解并理解儿童的成长需求，教师与儿童之间才能达成共识、促成交互性理解。达成共同理解就需要小学教师放下话语权威，主动向儿童敞开自己的心灵，诱导儿童吐露心声，并善于倾听孩子们说话，相互理解、感同身受。正如马克斯·范梅南认为的："你应该理解他的情境，这种表达方法并不只是指我们必须考虑与每一个人的位置相关的所有事实与因素（位置、条件和环境）——这尤其意味着我们必须要从另外一个人的存在的角度来理解情境。"[1]小学教师只有站在儿童的角度，从儿童的利益出发，接纳彼此的观点、看法、意见等，主动倾听并理解儿童的所思、所想、所言，才能真正走进儿童的心灵世界，避免言语伤害。教师全身心投入到与儿童的对话中，既表达了对儿童话语的充分尊重，也触发了对儿童世界新的理解，有利于有效把握儿童的所思所想。

（三）态度真诚，用积极话语表达仁爱之心

"决定教师言语效果的主要东西——是言语中的诚意。"[2]"态度真诚、情感关怀"的规范原则呈现的是教师的内心世界，是对小学教师话语在态度、动机、情感等方面作出的总体规定。态度真诚是从教师言语表达的心理动机来看，指的是教师话语表达产生的言说结果与真实心理相一致的状态。在与儿童的言语互动中，小学教师应坦诚相待而不故作高姿态、故意隐瞒或说一些违心的话，只有在言语态度上做到真诚才能与儿童展开有效沟通，儿童才能从心里面真正认可与理解教师的话语表达。

---

1 〔加〕马克斯·范梅南.教学机智——教育智慧的意蕴［M］.李树英，译.北京：教育科学出版社，2001：97.

2 〔苏联〕苏霍姆林斯基.教育的艺术［M］.肖勇，译.长沙：湖南教育出版社，1983：32.

拥有一颗仁爱之心的教师会自觉产生对儿童真正的关怀，并将这一关怀具体落实到对儿童心灵的呵护上，一个善良、仁爱的教师，总能说出鼓舞人心、唤醒灵魂的话语，用爱意温暖儿童的心灵。心怀仁爱之心的教师会对儿童抱以关注和期待并愿意为对方付出实际行动，其言语之善的责任义务是强烈的，能够通过言语表达关怀之意、关怀之情并施以关怀之行。儿童普遍渴望得到教师的激励、安慰、理解，小学教师对儿童付出仁爱、善良的"心"，能够使儿童心理获得强烈的安全感和归属感。善用"我明白你的意思""我很理解你""就像你，我也一样……"等此类话语，体现对儿童的关注和肯定，有利于促使学生有感同身受的同理心和共进退的决心。尤其是在小学低年段，教师言语之爱能够帮助他们尽快适应新环境的变化，调和人际关系矛盾，舒缓精神压力，为儿童的幸福成长提供有力的情感支撑。

（四）文明礼貌，做好言行一致的示范引领

　　实践话语伦理"承诺与教师作为一个道德教育者、模范和榜样有关，他们的目标是引导学生过一种道德生活"[1]。小学教师话语体现的示范性特征要求教师言语行为要合乎文明礼貌以及道德规范，切实做好言行表率和引领作用。"礼"作为中国传统文化最基本的伦理规范和道德衡量标准，延续在现代文明建设及言语交际中也有更明确的要求，如赵毅等人认为讲究语言文明就是"要在言语交际中自觉选用能够促进社会良好风尚的健康、纯洁的语词，摒弃消极的、破坏社会文明的粗话、脏话和有暴力倾向的语词"[2]。小学教师文明礼貌的话语不仅是个人形象的代言，也是社会风气的道德标杆，小学教师话语行为既要符合社会道德和伦理要求，又要符合小学教师伦理角色的规定和道德文明的示范性要求，注重言行规范和行为雅正，从而塑造小学教师良好的话语形象。

---

1 〔加〕伊丽莎白·坎普贝尔. 伦理型教师［M］. 王凯，杜芳芳，译. 上海：华东师范大学出版社，2011：2-3.

2 赵毅，钱为钢. 言语交际学［M］. 上海：上海三联书店，2003：200.

"言行一致"主要是指人际交往的诚信问题，即教师所说的话要与行为保持一致，证明教师话语时效性并信守承诺。陈汝东就"言行一致"的道德准则提出了三个方面的解释：其一，在言语行为实施以前，对言语内容或话语信息及言语方式给予道德价值判断，看它是否与社会道德相符；其二，对言语行为给予行为判断，看其是否符合客观实际，且具有可行性；其三，说到做到，实践自己所说的内容，使言语与行为一致。[1] 在现实教育实践中，部分小学教师"说一套做一套"、说"假话、空话"，缺乏对话语的责任意识，这正是缺失"言行一致"的表现，严重的会使教师权威形象崩塌，使儿童对教师的基本信任感降低，因此，做到"言行一致"对于小学教师权威形象的树立以及儿童优良品行的形成也具有重要的示范作用。

▌ 第五节　小学教师话语伦理素养的养成 ▌

小学教师话语伦理素养的形成不仅是遵循外在行为规范的要求，也是提升教师专业伦理精神的内在需要。结合理论要求和现实状况，小学教师话语伦理素养的养成不仅是必要的，且对教师个体发展目标的达成也是切实可行的。

就小学教师主体而言，其话语伦理素养的养成路径具体包括以下内容：

一、强化教师责任与义务，形成自觉的话语意识

强化教师的责任和义务主要是就教师的职业角色和职业特性而言，檀传宝教授曾指出教师在履行教育义务的活动中，最主要、最基本的道德责任包

1　陈汝东. 语言伦理学［M］. 北京：北京大学出版社，2001：120-121.

括正反两个方面。正面为教书育人；反面为"不要误人子弟"。[1] 即教师话语要传递正确的价值观念和知识经验，树立合格的道德模范榜样，而正反两方面的责任规定正好构筑起教师的底线责任。从责任的狭义概念来看，教师应该有明确的话语责任意识以及为自己言行可能带来的不良后果承担相应责任的能力。教师的责任和义务相辅相成、不可分割，教师责任意识的增强会带来教师义务感的强化，与外在伦理规范和道德准则相比，教师的义务是一种内心的自觉行动，它不是迫于外界环境压力、诱导和束缚，而是出于自己的良心，真正愿意为儿童的成长、发展付出毕生精力，作为教师理应自觉使用文明用语、维护话语秩序、展现良好的话语形象。可以看到，强调教师话语的责任意识和义务感不仅是对教育者主体角色的一种愿望期待，也会对儿童全面成长产生积极的影响。

从当前的实际情况来看，并不是所有小学教师都能正确意识到自身言行具有的道德伦理色彩。一方面，教师话语的伦理规定性是社会道德伦理的一部分，受到总体社会道德伦理的影响、沿袭与投射；另一方面，在具体实践教师话语时，他人又会对言语行为进行伦理意义阐释和道德价值评判，自觉形成话语的伦理意识就要求教师要深刻地意识到自身专业责任和言行举止所带来的道德力量和伦理特性，有意识地作为一个话语实践者在道德框架内行动。具体来说，话语意识的形成主要包括以下内容：

首先，明确话语的动机和意图。教师在话语表述时应该清楚地认识到自己为什么这样说、要实现的目的是什么。只有教师真正站在儿童立场出于"善"的意愿才能产生"善"的效果。

其次，明确话语的规则意识。教师能依据不同的话语情境明晰一般性的和特殊性的伦理规范，厘清话语规则的边界，既不触碰伦理底线，也要追求更高的伦理要求。

---

1 檀传宝. 教师伦理学专题——教育伦理范畴研究 [M].北京：北京师范大学出版社，2000：133.

最后，明确话语的结果意识。话语可能产生的积极或消极效果、短期或长期效果、带给个人或集体的效果，教师对其需有一个前期预判和衡量。只有当这种自觉的话语意识形成之后，教师实践话语的行为才是充满智慧的。

二、以锤炼教师话语道德修养为根本

锤炼教师话语道德修养是促进小学教师自我完善和实现教师专业伦理发展的内发动力，话语道德修养既是道德修养的重要组成部分，也是教师语言修养的重要内容。教师话语道德修养的价值意义一方面体现为"人的道德修养越高，话语建构和话语理解就越合乎社会对言语行为的要求，话语也就越具有说服力，交际效果就越好"[1]。另一方面，人的语言修养越高，其话语蕴含的伦理价值以及发挥道德教化的作用效果也就越大。因此，应格外重视小学教师的话语道德修养，通过扩充话语伦理知识、自我反省言语行为、增强话语的道德敏感性来充分实现理想人格和专业伦理角色的塑造。

（一）前提：话语伦理知识的扩充

锤炼话语道德修养应从知识的学习与研究开始，话语伦理的相关知识主要针对教师专业伦理知识、语言修养类知识以及相关的教师职业道德规范。教师充分发挥主观能动性对话语伦理知识进行长期学习与研究，便能自觉接受、真正理解外在客观知识，并将其内化为自身行动的力量。

长期以来，在教师教育和专业学习的领域中，很多教师过分重视学习学科知识和教学技能知识，往往忽视教师专业伦理知识的研习，而教师专业伦理知识是教师从事教书育人活动的一般性伦理知识，理应受到格外关注。小学教师话语伦理修养的提升是教师伦理品质形成的重点，语言修养类知识不仅有教育教学语言运用上的技能性知识，如教师语言的启发性、生动性、逻

1　陈汝东. 语言伦理学［M］. 北京：北京大学出版社，2001：62.

辑性等，而且更侧重于语言的育人性和伦理性层面，如教师语言的审美性、示范性、育德性等，以及教师如何做出合适的话语表达传递情感交流、促成师生共同理解、实现总体育人目标。另外，教师知识修养的提升还需进行相关职业道德规范的学习，尤其明确小学阶段的师德规范要求，在实践话语伦理的过程中做到知法、守法，通过规范来指导教育教学实践活动。

（二）方法：自我反省言语行为

教师的自我反省是依靠教师内心自觉对言行做出真实、客观的批判，进而做出理性的判断和选择的过程，以达到自我改进、自我完善、自我更新的目的。首先，教师话语自我反省参照标准包括话语伦理的基本规范、教师伦理角色的规定性、儿童身心发展的规律性及科学的教育教学理论；其次，教师话语自我反省的内容主要是对言行做出伦理维度的归属、伦理价值的剖析，以及可能对他人和社会产生的伦理影响的反思；最后，教师话语自我反省需要在整个实践过程中反复确认、审视、修正，从而不断提升话语伦理品质。教师话语的自我反省也有一些切实可行的途径，例如，教师可以通过写日常的反思日记或借助视听设备观察言行，也可以采取教育行动研究来丰富自我反省的技术路径和实践研究。

（三）要求：增强话语的道德敏感性

一个缺乏话语道德敏感性的教师对儿童成长来说是可怕的，因为他会表现出师生言语交流上的情感淡漠，对儿童的需求置之不理；而一个具备话语道德敏感性的教师总会敏锐地感知到蕴含在话语背后的道德含义，进而采取善意的言语表达针对儿童需求做出积极反应。增强教师话语的道德敏感性在于：一方面，要求教师要善于从复杂的教育情境中识别自身话语可能存在的道德问题或可能产生的道德影响，并能及时对这种话语行为进行充分反思，在此基础上引导其采取下一步更合理、合法、合道德的行为；另一方面，面对外在于己的儿童或事件时，教师要设身处地地感受儿童的话语需要，富有情感、充满关爱地进行话语表达，满足儿童对安全感和归属感的需求。

三、不断提升实践话语伦理的能力水平

　　教师话语伦理素养的养成是要将内心自觉、自愿的活动转化为外在的言语行为，在具体实践中加深并稳固话语伦理素养。这就需要小学教师积极投身于话语实践锻炼，在实践中不断发现话语失范问题并及时纠正、克服失范行为，真切体悟到自身言行的伦理影响，通过实践有效检验自己的言语行为，从而提升其话语实践能力，重塑其话语伦理形象。教师话语伦理素养的养成并不是一蹴而就的，它本身就是一个复杂、变化、曲折往返的过程。因此，需要小学教师具有坚定的话语信念，只有规范好自己的一言一行，才能凭借话语的强大魅力为儿童的启蒙发展奠定基础。同时，在这个养成过程中还需要教师强大的意志力作为精神支撑，即教师在面对话语情境的冲突性和复杂性时，仍要积极发挥主动性将话语伦理的基本规范贯彻到底，做到持之以恒、始终如一。

　　教师话语是外显行为和内在心理活动的有机结合，从这个意义上讲，实践话语伦理的能力至少关涉两个方面：自我调适的能力和自我监控的能力。外显行为和内在心理二者之间的发展并不是亦步亦趋的，当教师内在心理活动失调时会直接影响到教师话语的外显行为。因此，教师为了实现预期的话语目的就需要具备对自身心理活动的调适能力，教师要学会选择适宜的方式来缓解自己的情绪压力，保持良好的心理状态，增强心理承受能力，不要在儿童面前暴露较多的消极情绪，避免情绪失控造成言语伤害。教师话语自我监控的内容具体包括说什么、怎样说、为什么说，在外在伦理要求和基本规范的基础之上，充分发挥并运用教师自身的智慧和毅力，自觉地对话语态度、话语信息、言说方式等进行有效监督和控制。教师自我监控话语表达需要充分考虑以下原则或目标：符合基本的话语表达规范，如准确、科学、清晰等；遵循儿童身心"无伤害"原则；贴合教师的职业角色和伦理要求；彰显教师话语的思想性、教育性与价值引领性。

　　总体来说，小学教师话语伦理素养的养成要做到以下几个"统一"：动

机意图和行为结果的统一，教师话语应是出于"善"的目的并实现"善"的结果；外在规约和内心自觉的统一，教师话语伦理在讲究规范的同时，也应该依靠教师的本心履行基本的道德责任和道德义务；话语伦理期待和话语伦理表现的统一，小学教师话语承担着向儿童传授知识、培养儿童道德品质的重任，对话语价值性和功能性的期待也需要教师做出适切性的话语表现，从而实现教师话语在教书育人中的突出作用。

第六章 小学教师的
性别伦理

性别伦理通常是指处理男女两性关系的道德原则与规范的一系列基本伦理思想和理论体系。随着社会的进步与发展，两性关系的发展状况早已突破了自然属性，上升到了具有伦理学意义的社会关系层面。窄化研究视角，在教育领域中来探讨"性别伦理"问题，会发现诸多有关小学教师的性别伦理现实问题值得深究，教育在某种程度上会对"社会性别"产生重要影响。本章节先对小学教师的性别伦理的相关理论以及中国教育背景下小学教师所呈现出的性别伦理问题进行剖析；随后，论述了小学男女教师因性别差异在教学表达方式、教学内容处理方式、课堂互动行为、教学方法、文本呈现五个方面表现出的不同特点。与此同时，客观陈述了小学教师因性别差异可能对学生的成长、发展产生直接或间接的影响；最后，以性别平等、性别公正、性别和谐这三个视角来探讨性别伦理对于小学教师发展的启示与要求。

一、小学教师性别伦理的相关研究

（一）性别伦理

性别，字面含义为男女两性之间的差异。美国社会学家戴维·波普诺（David Popenoe）指出，"性"指的是区分一个种群中男女两性的生理特征，性别指的是与男女两性相关的社会与心理特征[1]，"性别"在英语中的一个表达方式是"sex"，意为生物性别，它侧重于男性与女性在生理机能与生理结构上的差异；另一个表达方式是"gender"，意为社会性别，它更侧重于在社会文化中男性与女性的角色分工、行为表达方式、情感态度等差异。梳理历史脉络，我们不难发现，生物存在、心理存在与社会存在是"性别"存在的三种形式，人类对性别的认知从基础的"生物性别"逐步发展到复杂的"社会性别"，当性别作为思维范畴被研究讨论时，人们会逐渐意识到现实的性别问题反映了人类缺少对两性关系的批判思维与客观公允的态度，由此人类本质中涵盖的人性部分就在"性别"中得到映射，这暗含着人类其实是在不断地提升自我认知与自我反思能力。

社会性别是在生理性别的基础上，由社会生活制度和文化建构形成的基于性别认识的男性或女性的群体特征、角色、行为差异及其责任，是男性和女性在社会中相关联的具有结构性和功能性的两性关系的反映。[2]而性别伦理学是研究两性关系和社会道德规范之间相互关系的科学，它是用伦理学的基本观点分析性别关系与规范性行为，或者说，从性行为中引申出符合

---

1 〔美〕戴维·波普诺. 社会学（第十版）[M]. 李强，等译. 北京：中国人民大学出版社，1999：358-360.

2 赖友梅. 影响中学教师性别角色刻板化态度与两性平等教育意识相关因素之研究 [D]. 台北：台湾政治大学，1998.

一定伦理原则规范的要求。[1]性别伦理指处理男女两性关系的道德原则与规范的一系列基本伦理思想和理论体系等。在人类进入阶级社会以来，性别伦理的价值取向基本都在维护男权与夫权，而女性性别意识的逐步觉醒才使更多学者开始探究男性与女性在性别差异上带来的影响有哪些。窄化研究视角，现今有诸多西方学者在教育场域中研究两性关系与性别不平等现象，在此期间，研究者们逐渐意识到"教育"对于"社会性别"的影响十分重要，由此展开的研究包含了教育目的与性别的联系、男性与女性在教育领域中的差异、教师在教育教学中的性别偏见与歧视等。还有一些有关社会性别与教育的研究书籍相继出版，例如英国教育家萨拉·德拉梅特（Sara Delamont）的《性别角色与学校》、美国学者米勒（Miler）的《妇女与教育》《性别与课程建设》等。不难看出，教育界的性别伦理问题受到了越来越多人的关注，它对受教育者的性别价值取向有着举足轻重的影响与作用。虽然男性与女性在生理上存在差异，但是先天条件的生理差异并不能完全决定两性后天的天赋差异，古希腊著名的哲学家和教育家柏拉图在《理想国》中表明的一个两性观点是：男女之间禀赋是相同的，唯一的不同即为两性之间生理上的差别。现今许多两性研究也是借鉴了柏拉图的思想观点，男性与女性虽生理存在差异但天赋平等，这是研究两性平等的重要理论基础之一。

（二）生物学基础

男性与女性之间最原始、最基本的差异体现在生理差异上，其主要体现在染色体遗传因素与大脑功能上的差异。男性与女性的常染色体是完全相同的，但男性与女性的第 23 对性染色体却不同，女性染色体由两条 X 型染色体组成，而男性染色体由一条 X 型染色体和一条 Y 型染色体组成。染色体的特性对男女两性的身心发展产生了影响，同时也能正常地通过遗传赋予男女两性的身心发展以某些特质；[2]男性与女性的大脑半球偏侧性功

1　章海山，罗蔚.伦理学引论［M］.北京：高等教育出版社，2009：307.

2　傅安球.青年性别差异心理学［M］.上海：上海人民出版社，1988：9.

能也存在着明显差异，主要体现在男性的左半脑较为发达，抽象逻辑思维与空间能力可能会比女性略胜一筹，而女性的右半脑成熟早、较为发达，在形象思维能力与语言能力方面可能会比男性更有优势，因此男性较为逻辑化、理想化，属数字型左脑型人，而女性更加感觉性、感性化，属模拟型右脑型人。[1]

（三）心理学基础

性别差异心理学认为，受到遗传、成长、教育与环境的影响，男女两性在心理发展上产生了明显的性别差异，映射在行为方式上形成显著的男女性别心理行为差异。[2] 知（认知）、情（情感）、意（意志）是人类心理活动的三种基本形式，这三者在性别差异上呈现出不同的特点，借助心理学相关理论能比较客观、科学地帮助我们更深层次地剖析性别差异的原因，它能够作为我们分析、讨论男教师与女教师在教学差异问题上的理论支撑之一。

1. 认知差异

认知是人类最基本的心理现象，它包含了感觉、知觉、记忆、思维和想象等。首先，在感知觉方面，由于男性的神经细胞膜透性较差，感知觉能力因生理结构可能会受到一定的阻碍，而女性的神经细胞膜具有半通透性，因此女性的感知觉能力在一定程度上可能要优于男性。其次，在思维方面，男性的逻辑思维具有抽象性、灵活性以及创造性等特点，他们偏爱不受思维定式束缚的开放式想象，在思考问题时可能常表现得较为冷静、理性与客观。相对而言，女性的形象思维较强，偏爱一些富有形象性、带有色彩的想象，在思考问题时可能常表现为敏锐、感性与细腻。最后，在记忆方面，男性更擅长逻辑、抽象记忆，而女性则更擅长形象、情感记忆。

2. 情感差异

《心理学大辞典》中讲道："情感是人对客观事物是否满足自己的需要而

1　雷海云. 高中生对物理教师性别差异的认知研究 [D]. 昆明：云南师范大学，2006：23.

2　刘翔平，葛鲁嘉. 男女差异心理学 [M]. 长春：北方妇女儿童出版社，1988：1-6.

产生的态度体验。"情感不仅仅指人的喜怒哀乐，而且泛指人的一切感官的、机体的、心理的以及精神的感受。[1] 在情感方面，男性的情感一般较为粗犷，更容易产生激情，外部表现较为强烈，但情感维持的时间可能较短，他们偏向理智、清醒的情感生活；女性的情感一般较为细腻，更易产生"移情"现象，情感体验较为丰富，她们可能更注重情感的表达。

3. 意志差异

意志是人自觉地确定目的并支配行动、克服困难实现目的的心理过程，即人的思维过程见之于行动。一般而言，男性的意志品质表现为自主性与竞争意识较强，做决定时较为果断坚定，他们在执行力方面较为干脆利索；而女性的意志品质则一般表现为易受情绪或他人意见等外界因素影响，在做决定时可能更为谨慎小心、深思熟虑。

（四）社会学基础

社会性别是在生理性别的基础上，由社会生活制度和文化建构形成的基于性别认识的男性或女性的群体特征、角色、行为差异及其责任，是男性和女性在社会中相关联的具有结构性和功能性的两性关系的反映。[2] 社会学的研究者们在性别定型方面做了许多研究，如凯伊·戴奥克丝（Kay Deaux）带领自己的团队通过研究证实，绝大多数人潜意识里普遍认为女性相对男性而言较为慈爱且较少专断，这种认知很可能与女性承担的社会角色密切相关。就传统意义而言，大多数女性都会承担着家庭主妇这一角色，因此在某种程度上来看，她们可能更为慈爱。达尔文主义者们从生物学角度对此现象的解释是，女性是婴儿最早的呵护者、保护者，而那些没有慈爱心的女性，不太可能让很多的孩子存活下来。[3]

1　张志平. 情感的本质与意义：舍勒的情感现象学概论［M］. 上海：上海人民出版社，2006：59.

2　赖友梅. 影响中学教师性别角色刻板化态度与两性平等教育意识相关因素之研究［D］. 台北：台湾政治大学，1998.

3　〔美〕E·阿伦森. 社会性动物［M］. 邢占军，译. 上海：华东师范大学出版社，2007：226.

1996 年，珍妮特·斯维姆（Janet Swaim）与劳伦斯·珊娜（Lawrence Sanna）共同研究发现：假如某个男性在某项任务上取得成功，旁观者倾向将这位男性的成功归因为能力；但假如某个女性在同样任务上取得成功，旁观者则倾向将她的成功归因为她的勤奋。假如某个男性在某项任务上失败了，旁观者倾向将他的失败归因为运气不好或者努力不够；但假如某个女性在同样状况下任务失败，旁观者则会认为这项任务超过了她的能力水平。[1] 受社会普遍持有的认知与态度影响，大众对男性与女性在成功归因判断上有着明显的性别差异，可能存在低估女性能力的现象，同时也体现出性别定型存在于人们的潜意识及社会现实生活的方方面面。

（五）哲学、伦理学基础

哲学中关于共性与个性关系以及个性、独特性的论述，对人类认识"性别差异"问题有着重要的指导意义。辩证唯物主义认为，世界是统一的，世界统一于物质；世界又是多样的，世界的多样性来源于世界的差异性。而男女差异源于性别生理差异，但在性别问题上，我们要反思在共同的文化生活中，我们是如何成为男性与女性的。马克思期待的"每个人的自由发展是一切人自由发展的条件"[2]，而性别平等、性别公正都是促进人类自由发展的途径。

伦理学中普遍认为，性别是一个随着社会生活的变化不断改变的历史、经济、政治与文化范畴。如同世界的意义在世界之外一样，性别的意义也永远存在于性别之外，我们人性中什么是真实的、和善的，理解之吸引力在于它对什么是自然的宣称及它所推崇的社会秩序，其中的差异被允许以一种平衡的互补的方式繁盛，这将是由女性与男性一起实现的。[3]哲学上对"性别差异"的思考是思考人性的另一维度，对性别问题的批判也是人类对真理

1　〔美〕E·阿伦森.社会性动物［M］.邢占军，译.上海：华东师范大学出版社，2007：227.

2　中共中央马克思恩格斯列宁斯大林著作编译局.马克思恩格斯选集（第1卷）［M］.北京：人民出版社，1995：294.

3　〔英〕苏珊·弗兰克·帕森斯.性别伦理学［M］.史军，译.北京：北京大学出版社，2009：32.

的渴望。

二、小学教师的性别伦理问题与成因

性别伦理问题与教育领域的交融呈现出许多现实问题，有待研究者深入探究。本章将性别伦理问题聚焦在小学教师身上，探究了小学教师性别伦理问题的表现及其成因，其中小学教师性别伦理问题的表现包含了性别结构失衡问题、职业生涯和工资待遇问题、教育教学与专业发展问题以及工作与家庭问题；并从社会因素、学校因素以及教师个人因素分析了小学教师的性别伦理问题的成因。

（一）小学教师性别伦理问题的表现

1.性别结构失衡问题

近代中国，小学男性教师与女性教师性别结构比例失衡是一个长期存在的现实问题，主要表现在小学教师男女人数比例与师资结构相对而言不太合理。根据中国教育部在全国普通小学的官方统计数据（表6-1）显示，从2011年至2020年女教职工人数占总教职工人数的比重逐年上升，从56.43%增长到69.09%。在小学教师队伍中，男性教师占比呈现逐年减少的趋势，并且在小学校园中不同学科的男性教师与女性教师的数量严重不均衡，在语文、英语、政治等一些文科类学科中，女性教师人数远远多于男性教师人数。也有一些其他研究结果表明：第一，在一些中小学，女性教师的学历整体高于男性教师；第二，在人才引进方面，同等条件下，男性教师的机会可能远远大于女性教师；第三，"男性教师比女性教师流动的可能性大"[1]，尤其是农村男女性教师同意流动的比例分别为96%和78%。

---

1 蔡明兰. 教师流动：问题与破解——基于安徽省城乡教师流动意愿的调查分析 [J]. 教育研究，2011（2）：92–97.

表 6-1　2010—2020 年中国教育部的全国统计数据

	教职工总数（普通小学）单位：人	女教职工占教职工总数的比重（%）	小学生总人数（普通小学）单位：人	女学生占学生总数的比重（%）
2010 年	6109847	56.20	99407043	46.23
2011 年	5584868	56.43	99263674	46.23
2012 年	5538481	57.29	96958985	46.26
2013 年	5494877	58.41	93605487	46.27
2014 年	5488941	59.89	94510651	46.26
2015 年	5489441	61.47	96921831	46.33
2016 年	5537298	63.17	99130126	46.37
2017 年	5645319	65.11	100936980	46.45
2018 年	5732525	66.71	103392541	46.51
2019 年	5852646	67.94	105612358	46.55
2020 年	5966300	69.09	107253532	46.65

注：普通小学（Regular Primary Schools）包含了小学（Primary Schools）、九年一贯制学校（9-Year Schools）和十二年一贯制学校（12-Year Schools）。

　　根据男女教师数量、结构等数据特点，不少研究者试图探究其背后的缘由及问题，有关研究表明[1]，女性从事或选择从事教师工作是因为她们在寻求某种替代，即通过照顾学生使其得以抒发、表达她们"与生俱来"的母亲职责的需求。这似乎在传递这样一个观念，女性教师的教育教学工作或许是"母亲"照顾孩子这一行为在教育专业领域的延伸；男性从事教师职业在某种程度上不足以支撑起"一家之主"的重担，基于家庭角色与社会角色的经济要求，一些男性很可能在权衡利弊后放弃当一名教师。有研究者对青岛市

1　Acker S.Gender and Teachers'Work, Review of Research in Education. Washington D.C: *American Educational Research Association*, 1995, 21(12): 99–162.

李沧区小学男性教师的职业状况进行问卷调查[1]，结果显示：男性教师对自己在学校中的地位缺乏自信，只有33.3%的男性教师认为自己在学校中的地位"非常重要"，认为自己在学校中的地位"一般"的男性教师有24%，认为自己在学校中的地位"有时重要、有时不重要"的有41.3%，还有1.3%的男性教师认为自己在学校中的位置"可有可无"。从调查情况来看，男性教师的择业动机不容乐观，只有34.6%的男性教师择业动机是基于对教师职业的热爱，大部分男性教师走上教师岗位可能实属无奈，有56%的男性教师或许是因为高考失利、找工作遇到阻碍等原因阴差阳错走上了教师岗位，而这种现实择业状况很容易为小学男性教师做好本职工作带来部分消极情绪或不稳定因素。因此，在小学教师队伍中如何使男性教师满足其心理需要与经济需求以及获得一定的尊重与发展空间，也是值得教育领导者深思的难题。

小学教师队伍性别比例已严重失衡且呈现逐年加大趋势，这会直接关系到现实中每一位学生的发展与成长，也同样关系到我国教育事业未来的发展状况。无论是男性教师还是女性教师，在社会地位、职业认同、社会需求、职业幸福感等方面都存在着一些现实问题。因此，教育局等各个相关的政府部门、学校、整个社会都必须给予高度的重视，例如培养师范生基于教师职业的独特人格特征、因地制宜地加强对男性教师与女性教师的专业发展的培养、借助大众传媒这一载体传递性别平等的思想观念等。

2. 职业生涯和工资待遇问题

受传统"男强女弱"的性别伦理观念影响，男性承担"一家之主"的角色，是家庭的重要经济支柱，故工资待遇的高低成为男性的一项重要择业标准。据我国2011年颁布的《中国贫富标准线》中的数据显示，我国小学教师及其所在的家庭只能排在贫富标准线的第九层，因此不难看出教师群体

---

1 张惠娆. 小学男教师职业状况调查与研究——以青岛市李沧区为例 [D]. 济南：山东师范大学，2007.

是工资待遇相对偏低的职业群体。就目前全国小学教师的平均工资水平来横向对比其他职业的工资待遇水平，它整体处于偏低水平。职业收入待遇与职业发展前景一样，都是影响我国男性择业考虑的重要因素之一。因此，很多男性不愿意选择教师职业也有其现实原因，小学教师的工资可能对于维持一个正常家庭的主要生活开支有些紧张，甚至可能不够保障一个家庭的生活品质。

当代新马克思主义代表人物艾里斯·扬（Iris Marion Young）认为，只有当产生于劳动中的社会关系组织给男人规定了控制和接触妇女不能接近的生产资料的准则时，他们才能占据优先地位，性别分工说明男女对劳动资料的这种不同的接近和控制。[1] 在社会大背景下，对男性与女性的性别角色的刻板印象定位，迫使女性服从男性的权威，就会产生性别控制（性别控制是指一种性别对另一种性别有意识或无意识地预期影响的能力）。许多研究者发现，虽然大部分小学的男性教师数量明显少于女性教师，但在职位角色分工上，男性教师在学校中担任管理者的比重可能远大于女性教师，这种教育范围内呈现的性别控制体现在领导职务和评优评选中，男性教师对女性教师可能会使用性别控制。因此，"男将女兵"的现象在小学行政管理结构中很常见，女性教师大多在学校决策方面缺少话语权。

3. 教育教学、专业发展问题

2017 年 5 月，新华社发表一篇名为《"男孩成长女性化"教育偏差》的文章被社会广泛关注，由于孩子多被女性家长带大、学校教师几乎都是"娘子军"，有些人认为这些因素导致男孩的成长中出现"女性化"的特质。但实际的原因可能是小学年龄段的女孩本身就比男孩在身体、心智发育上要领先一些，而偏活泼、调皮吵闹的男孩天性则容易被压抑，这会导致男孩自信心不足，表现出怯懦、柔弱的一面，可能会不利于男孩的成长。在基础教育

1 〔美〕艾里斯·扬. 超越不幸的婚姻——对二元制理论的批判 [M]// 李银河. 妇女：最漫长的革命. 北京：生活·读书·新知三联书店，1997：88.

中，男生过早被边缘化，容易让孩子自尊心与自信心受损，不利于男生的个性发展，也不利于实现教育公平；而男女教师在教育教学方面可能存在的差异，对学生知识的习得与能力的养成具有一定影响。因此，小学教师性别比例失衡在一定程度上并不利于学生全面发展。

"教师的专业成长和内在的专业结构的不断更新、演进和丰富的过程就是教师专业发展"[1]，在教师的专业发展中，男女教师可能因性别差异在教学方式、教学技巧以及教学能力等方面有所不同，但男性教师与女性教师在教育教学方面都有各自的优势与劣势。相较于女性教师，男性教师的抽象逻辑思维可能较强、感性表达较差、容易忽略细节问题、情绪可能较冲动、与学生的互动较少等。相较于男性教师，女性教师的情感细腻，但可能更易优柔寡断、逻辑思维较差、容易有情绪波动以及不够理性等。从课堂呈现行为、课堂互动行为、课堂管理行为三个维度上进行比较，我们会发现：男性教师倾向使用提问来激发学生的思维，女性教师更擅长使用追问；男性教师的管理强度要高于女性教师等。[2] 从教学内容的处理、教学方法的运用、教学表达方式三个行为层面进行比较分析，结果发现：在教学内容的处理上，男性教师更擅长整体思维，会促使学生形成整体认知；在教学方法的运用上，男性教师更倾向运用讲授法、谈话法、讨论法、演示法和练习法等的组合；在教学表达方式上，男性教师的非语言的运用次数明显少于女性教师。[3] 由此可见，男女教师在教师专业化发展的道路上呈现出不同的特点。

4. 工作与家庭问题

社会性别与社会分工都属于社会建构的产物，二者合力作用于男性和女性的职业选择。相对于男性教师而言，女性教师因承担多种社会角色，常处

1　教育部师范教育司. 教师专业化的理论与实践（修订版）[M]. 北京：人民教育出版社，2003：50.

2　李姝绮. 男女小学数学教师课堂教学行为差异研究 [D]. 重庆：西南大学，2014.

3　刘文娟. 中小学教师课堂教学行为性别差异研究——基于四位特级教师的案例分析 [D]. 曲阜：曲阜师范大学，2009：11-23.

于兼顾家庭与工作的矛盾之中。社会角色期待她们这个群体不仅应是家庭中的贤妻良母，而且也应是工作中的佼佼者。因此，女性教师在工作与家庭中面对着不同角色的时间冲突与行为冲突，在职业与家庭夹缝中的她们常常身心俱疲，长此以往，这种情况加剧了女性教师心理的压力与负担，造成她们情绪焦虑、紧张，很可能直接影响其教学效果与教学自主性。有不少调查研究都表明，女性教师的职业认同感与职业幸福指数都偏低，故庞大的女性教师群体是值得并需要引起社会各界关注的一个群体。

有研究者对重庆、成都、山东、贵州等地的 1623 名中小学教师进行问卷调查，其结果显示：教师的性别在工作对家庭的冲突、情绪情感以及各维度的总分上均存在显著差异，女性教师在情绪情感方面显著高于男性教师；男性教师家庭型（指重家庭轻工作）所占比例是 16.2%，显著低于家庭型女教师的 24%；在双低型教师（指工作、婚姻、子女、家长角色价值观和角色承诺得分都低于各维度的平均分）中，男性教师的百分比（约 12%）显著高于女性教师（约 7%）。[1] 由此可见，社会化的作用使女性将更多时间、精力投入到家庭中，使得家庭型的女性教师远多于男性教师，如何帮助男性教师与女性教师保持家庭与工作之间的平衡，以及如何减少两者冲突从而加强教师队伍的稳定性与健康发展，都是值得我们探究的现实问题。

（二）小学教师的性别伦理问题的成因分析

1. 社会方面的原因

第一，社会观念。巴特勒（Judith Butler）在《性别麻烦》开篇中提出一个关键问题："作为女人是一种'自然事实'，还是一种'文化表演'？或者，'自然性'是由那些通过性别范畴、在性别范畴内生产身体，并受到话语限制的操演行为所建构的。"[2] 虽然我国在建国之初就把"性别平等"作为基本国策，但性别不平等的观念和社会现象仍大量存在，在世界经济论坛

---

1 吴明霞. 中小学教师工作——家庭冲突的结构及关系研究 [D]. 重庆：西南大学，2006.

2 〔美〕朱迪斯·巴特勒. 性别麻烦：女性主义与身份的颠覆 [M]. 宋素凤，译. 上海：上海三联书店，2009：2.

2016 年公布的《2016 年全球性别差距报告》中通过对 144 个国家的性别平等状况的调查结果显示，中国的排名居第 99 位，2020 年中国的排名进一步下滑至 106 位。[1] 中国传统女性观念似乎一直暗藏在一些消极负面的社会现象中，男女不平等悄无声息地隐藏在人们的日常生活中，女性可能长期在社会文化中处于从属与边缘地位。受男尊女卑、男强女弱的传统性别伦理观念的负面影响，男性与女性被社会赋予了不同的社会角色期待，也同时形成了一些有关性别角色的刻板印象，人们大多都按照社会所认可的性别模式与规范来工作和生活。男性与女性在社会劳动分工上存在着明显的性别差异，男主外、女主内可能是传统社会中男女性别角色的定位和分工，从而"贤妻良母"成为评判女性最普遍的重要标准之一。而在当今新媒体潮流的社会背景下，根据备受年轻人关注的新浪微博的大数据显示，转发微博评论与女性有关的话题的用户 80% 都为女性，这个数据也侧面说明了目前社会中似乎女性更加关注自身话题，性别平等观念还没有被大众普遍接受。因此，在中国传统社会性别观念下，女性教师在这种社会期待下不得不承受既照顾家庭又担负工作的双重压力。社会观念中的角色期待深深地影响着男性教师与女性教师的职业发展，它同时也很可能限制了女性教师的职业期待与自我价值的实现。

第二，社会地位。传统的文化机制与社会形态有"男强女弱"的舆论倾向及社会期望，会直接影响个体对自我以及社会对个体或群体的定位、价值选择等，地位期待理论强调以性别为基础的职业期待影响了两性的职业发展。[2] 根据 2010 年第三期中国妇女社会地位调查数据显示，高层人才所在单位中，20.6% 的单位存在"只招男性或同等条件下优先招用男性"的情况；30.8% 存在"同等条件下男性晋升比女性快"的情况；47.0% 存在"在技术

---

1 陈新叶. 撷采探析国外性别平等教育发展概况 [J]. 山东女子学院学报，2016（1）：57-61.
2 佟新. 社会性别研究导论——两性不平等的社会机制分析 [M]. 北京：北京大学出版社，2011：211.

要求高、有发展前途的岗位上男性比女性多"的情况[1]，女性的职业发展所受到的不平等待遇在某种程度上影响了女性的社会地位。在我国社会现状中，小学教师的社会地位可能普遍偏低，导致教师整个群体的职业成就感也较低。同时，传统的性别观念可能造成教师社会期望较低，也低估了女性教师的劳动价值，使她们失去了发挥教学自主性的文化动力。

第三，有关教师的政策。金东斌、苏姗·汤姆布雷（Susan Twombly）等学者对大学教师的教学自主性进行了研究，结果显示，教师对薪水、福利越满意，教学自主性就越高；教师对所在院校的教学支持和教学回报越满意，教学自主性就越高；教师对福利的满意度以及教师对学校公平对待女性教师的看法，是教师对教学自主性是否满意的重要指标。[2]工资待遇水平是人们择业的首要因素，虽然近几年部分地区小学教师的工资水平有所提升，但相对于社会整体工资水平而言依旧偏低。我国《2003 年度劳动和社会保障事业发展统计公报》公布：全国小学教职工 2003 年平均工资达到 13293 元，比全国 2003 年城镇单位在岗职工平均工资 14040 元少 747 元，比全国国有单位 2003 年在岗职工平均工资 14577 元少 1284 元。[3]男性在中国传统观念里是家庭经济的顶梁柱，买房、孩子教育、赡养父母等诸多压力的缓解需要依靠工资来维持。因此，教师偏低的工资待遇很可能会降低对男性的吸引力，从而出现女性教师的数量偏多，导致男女教师性别结构失衡。

第四，大众传媒的影响力。人类学家米德（Mead）认为，不同的文化塑造了男性与女性不同的人格特征，导致社会对两性角色有着不同的期待，

1　第三期中国妇女社会地位调查课题组. 第三期中国妇女社会地位调查主要数据报告 [J]. 妇女研究论丛，2011（6）：5–15.

2　Dongbin Kim, Susan Twombly, Lisa Wolf-Wendel. Factors Predicting Community College Faculty Satisfaction with Instructional Autonomy. *Community College Review*, 2008(3): 159–180.

3　陈平. 教育学基础 [M]. 贵阳：贵州人民出版社，2006：215.

而在日常生活中，小学教师也身处媒介手段较为发达的时代，难免会受其影响。电视剧、电影、广告等都在有意或无意地强化并渲染性别角色的某些社会特征，其中有正向的性别观念，也会暗含一些负面、错误的性别伦理观点。媒介手段传输着隐性文化价值观念，引导着人们如何成为一个被认可的男性或女性，符合社会期待的性别角色似乎才会被接纳、赞许，"不合群"就会被冷眼看待甚至被孤立。因此，不难看出，主流大众媒体对小学教师的性别观念在某种程度上会带来一定影响。

2. 学校方面的原因

学校是教师职业生涯的场所，教师职业是集体性很强的职业，因此需要各科教师间相互合作、学习来完成相应的教学目标，而教育反思同样需要参照其他教师的想法和建议，男女教师的人际相处状况也会影响教育工作的质量。此外，学校的职业发展环境同样重要，学校大环境可能对小学男性教师略有偏爱，例如，部分学校的"人才引进"对象多为农村中青年教师中的骨干教师和高学历的毕业生，且引进的男性教师远高于女性教师[1]，这种男女失衡比例下的人才引进在一定程度上剥夺了部分女性教师的就业机会。与此同时，男女教师的性别分工差异可能促使男性教师居于统治的领导地位，在职位考核晋升与职业培训机会方面男性教师通常也占有优先权利。新华社曾报道过哈佛大学第27任校长劳伦斯·萨默斯（Lawrence Summers）就有关男女在科研能力方面存在生物学差异说法的致歉信。[2] 其实对教师来说，领导的赏识可能意味着自己在组织中的位置、获得发展机会的多寡、工作能否顺利进行、工作成绩是否得到认可等，而所有这些都影响着教师的工作感受[3]，男女教师在职业发展平台上因性别差异所带来的机会不平等，很可能限

---

1 李凯，罗丹. 农村中小学教师流动问题实证考察——基于工作价值观、职业认同与流动倾向间关系的分析 [J]. 中国农村观察，2015（4）：83–94.

2 佟新. 社会性别研究导论——两性不平等的社会机制分析 [M]. 北京：北京大学出版社，2011：23.

3 王莺莺，唐福华. 小学教师男女比例失调的原因及对策 [J]. 湖南城市学院学报，2006（5）：105–108.

制了女性教师的职业发展。

3. 教师个人方面的原因

德国社会学教授克劳斯·胡雷尔曼（Klaus Hurelman）认为"家庭出身背景会像一条红线，贯穿一个人的一生"，教师亦是如此，每个教师的家庭背景在一定程度上可能影响自身的性别伦理观念，保守型家庭往往会传递出蕴含传统社会性别的刻板印象认知，可能影响一些教师的社会性别意识的健康发展。

由于各种因素，女性教师本身可能具有错误的性别伦理观念、职业认同感低、竞争意识弱、女性主体性意识缺失、自我驱动力较差以及职业倦怠等一系列个人因素，这些同样也是影响男女教师性别伦理问题的因素。传统社会性别伦理观念低估了女性教师的劳动价值，使她们缺失了女性应有的主体意识。而女性教师在家庭与工作多种角色冲突中往往会迷失自我、身心俱疲，陷入职业倦怠的漩涡中，女性教师应有的职业期待与价值被性别差异剥夺，久而久之，女性教师的自主性也会逐渐降低。

有研究者对浙江省温州市两所小学的 122 名教师进行调查，结果显示，小学教师的职业倦怠存在性别差异：职业倦怠总分（t=-3.239，P=0.002）及低个人成就感维度（t=-3.483，P=0.001）存在显著性别差异[1]，女性教师的职业倦怠水平明显高于男性教师的职业倦怠水平，在低个人成就感上差异较为明显，这可能是因为男性与女性在性格和思维方式上的差异所致。大部分女性相较于男性而言，性格可能会更为细腻、感受性强，许多女教师可能同时承受着职业和家庭的双重压力。另外，由于教师的工资待遇水平偏低，大大降低了教育行业对男性从业者的职业吸引力，男性普遍对小学教师这一职业的认同感偏低。自我决定理论认为，当外在环境让个体体验到自主性或

1　邓彩艳，沈梓涵. 小学教师的心理资本、职业压力与职业倦怠的关系研究 [J]. 中外企业家，2020（9）：176–178.

自我决定程度较高时，个体在活动中的内部动机就越高[1]，教师的自主性是教师进行教育教学活动的内驱动力，失去自主性的教师必定会进入到职业倦怠中，从而可能偏离专业发展道路。

▎ 第二节　小学教师的性别伦理对教育的影响　▎

一、小学教师在教学中性别差异的具体表现

教学是在一定教育目的的规范下，在教师有计划的引导下，学生能动地学习、掌握系统的课程预设的科学文化基础知识，发展自身的智能与体力，养成良好的品行与美感，逐步形成全面发展的个体素质的活动。[2] 在具体教学情境中，"教"具体指向教师的教学，"学"指向学生的学习，教学质量影响着学生的全面发展，也是学校进行全面教育的基本途径。

在我国的基础教育中，教学的任务体现在三个方面：一是使学生掌握科学文化基础知识、基本技能和技巧；二是发展学生的体力、智力和创造才能；三是培养学生正确的价值观、情感与态度。[3] 教学行为是教师在教学过程中，依据教学经验与教学内部关系，对实施中可操作因素的选择、组合、运用和控制的工作行为。它包括对各种教学要素的专业化理解与教学运行中的设计、程序、手段、方式和方法。[4] 小学校园作为学生性别教育研究和实践的重要场所，再现了社会文化中的性别建构，并通过显性课程或隐性课程来塑造学生的社会性别与性别观念。而教师的教学行为具体包含了教师、学

1　刘丽虹，张积家. 动机的自我决定理论及其应用［J］. 华南师范大学学报（社会科学版），2010（4）：53–59.

2　王道俊，郭文安. 教育学［M］. 北京：人民教育出版社，2016：149.

3　同2：150–152.

4　傅道春. 教学行为的原理与技术［M］. 北京：教育科学出版社，2001：1.

生与整个教学和环境的相互作用，男性教师与女性教师因性别差异在教学上可能会呈现出不同的特点，以及教师性别问题在教学中的影响与作用值得我们进行客观分析和深入研究。经过大量学者研究发现，男女教师可能因性别差异在教学表达方式、教学内容处理方式、课堂互动行为、教学方法、文本呈现这五个方面表现出不同特点，如下图 6-1 所示。

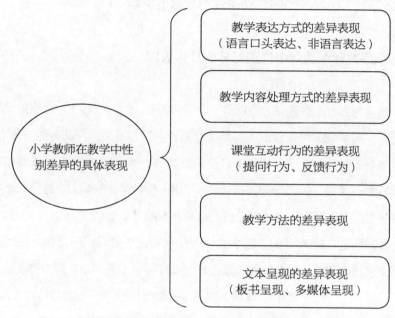

图 6-1　小学教师在教学中性别差异的具体表现

（一）小学男女教师在教学表达方式上的差异表现

　　教学表达是教师"传道、授业、解惑"的基本途径，一般而言，教学的表达方式可分为语言表达和非语言表达，语言表达又可分为口头语言表达和书面语言表达，非语言表达又可分为实物表达和体态表达等，它们或者诉诸学生听觉，或者诉诸学生视觉，甚或兼而有之，共同组成了教师教学中的立体表达系统。[1]教学表达是教师向学生传递教育教学信息的手段、方式，它

1　李如密. 教学风格论［M］. 北京：人民教育出版社，2002：43.

师爱的向度——小学教师伦理研究

隐含着每个教师的教学风格，也是教师教学技能的重要体现。

1. 口头语言表达

著名教育家苏霍姆林斯基在《给教师的建议》里说："教师的语言修养在极大程度上决定着学生在课堂上的脑力劳动的效率。"[1] 教师的口头语言作为课堂教学的重要载体，它是为实现教学目标服务的，不仅影响教学的有效性，而且也影响学生的学习发展。

许多语言学家（Zimmerman & West, 1975；Edelsky, 1981；Tannan, 1990）的研究结果表明，男女两性在说话方式与策略方面存在差异，有着各自不同的风格。聚焦到小学男女教师语言特点这一视角，男性教师的语言表达可能追求精准、干净利落、逻辑性较强，信息量较大，语言风格大多偏向风趣幽默；而女性教师可能更擅长以情动人，利用语言塑造情境教学，追求形象、生动的教学语言，注重细节且亲和力较强，充分发挥语言的直观功能，给学生留下深刻印象。在课堂上，女性教师倾向使用富有热情、支持鼓励型的教学语言风格，并且注重学生的学习反应与接受程度；男性教师则倾向使用控制型和支配性的语言风格，并且注重课堂内容的逻辑性和完整性。[2] 男女教师的教学语言风格各具优势与劣势，应相互借鉴学习、取长补短，以此加强与学生的互动交流，同时提升教师的专业素养。

2. 非语言表达

教师的非语言表达主要指教师借助面部表情、身体姿势、手势、目光接触等非言语因素进行教学表达，它的作用是辅助教师的语言表达、传递情感、调节课堂气氛。在小学阶段，不难发现，男性教师在运用非语言表达形式上比女性教师少一些，肢体语言与表情会比较简单、单调；与之相反，女性教师则明显偏向运用眼神、表情、身体语言等来丰富与辅助自己的教学语言的表达，使学生的视觉、听觉等感官极大程度地调动起来，将更多的注意

1　赵国忠. 备课最需要什么——中外优秀教师给教师最有价值的建议［M］. 南京：南京大学出版社，2009：216.

2　张静. 教师语言性别差异之初探［D］. 杭州：浙江师范大学，2005.

力和热情投入到课堂上来，从而达到较好的教学效果。

（二）小学男女教师在教学内容处理方式上的差异表现

教学内容处理是教师进行教学设计的重要环节之一，它关系到教师如何根据具体的教学目标把实际的教学内容转化为学生学习的内容。教师对于教学内容处理的方式体现其教学理念、教学风格以及对教学资源的掌控能力。而由于客观存在的性别差异，男女教师在处理教学内容方面，其思维模式与行为表达方式也呈现出不同的偏向性特点。

首先，需要指出的是小学教师通常会以教材为基础处理教学内容，因此教材也是向学生传递社会性别文化的一种重要载体，学生通过学习教材可能会被潜移默化地塑造自身的性别意识。但在当今的教育背景下，小学现有教材里也会有一些性别问题：一是教材中的男性与女性的职业类型、角色分工以及社会地位可能会与我国传统性别观念的两性刻板印象相符，隐含着社会对男性与女性不同的角色期待，在一定程度上可能带有性别偏向或性别歧视色彩；二是教材中对于人物的选择可能会更偏向于以男性作为典型代表，在一定程度上忽略了女性的价值。但近代以来，新时代女性身上散发出的勇敢、独立、自信等特质是值得社会肯定与赞扬的。总而言之，教材中隐含的性别伦理观点对于学生塑造社会性别起着至关重要的作用，传统性别伦理观点的一些弊端很可能会桎梏学生的健康发展，如果教师自身缺乏足够的性别敏感意识或缺少挑战性别刻板印象的观念，难免会将教材中可能存在的传统文化的性别刻板印象悄无声息地传递给学生，对学生造成一定的负面影响。

在小学阶段，对于教学内容处理方面，女性教师比较善于设计情境，从学生熟悉的现象入手，由浅入深，逐步深化，问题设置环环相扣，从细处着手，由点到面，更加注重对教材内容的分解与整合。例如，李吉林老师在教学《麻雀》这篇课文时，对教学内容做了这样的处理：围绕问题"读这篇小说《麻雀》，我觉得就像在看一幅一幅图画，你们读读课文，能不能看到，看到了哪些画面"，然后结合学生回答出示四幅简笔画"我带着猎狗去打猎、小麻雀被大风刮落在地、老麻雀从树上飞下、与猎狗搏斗致猎狗后退"，再利用画面让学生细读课文并找出课文描写小麻雀和猎狗的词语，分别让女同学、男同学轮读，形成鲜明对比，一弱一强，渲染感人的气氛，之后播放一段节奏快、力度强的音乐，进一步渲染弱者奋不顾身地去与强者决一死战的紧张气氛，触及学生的情感领域，使学生体会深刻，培养学生对于弱者的同情，练习正确地表达这种情感，抒发自己的感情。[1]

而小学男性教师在教学内容处理方面可能更加擅长整体思维，开门见山，直击主题，更加注重教学内容的内部逻辑联系，使学生对所学内容有一个清晰、明了的整体认知。在整体课堂设计上，男教师更多偏好发挥自己的领导、引导作用。例如，魏书生老师在教授《普通劳动者》时运用六步教学法设计了定向、自学、讨论、答疑、自测、小结六个环节，导入直接明了，粗中有细，整体把握与细节分析并举。

由此可见，小学男性教师与女性教师虽然在教学内容处理方式上有明显差异，教学效果也可能因此会稍有不同，但男女教师都会展现出自己的独特教学风格与教学艺术魅力，我们不能主观臆断这些差异会影响男女教师教学质量的好坏。需要注意的是，虽然男性教师与女性教师对教材的理解程度与掌控程度可能会因性别差异而不同，但并不影响男女教师用辩证、批评的眼光来审视教材中隐含的一些不符合时代的、带有性别偏见的性别观点。男性教师与女性教师基于性别观点对教学内容进行理性审视和纠偏，才能更为娴熟地处理教学内容，进而发挥出男女教师教学效果的性别优势。

（三）小学男女教师在课堂互动行为上的差异表现

广义上看，师生互动行为是指教师和学生之间发生的一切相互影响和相互作用，亦包括师生两方面行为的相互统一[2]，而狭义的师生互动行为是指在某个特定的教学情境下，师生之间或学生之间因为某项具体的活动产生的言

1　王增昌. 著名特级教师教学艺术（小学卷）[M]. 北京：人民教育出版社，2000：9.

2　施良方，崔允漷. 教学理论：课堂教学的原理、策略与研究 [M]. 上海：华东师范大学出版社，2009：186.

语、肢体等的相互影响。[1] 而教师在实际课堂中具体实施的互动行为大体有两种：一种是"提问行为"，另一种是"反馈行为"。

1. 教师的提问行为

教师的提问行为是指教师在教学过程中，运用语言形式向学生提出问题，引起学生思考和回答的教学指示和刺激行为。[2] 教师课堂提问是课堂中最为常见的教学行为方式之一，具有极强的目的性，它是教师思维的体现。有研究显示，在小学课堂教学中，教师运用最多的是"向学生集体提问"的方式，女性教师运用该提问方式的频次高于男性教师，且女性教师使用该提问方式所占课堂比重也高于男性教师。伽达默尔（Gadamer）说道："提问的艺术在于能继续提出问题，这同时也是思维的艺术。"[3] 男性教师倾向激发学生思维的提问，在教学中更多使用先集体回答、随后个别回答的方式，在等待学生回答问题的时间上，男性教师明显等待时间较短，课堂中留给学生思考的时间可能较少，教学节奏较快，对学生可能缺乏一定的耐心；女性教师引发的提问次数比男性教师略多，但提出问题的难度系数可能会低于男性教师；女性教师也更偏向提出展示性问题，即提出封闭性、具有固定答案的提问；在提问技巧上，女性教师使用"重复"与"追问"的提问技巧比重可能会高于男性教师，而男性教师比女性教师更偏向使用"重组"的提问技巧。

2. 教师的反馈行为

教师的反馈行为是指在课堂教学中，教师对学生的反应采取不同的应对行为，包括评价、复述、提示、总结、打断以及纠正等。教师合理、恰当的反馈行为有助于引导学生解决问题、提高课堂教学的有效性。在评价方面，

---

1 左斌. 师生互动论——课堂师生互动的心理学研究［M］. 武汉：华中师范大学出版社，2002：76-77.

2 褚远辉. 当代教育问题新视点［M］. 昆明：云南大学出版社，2011：156-157.

3 〔加〕马克斯·范梅南. 生活体验研究——人文科学视野中的教育学［M］. 宋广文，等译. 北京：教育科学出版社，2003：131.

女性教师在学生回答正确时通常会给出富有情感的评价，例如"老师很喜欢你的答案""你真是个善于思考的孩子"等，而男性教师在同样情况下，通常会给出较为简单、客观的评价，例如"不错""完全正确"等；在提示方面，女性教师比男性教师更擅长运用鼓励性的语言来提示、引导学生；在纠正方面，男性教师相对于女性教师，偏向于用简单、直接、客观的方式对学生的错误进行纠正，而女性教师更擅长用正向、积极、富有情感的方式来帮助学生修改、完善答案。

（四）小学男女教师在教学方法上的差异表现

教学方法是在教学过程中教师和学生为实现教学目的、完成教学任务而采取的教与学相互作用的活动方式的总称。[1]为完成教学目标与教学任务，教师教学过程的每一个阶段都离不开教学方法的运用。在我国小学阶段，教师常用的教学方法有：讲授法、谈话法、读书指导法、练习法、演示法、实验法、实习作业法、讨论法、研究法等。随着教育事业的发展，教学方法的种类越来越多，教师如何选择恰当的教学方式加以重组使教学效果达到最优，是教师专业能力的重要体现。男女教师因性别差异不仅在思维方式与个人经验上有所不同，在教学方法的选择与运用上也会体现出差异。

经研究发现，女性教师偏向使用讲授法、讨论法、图示法、演示法、练习法、情景教学法等方法的重组，发挥女性感性形象思维优势来教学；男性教师则偏向使用讲授法、谈话法、讨论法、练习法、演示法等方法的重组，发挥男性自身理性思维优势来教学。在小学阶段，教师多以讲授的方法给学生传授新知识，在这种教学环境下，女生占有很大的优势，因为女生从小就被教育要听话、服从权威，所以她们能毫不犹豫地接受教师传授的新知识，并认真学习[2]，而男生好动与敢于反对权威的性格特征，决定了他们在课堂中很少能按部就班地跟随老师的思路。因此，教师应重视男生与女生由于性别

1　李秉德.教学论［M］.北京：人民教育出版社，2001：183.
2　吴亦明.浅论性别差异与学校教育［J］.北京教育，2001（9）：14–15.

差异可能造成的学习习惯与特点的不同，在使用教学方法时尊重学生因性别不同产生的差异性，采取相应的教学策略来提升学生的学习品质。

近年来，小学教育中比较受欢迎的教学方法——绘本教学也受到了质疑。一本好的绘本很可能在潜移默化中传递知识、情感价值观等，然而，绘本中的人物、故事情节等各种元素很可能会无意识夹杂着性别刻板印象。有研究显示，根据对 2018 年中国图书网畅销绘本排行前 1000 册的绘本进行分层抽样调查，得出有效样本 325 册，其中以男性作为主角的绘本有 139 册，以女性为主角的绘本有 92 册，儿童绘本依旧更倾向使用男性形象来主导故事的发展；据统计，儿童绘本中出现的男性角色涉及职业多且大部分属于技术密集型，如司机、警察、工程师、医生等；而女性角色涉及的职业相对较少且大部分属于服务密集型，如教师、护士等。在表现母亲和父亲角色时，对其职业的描述方式也有着明显区别，母亲的职业情况被一带而过，而父亲的职业情况会进行具体描述。[1] 综上所述，无论是职业参与程度还是职业参与种类，儿童绘本在表现成年男女的职业状况时存在较为明显的性别偏见，这很有可能使儿童在认知上产生偏见。另外，儿童绘本对于家庭角色的呈现也耐人寻味，母亲角色出现的次数远超父亲，这很大程度上反映了女性多为家庭职能中的照顾者、扶养者，而父亲角色尽管出现频次远低于母亲，但其在家庭中却担当了启蒙与领袖的职能。

用于绘本教学的绘本读物其实也在无形中传递着性别观念，它会影响学生对于性别的认知，马丁（Martin）与哈文森（Harvinson）的性别图式理论（Gender schema theory）认为：性别是一面可以折射出自身特质的透镜，通过其折射出的各种性别存在形成了性别图式，儿童把自己与其相对的性别概念加以比较，根据性别图式去评价自己的行为是否恰当，并相应地调整自己的行为，即社会对性别的刻板印象对儿童性别特征的形成与发展产生了正强化，所以，在儿童认知水平发展阶段，使其形成正确的性别观念是十

---

1 张雯琦. 儿童绘本中的性别刻板印象浅析 [J]. 大众文艺，2020（4）：71–72.

分必要的。

（五）小学男女教师在文本呈现上的差异表现

文本呈现指教师在课堂中以媒体的形式向学生呈现知识，它分为板书呈现和多媒体呈现两种形式，小学男女教师在这两种文本呈现形式上都有不同的特点。

1. 板书呈现

板书是教师在课堂中运用黑板、粉笔书写的，由文字、符号、线条以及图形等所构成的板面总体，由主板书、副板书两部分组成，它在种类上分为要点式、总分式、对比式、表格式、线条式、图解式六种。[1]板书呈现行为是教师在课堂中最常用的文本呈现行为，是教师教学的重要行为方式之一。

有研究显示，在板书使用的频次上，男性教师与女性教师没有过大差别；在板书内容上，男性教师的板书可能更为简洁，有条理，重点突出，他们的板书多是以记录教学的重难点为主，而女性教师在板书内容设计上可能更为细致，过程详实，常会逐字板书，记录教学的重难点。

2. 多媒体呈现

随着科技的不断进步与发展，多媒体信息技术在教育领域的运用越来越广泛。《基础教育课程改革纲要试行》中明确指出："大力推进多媒体信息技术在教学过程中的普遍应用，促进信息技术与学科课程的整合，逐步实现教学内容的呈现方式、学生的学习方式、教师的教学方式和师生互动方式的变革。"多媒体突破了传统教育形式，运用多媒体进行教学更能刺激学生的多种感官，有助于激发学生的学习兴趣，它是教师进行课堂教学的好帮手。有研究对 12 名男性教师和 12 名女性教师的多媒体使用频次[2]做了统计（见表6–2）。

---

1 施良方，崔允漷. 教学理论：课堂教学的原理、策略与研究 [M]. 上海：华东师范大学出版社，2009：184–187.

2 李姝绮. 男女小学数学教师课堂教学行为差异研究 [D]. 重庆：西南大学，2014.

表6-2　男性教师与女性教师的多媒体使用频次

	男性教师	女性教师
总次数	85	102

表6-2中的数据能够反映出女性教师使用多媒体的频次明显高于男性教师。经研究发现，在课堂中女性教师不仅在使用多媒体的频次上高于男性教师，而且她们使用多媒体的种类也多于男性教师。女性教师在评讲课堂练习方面除了使用课件外，更倾向使用投影仪来展示学生的学习结果，并进行个别点评；而许多男性教师认为多媒体操作不如板书简便，因此在教学中可能会很少使用多媒体。

二、教师性别对小学生成长的影响

男女教师因性别差异在教育教学方式上会有各自的教学风格和教学优势，因此男女教师的性别差异可能对学生的成长、发展产生直接或间接的影响。在学前教育和小学阶段，成人的作用是"父母式"的教养，即使教师也应该提供类似父母的形象，父母的形象是分别由不同性别的人承担的，为人师表的榜样作用代表着教师对学生的发展起着十分重要的作用，性别差异意识会无形地存在于教育教学活动、日常师生互动等诸多方面。教师的性别差异是客观存在的事实，但教师如果缺乏性别意识，忽视教育教学中的性别问题，可能会对学生的全面发展造成一定的负面影响。

（一）对小学生学习的影响

男女教师的性别差异会对学生在课堂上的学习情况产生一定影响。印度学者（Sandrastacki）通过研究发现，学生的学业成绩与课堂中的女性教师有关系，男女教师对学生学习能力有着不同的看法，而且女性教师对学生在课堂上的语言学习尤为有利。[1] 在现实的小学日常课堂中，不难发现一个

---

1 Sandrastacki. *Women Teachers Empowered in India: Teacher Training Through a Gender Lens.* New York: UNICEF (UnitedNationsChildren'5Fund), 2002: 8.

较为普遍的现象，即小学教师可能对于男学生的关注度会高于女学生，且男学生受到的纪律管制比女学生要多，教师一般认为女学生很少会违反课堂纪律，而男学生常会出现吵闹、好斗、多动等各种扰乱课堂秩序的行为。在课堂管理行为上，男性教师使用批评教育、纪律管理的频次要低于女性教师，但其管理的强度会高于女性教师，女性教师因注重情感会谨慎使用高强度的管理措施来维护课堂秩序。研究者达金（Dakin）发现，女性教师管理的班级可能会更富有教养、更温馨，而男性教师管理的班级在组织性和任务取向性方面要优于女性教师；考特（Coulter）的研究也得到相似的结论，他发现女性教师更慈祥、更为学生着想，但在权威性方面要逊于男性教师，而且这种性别差异在中小学教师中更为普遍。在课堂管理中，无论男女教师都应该一视同仁地对待男学生与女学生，发挥自身教育优势，改善劣势，以每位学生的全面发展为目的，使"性别平等"体现在教育教学的方方面面。

在日常的课堂中，小学教师如果对男学生的评价与关注高于女学生，可能就会潜移默化地减弱女学生的学习兴趣与学习动机。教师的性别差异与学生在学业成绩上体现出的性别差异具有相关性，2006年美国斯坦福大学教授托马斯·迪伊（Thomas Dee）通过调查发现，男性教师的课堂更容易提高男学生的学习成绩，男学生的表现比女学生的表现更好；女教师的教学则较容易提升女学生的学习成绩，但是却限制了男学生的科学、社会研究和英语学习的发展，他们称这个现象为异性相斥。[1] 我国台湾学者张春兴的研究也证实，教师性别差异与小学生学业成绩的性别差异有关，在女性教师任教的班级中，女学生的成绩一般比男学生好；反之，男学生的成绩一般好于女学生。[2] 在现实小学的教学常态中，一些教师对学生的性别期待也会基于自身社会经验中固有的性别刻板印象，例如，语文教师在分析男学生与女学生

1　Spender. *Invisible Women*. London: Writers and Readers publishing Cooperative, 1982: 28.

2　张春兴，陈李绸. 小学男女生学业成绩的性别差异与其教师性别差异的关系 [J]. 台湾师范大学教育心理学系教育心理学报，1977（10）：21–33.

在背诵题型失分的原因时会带有片面的性别差异，认为男学生的背诵题失分的原因在于背诵能力较差，女学生的背诵题失分的原因在于自身努力程度不够。芬兰 2010 年的一项研究提到："在一次分组教学中，教师教育者要求准教师忍受男生扰乱课堂秩序的行为，他向准教师传递这样的信息——制造混乱是男孩发展的必经阶段，而女生就应该安静地待在自己的座位上，男生在说脏话时并不是有针对性的，他们只是在发泄情绪。"[1] 不难看出，一些教师缺乏对自身教学行为暗含的无意识的性别差异的反思与监控。但性别差异并不完全带来负面影响，女性教师心思细腻，擅长以情动人，男性教师逻辑思维较强，擅长以理服人，男女教师在教育教学上会有自身不同的优势与风格，而如果男女教师在现实教育教学活动中可以提高性别教育意识，利用性别优势来进行互补，减少因教师性别差异带来的弊端，在一定程度上会有效地提高教学质量，也更有助于学生的全面发展。

（二）对小学生成长发展的影响

男女教师的性别差异在某种程度上可能对小学生的成长、发展产生影响。在小学教育中，小学生的年龄从 7—13 周岁不等，正处于儿童期，同时也是成长过程中人格发育、基本成型的关键时期。[2] 校园中，教师的性别角色对小学生健康发展、形成健全人格发挥着重要作用。就现今小学教师队伍中女多男少的现状而言，性别比例的失衡可能在某种程度上会给小学生的成长、发展带来一些负面影响。男性相较于女性而言，拥有更强大的抽象记忆能力和理解记忆能力，他们天生视觉反应可能比女性更快，抽象思维能力与逻辑思维能力可能会比女性强一些，加之男性与生俱来的阳刚之气，大多具有果断、直接、勇敢的性格特征，这些与女性教师的感性、温柔、婉转等性格特征同等重要，因此男性教师在小学教育及其他各个学段的教育中和女

1　Norema A, Pietila P, Purtonen T. *Caps on the Way to Knowledge: Gendered Observations in Teacher Education*. Hel- sinki: Yliopistopaino, 2010.

2　郭黎岩. 小学生心理健康与辅导（第 2 版）[M]. 北京：高等教育出版社，2014：18.

性教师一样都有着不可替代的作用和影响。[1]但这也并不是绝对的研究结果，随着世界多元文化的普及，人们会更加地追求自由、平等，有些男性可能也会更柔弱、细腻，有些女性可能也会更果敢、刚强，女性与男性的性别优势出现了融合的发展趋势，社会中存在的一些负面的性别刻板印象也在逐渐被一些人群打破，这就很好地体现了性别平等与性别公正。心理学家荣格认为，每个人身上都有异性的倾向，只不过这种异性倾向往往被压抑在集体无意识之下，这也就启发小学教师去思考教育的性别伦理问题，小学教育教学中可能存在禁锢学生性别特质的多样性的现象，性别刻板印象很可能抑制了小学生发展不同的性别倾向及潜能，学生的两性潜能在一定程度上没有得到最大程度的开发与发展，因此，每一位教师都应该深刻意识到教育对塑造学生性别意识的影响力。

在教育领域，性别差异产生的一些负面影响可能依旧存在。2012年的《中国中小学教师发展报告》指出，目前我国的教师队伍性别结构普遍地呈现"女性化"特征，由于缺乏男性教师的性别角色影响，小学的男学生可能缺少模仿与学习的男性成人榜样，从而有可能会造成男生被迫、潜移默化地带有偏女性化的特点，他们很可能会缺少对自身的性别角色认知、性别角色认同，因此，在一定程度上会影响到小学男生的健康人格发展；与此同时，女生在小学校园中没有与成年男性教师交流的经验，也很可能会影响她们以后的人际交往能力。社会传统观念认为，相对于女生而言，男生更适合做理科类的学习研究，女性则适合文科类、文艺类的学习活动，甚至一些小学教师认为男学生的学习悟性与能力会高于女学生，这种观念会使女学生的自卑感加大、学习动机减弱，并且可能打击到她们学习的信心。男学生与女学生在小学阶段的发展具有其自身的独特性，不应带有社会化的性别负面标签，性别差异所带来的弊端不应该成为学生自由成长、全面发展道路上的绊脚石。另外，在小学阶段，学生的性别审美也是值得教师关注的，由于大众

1　邹运玲.小学教师男女比例失衡的问题研究［J］.中国校外教育，2014（6）：52.

传媒的巨大影响力，传统社会塑造的男性与女性的形象与审美标准正在逐步被改变，例如中性风格的兴起，男性形象呈现"花美男"特征，女性形象呈现"女汉子"特征等社会现象，都足以说明两性在穿着打扮、气质类型等方面都发生了改变。在小学阶段，默认的潜规则是男生就应该要有男性阳刚、坚强的气质，女生就要有女性温柔的气质，如果情况相反，则会被同伴们视为异类，不被群体接受，这个普遍现象也是恰恰反映了性别二元对立的刻板印象情况的存在。而小学生正处于成长、发展的关键期，小学教师科学、合理地帮助、引导学生建立其社会性别意识绝非易事，如何把握好性别意识观念教育的"度"显得尤为重要。总之，教师是学生成长环境的创造者和维护者，对学生的性别角色认知、性别角色认同以及健康人格发展起到至关重要的作用。

（三）对师生关系的影响

师生关系是指教师和学生在教育教学过程中结成的相互关系，包括彼此所处的地位、作用和相互对待的态度等[1]，师生关系也是教育活动中最核心的关系。有研究表明，师生关系异常会对学生的学业成绩、社会适应状况、心理健康情况、主观幸福感等产生消极作用，而师生关系融洽则可以促进学生产生积极的情感体验，有益于学生自我概念水平的发展。[2] 在小学阶段，教师作为学生的"重要他人"，师生关系自然就是学生在校园生活中很重要的一种人际关系，良好和谐的师生关系有助于教师完成教育教学任务，也有助于学生身心的健康发展。受社会原有的传统性别价值观念以及教师自身对性别意识的观念影响，在师生交往中可能会存在着可见的或隐性的性别问题。

有研究发现，教师的人文素养、个人品质、教育水平、教学能力、教学态度决定着良好师生关系的建立与否，学生的心理和性格特点、学生对教师的认识和理解、学生的学业表现均影响师生关系的建立。[3] 女性教师相较

---

1 全国十二所重点师范大学联合编写. 教育学基础［M］.北京：教育科学出版社，2014：152.

2 葛淑荣. 中学生心理档案的建设研究［J］.中国科技创新导刊，2012（33）：231.

3 徐猛. 小学师生关系研究综述［J］.天津市教科院学报，2012（3）：66–69.

于男性教师，她们的心思可能更为细腻，比较注重师生间的情感交流，与学生互动的频率较高，容易使学生产生"亲切感"，而女学生相较于男学生，可能有更好的师生关系；随着年龄增长，学生感受到的师生关系的亲密感更低、冲突性更高，积极师生关系类型的比例逐渐下降，消极师生关系类型的比例逐渐上升。[1]在构建和谐的师生关系时，男教师可能更需要多与学生进行互动，注重学生的心理发展，并且必要时应主动关心、问候学生，利用自身的人格魅力使学生愿意亲近自己，能够主动、大胆地与教师交流、互动。

性别刻板印象不仅存在于教师的观念里，也存在于学生的观念里。在教育过程中不难发现，在许多学生的潜意识里，女生可能大多安安静静、不吵不闹，这就导致了在课堂上女生不会主动发言，不主动跟教师互动，久而久之，教师会渐渐忽略这些"沉默"的女生，而女生会觉得教师偏向男生，进而影响学习以及她们对教师的印象，这样就形成了一个恶性循环，最终影响了教学。[2]"男强女弱"的传统性别伦理观点可能会使一些教师往往对于男学生的关注度要高于女学生，女学生长期在这种教育氛围中很可能形成自卑心理与孤独感，认为自己不如男生，会产生学习情绪低落、学习不积极、甚至厌学等表现。不良的师生关系可能使学生产生自卑感和孤独感，逐渐演化为对学校的抵触等消极情绪，在与同伴的日常交往中也会表现出退缩、疏远，甚至出现攻击行为等，从而影响到学生的身心健康发展。有研究表明：在性别方面，男生师生关系的亲密性与依恋性维度得分低于女生，这可能与这一阶段男生的自身特点有关。一方面，男生倾向挑战权威、易冲动，容易对包括教师在内的他人言行产生反抗心理；另一方面，男生的情感表达能力总体上弱于女生，且小学教师绝大多数为女性，青春初期的男生更羞于表

---

1 王耘，王晓华，张红川. 3—6年级小学生师生关系：结构、类型及其发展 [J]. 心理发展与教育，2001（3）：16-21.

2 杨东东. 社会性别视角下的师生关系构建 [J]. 教学研究，2016（5）：20-22.

达，不利于建立良好的师生关系。[1] 因此，教师应该充分了解男学生与女学生的心理差异与生理差异，尊重两性差异，以发展的眼光来看待学生，增加师生间的交流、互动并努力创设和谐、融洽的师生关系。

总而言之，性别定势与性别刻板印象都可能成为阻碍师生关系健康发展的绊脚石，这就需要教师从自身开始，树立正确的性别伦理观念，平等、公正地对待每一个学生，真正实现与学生的有效互动，做一个受学生喜爱、尊重的教师。

▎第三节 小学教师性别伦理的教育性要求 ▎

一、性别平等与小学教师的应对

《世界人权宣言》明确指出："人人生而自由，在尊严和权利上一律平等……不分种族、肤色、性别、语言、宗教、政治或其他见解、国籍或社会出身、财产、出生或其他身份等任何区别。"平等、自由一直是人类追求幸福的永恒主题之一，性别平等也是当今社会中人们平等诉求里重要的一项要求。性别平等是性别伦理的重要范畴之一，性别理论奠定了女性主义运动的理论基础，它在承认性别差异的基础上又试图努力消除差异，主张男性与女性在权利、地位等各方面应平等。性别平等并不是简单的男女两性的绝对平等，追求"男女一样"，而是在政治、经济、文化、教育等各个领域中，男性与女性享有平等的人格尊严、自身价值、权利与义务等，它的价值理念追求的是男性与女性得到自由而完整的发展。

在小学教育体系中，可能依旧会存在一些性别不平等的现象，一些小

---

1 冯喜珍，魏芳，郑旭. 4—6 年级小学生师生关系与自我概念的关系 [J]. 中小学心理健康教育，2018（3）：12–16.

学教师把自身的性别偏见、性别歧视、性别刻板印象等带入平时的教育教学工作中，这样就很可能阻碍学生的健康成长与发展。就目前的现状而言，一部分教师自身具有性别意识且为自身所感知，并敢于认同自身持有的性别认知；与此同时，也有一部分教师自身无性别意识或有潜在的性别认知但力图逃避回答有关性别的问题。因此，教师应在日常教学中反思性别差异在教学活动中的影响与作用，自己是否无意识地在教学行为中表露出性别不平等的思想与行为，是否在促进一方发展的同时抑制了另一方的发展，是否出现教育性别偏向问题，在经过一系列自我反思后，教师应该提升自身素养与正确的性别意识。有研究显示，在问卷中问到"有无发现现存的小学教材与儿童读物中，存在歧视和忽视女性的现象"这一题时，有228位教师（占总人数的94.21%）均无发现此现象[1]，这说明该研究者调查的绝大多数小学教师对教材、儿童读物中存在的性别歧视或性别刻板印象的现象，缺乏一定的敏锐性与批判意识。

从微观视角而言，在小学实际教学中，为保证教育中的"性别平等"，小学教师要在教学材料的选择与呈现、教育教学活动、学生的心理健康、师生互动等诸多方面尽可能地避免性别偏向：第一，小学教师在研读教材、教参内容，选取和使用其中语言时要避免性别偏向的词语、观点；第二，小学教师应摒弃传统、负面的社会性别刻板印象，鼓励男女生自由发展自身的兴趣、爱好，积极参与不同类型的学习活动；第三，在日常教育教学工作中，男女教师应注意因性别差异对学生学习与成长发展带来的积极与消极影响，男女教师间应取长补短，提升教师的专业能力与专业素养；第四，小学教师在师生互动、交往中要注意性别平等、性别公正，避免对学生有性别歧视。

---

1 曹建秀. 小学教师的社会性别意识及教育——以南京市小学教师为例 [D]. 南京：南京师范大学，2011.

二、性别公正与小学教师的发展

性别公正是让男性与女性的性别差异保持在一个最为合理的限度内，使两性在机会、基本权利、人格平等的前提下各尽所能、各司其职[1]，性别公正不能等同于性别平等，因为性别公正是建立在维护两性平等的尊严与权利基础上的，正视两性存在的客观差异，遵照社会要求与个人意愿最大限度地发挥两性各自的优势与潜力。与"性别平等"的不同之处在于，性别公正不仅承认性别差异，而且也尊重性别差异。马克思、恩格斯在《神圣家族》中认为，"某一历史时代的发展总是可以由妇女走向自由的程度来确定，妇女走向自由的程度取决于妇女的素质"，从女性视角来解释性别公正，即破除传统的性别刻板印象与性别歧视，使女性拥有主体性、自主选择决定的基本权利，尊重女性的人格与尊严，不限制女性自由发展的权利。

在小学教育领域谈性别公正，有许多值得我们深思、有待解决的教育现实问题：一是小学男女教师性别结构失衡问题；二是小学男女教师职业生涯与工资待遇问题；三是小学男女教师的教育教学、专业发展问题；四是小学男女教师的工作与家庭冲突问题。时代在不停地跟随历史潮流变化，在多元文化的冲击、碰撞之下，社会性别观念在悄然变化，女性的价值已经不再以家庭为评价标准，男性的特点也不再是单一、绝对的呈现形式，"性别公正"的观点开始被人们接受。与此同时，小学教师的性别观点也应该跟随时代要求，将"性别公正"的意识渗透在教育教学的方方面面。处于信息爆炸的时代，学生每天面对着各种各样的信息与观念，教师应该适时帮助、引导学生用批判的眼光来看待学习与生活中性别不公的现象，尽力突破性别教育的困境，抓住教育契机来培养他们的社会性别意识。

1　张子恒.性别伦理的价值取向研究［D］.兰州：西北师范大学，2010.

三、性别和谐与小学教师的努力

性别和谐是一种新型的男女相互依存、和睦相处、共同发展的性别关系，性别尊重、性别公平、性别友爱和性别均衡是性别和谐的基本内涵。在性别平等和性别公正的基础上，性别和谐追求的是较为理想的、可持续共同发展的两性相处存在方式，它也是性别伦理的最高境界与理性境界。后现代主义理论就是基于"性别和谐"来谈论两性问题，强调两性"和而不同"的发展模式，两性的和谐需要依靠双方的共同努力。两性关系的终极目标是两性的和谐互补，而达到这一目标的途径是理解、对话而不是冲突。[1] 与此同时，已有研究指出，教育者总是依据自身的性别角色观采取相应的性别教育行为[2]，这也提醒人们要关注教育者自身的性别意识。在坚持性别和谐的观念下，我国政府也在积极努力做出一些宏观性的政策指导，《中国妇女发展纲要》（2001—2010 年）中明确规定："在课程、教育内容和教学发展改革中，把社会性别意识纳入教师培训课程。""提高教育工作者的社会性别意识，加大对教育管理者社会性别理论的培训力度，在师资培训计划和师范类院校课程中增加性别教育专业或者增加性别平等内容，通过形式多样的培训方式对在职教师进行性别教育专业培训，强化教育管理者的社会性别意识。"只有从源头上加强对一线教师的性别意识教育，提升性别教育实践能力，才能使"性别平等""性别和谐"真正在教育这条重要渠道上起到正面引导作用。虽然，近些年来国家对教育管理者与一线教师的社会性别意识水平愈加重视，也更加注重教育从业者的性别意识培训，但就目前的教师培训课程体系而言，仍缺乏相关内容的科学、合理引入，因此，我们国家教育要走向"性别和谐"之路，还需多方共同努力。

在性别和谐的观念下，我们应改变传统性别观点对小学男性教师与女

1　王淼. 后现代女性主义理论研究 [M]. 北京：经济科学出版社，2013：152.

2　Jaswal V K, Croft A C, Setia A R, Cole C A. Young children have a specific, highly robust bias to trust testimony. *Psychological Science*, 2010, 21(10): 1541–1547.

性教师的刻板印象，借用研究者贝姆（Bem）的性别双性化理论[1]（性别双性化理论认为如果同时拥有男性气质特征和女性气质特征的人，就是双性化的人），双性化的人具有两种性别的优势，对于性别差异教育而言是一条好的教育途径。进入校园以后，小学男性教师与女性教师在某种程度上可能代替了父亲、母亲的角色，教师的言行成了儿童学习的榜样，儿童往往希望把自己塑造成老师期望的模样。因此，教师要从传统性别角色教育模式中走出来，跟随时代要求，更新、改变性别观念，看到双性化性别教育模式的优点，对于儿童性别角色发展持有双性化的期望。[2]如果女性教师在教学过程中既能发挥自身的性别特点，又能理解男性教师的性别角色特点，充分吸收两性的性别角色优势，那么学生就很可能同时受到两性性别角色的不同优势的影响。因此，无论小学男性教师还是女性教师，其实都能通过双性化的教育形式，将两性和谐的观念渗透到教育教学实践中，对男女学生形成最佳的性别作用与影响，从而能达到理想的性别育人效果。

总而言之，性别和谐的理念以及研究者贝姆的性别双性化理论，希望能够带给小学教师一些性别伦理方面的启示与反思，小学男性教师与女性教师在课堂中的教学表达方式、教学内容处理方式、课堂互动行为、教学方法策略的选择等都能够尽可能地借鉴异性的教育优势，扬长避短。与此同时，也希望小学男女教师都能够站在各自性别角色上，尽可能地减弱因性别差异而带来的一些弊端，携手共同促进小学生的健康成长与人格发展。另外，为了培养小学生的社会性别观念，从宏观层面上来探究如何践行教育领域的"性别和谐"：一是在小学教育政策、教育内容上要符合"性别和谐"的时代要求，例如摒弃教材中的一些错误、不合理的性别观念；二是通过职前培训、在职培训、讲座论坛以及研讨会等各种学习形式来注重小学教师性别观念的培养与发展，鼓励教师积极参与教育领域中性别问题的相关研究，将"性别

---

1 Bem S L. Androgyny and gender schema theory: a conceptual and empirical integration. *Nebr Symp Motiv*, 1984 (32): 179-226.

2 张佳敏. 双性化性别角色教育对人发展的启示 [J]. 课程教育研究, 2019（22）: 243.

师爱的向度——小学教师伦理研究

168

和谐"的观念落实到实际的教育目标中去；三是从源头遏制一些不良大众传媒恶意传播的错误、极端的性别观点，鼓励他们传递符合时代要求的性别伦理观点，从而尽可能减少其对小学生的负面影响。我国教育要想多方面推进性别平等的教育工作，也应该如联合国教科文组织制定的《教师教育社会性别平等政策与实践指南》提出的，必须从政策制定、文化建设、支持与服务、课程与教材、经费预算、科学研究、监督与评价、宣传与推广等多方面着手，合力推进这项工作。

第七章　小学教师的技术伦理

　　在信息时代的小学教育实践中，技术正在与教育教学加深融合，小学教师作为教育教学工作的专业人员，其怎样通过技术来有效地开展教学活动是学界关注的重点，而教师在技术使用过程中所遭遇的伦理风险却在一定程度上被遮蔽。小学教师技术使用的伦理问题客观而深远地影响了教育效果与小学生成长，因此，从价值旨趣和基本规范两个维度构建小学教师技术使用的专业伦理框架，并由此探讨作为专业成长重要内容的小学教师技术伦理修炼的维度和路径，具有重要的现实意义。

▌ 第一节　小学教师技术使用的伦理问题 ▌

　　技术变革并非数量上的损益盈虚，而是整个领域的生态革新。[1] 信息技术的飞速发展深刻影响了人类社会，在小学教育领域，虚拟现实和人工智能

---

1 〔美〕尼尔·波斯曼. 技术垄断：文化向技术投降［M］. 何道宽，译. 北京：北京大学出版社，2007：9.

等信息技术正在与教学深度融合，现代教育技术正在深刻影响教师的教和学生的学。学界较为认可的"教育技术"界定是美国教育传播与技术协会于 2017 年发布的定义，即"教育技术是通过对学与教的过程和资源进行策略设计、管理和实施，以提升知识、调节和促进学习与绩效的关于理论、研究和最佳方案的研究且符合伦理的应用"[1]。随着教育的现代化、信息化和智能化程度提高，小学教师已在实践中广泛地使用教学技术辅助教学。小学教师的技术使用主要在教、学、练、评、管等五个方面。教育技术的使用让许多教学活动变得高效，使课堂变得丰富多彩。正是因为技术带来的好处显而易见，所以当技术渗入教育时，人们关注更多的往往是它的工具价值，即它是如何帮助传授知识、提高教学效率的。长此以往，教育技术的工具理性遮盖了其价值理性，对学生个体的尊重和人文关怀被隐退。根据摩尔定律，伴随着技术革命，社会影响会增大，伦理问题也会增多，且依附于技术的复杂性，伦理问题会日益复杂，在小学教育中亦如此。[2]

一、技术崇拜遮蔽教育本质

技术的影响渗透到社会政治、经济和文化的各个角落，技术的"魔力"无处不在。当前在小学教育中存在"技术过度化"趋势，一些教师对技术功能的片面夸大导致其对技术产生过分依赖，甚至脱离技术就无法开展教学。小学教师讲课时运用多媒体技术等，学生的视线从教师身上转移到了课件、投影上，原本面对面、眼对眼的师生交流大大减少，教育情感淡化，而小学生正处于社会化的关键时期——童年期，其社会化的一种关键资源就是师生互动。此外，教师借助教育技术呈现了大量的内容，学生在冗杂的知识中

---

1 李海峰，王炜，吴曦. AECT2017 定义与评析——兼论 AECT 教育技术定义的历史演进 [J]. 电化教育研究，2018（8）：21-26.

2 〔荷〕尤瑞恩·范登·霍文，〔澳〕约翰·维克特. 信息技术与道德哲学 [M]. 赵迎欢，宋吉鑫，张勤，译. 北京：科学出版社，2014：33.

忙于接受信息、记录信息，课堂从"人灌"变成"人灌＋机灌"，小学生深度思考的机会减少，认知负荷却加大了。另外，教育技术带来的自适应学习也存在诸多问题。[1] 由于小学生的认知水平、思维方式具有不稳定性，成长轨迹也并非直线性，简单地依据"前测"来制订学习计划甚至规划未来，对学生的评判未免显得武断，它不仅束缚了学习者的选择自由和发展潜力，有时甚至其人格尊严也未受到尊重。人工智能在教育中的实际运用，是将对小学生的部分评价交给了机器。而机器的识别能力往往存在缺陷，且只能按照程序和特定标准来评判，这样机械化的评判会打压小学生的发展潜力。总而言之，教育教学应是小学师生共同参与的双边活动，是感性和理性、工具性和价值性兼而有之的知识传授过程。[2] 小学教师的任务是教书育人，对学生言传身教不仅仅在于知识的传授，还包括对学生情感、态度和价值观等的培养，教师对教育投入的情感和理性是无论多么高级的技术也无法比拟的。小学教师在教学中对教育技术的崇拜、滥用，将过多的时间和精力放在技术使用上，反而导致诸多实践问题，如此技术崇拜就遮蔽了教育的本质。

二、数字鸿沟与信息代沟并存

小学教师对技术的广泛使用会带来公平问题。数字鸿沟指的是在不同社会经济层面上，就接触并获取信息与通信技术的机会以及在广泛的活动中使用互联网的频率而言，个体、家庭、组织、地区和国家之间存在的差距。[3] 简言之，数字鸿沟就是不同主体在享用信息产品和服务上的差距。不同小学之间的教学水平、信息化程度存在差异，即使是同一所小学的同一个班级，不同学生

---

1 蔡连玉，韩倩倩. 人工智能自适应学习及其在学校教育中的应用 [J]. 浙江师范大学学报（社会科学版），2019（6）：111–117.

2 林仕尧. 教学信息技术使用的伦理困境与出路探究 [J]. 教育与教学研究，2016（2）：17–22.

3 曹荣湘. 解读数字鸿沟：技术殖民与社会分化 [M]. 上海：上海三联书店，2003：281.

之间也存在数字鸿沟，主要体现在两个方面：第一是"接入沟"。不同家庭的经济能力存在差异，家庭教育投入的差别直接影响小学生学习的开展。例如在平板教学中，前提是每个学生都能使用得上平板；课下搜集资料、完成线上练习等都需要用到电子产品。学生是否拥有电子学习设备以及设备的性能状况等都会对学习带来影响；第二是"使用沟"。小学生对信息的获取能力、使用电子产品的熟练程度和自控力，甚至家长的文化程度、对电子产品的认知也在一定程度上影响学生的学习效果。[1]

另外，在信息时代，教育技术带来了知识存储、传播方式的变革，小学教师不再是知识唯一的诠释者和传递者，教师的权威性受到冲击。实践中许多高年级小学生学习和掌握信息技术的速度比教师要快，尤其是相较于年长的教师，这就导致了"信息代沟"的出现。具体而言，"信息代沟"指的是在进行信息活动时，年长的教师与年轻的学生之间存在的差异。[2]信息代沟重新定位了教师与学生的角色，"扰乱"了传统教室里的运作。[3]一方面导致小学师生在信息活动中的沟通困难，另一方面导致教师在学生面前的权威减弱，这些都会影响教育教学的效果。

三、泄露隐私侵犯学生权利

小学教师在技术使用过程中会用不同方式进行数据采集与挖掘。数据采集与挖掘对学生的隐私可能带来侵犯，这种侵犯有显性侵犯和隐蔽侵犯两种。显性的隐私侵犯，常见的是在采集小学生个人信息时，教师没有征求学

1 戴紫娟. 基于互联网接入和使用的城乡数字鸿沟实证研究——以甘肃省为例［D］. 兰州：兰州大学，2013.

2 蔡连玉. 论基础教育中的"信息代沟"［J］. 中国教育学刊，2009（8）：30–32.

3 〔美〕Judith Haymore Sandholtz，Cathy Ringstaff，David Dwyer. 信息技术与学生为中心的课堂［M］. 宋融冰，译. 北京：中国轻工业出版社，2004：86–87.

生或家长的同意，或者没有采用匿名或模糊的方式来保护学生的隐私。[1]例如在教学管理中，随着某些社交平台成为大众娱乐、办公、交际等的媒介，小学教师会建立基于社交平台的家长群，以便有效地与家长沟通。这样一来，教师与家长私下一对一的沟通就变成了教师与众多家长一对多的交流，教师在群里发布的信息是面向全体家长的，教师在家长群公开发布学生的学习情况、考试排名等信息都涉及学生的个人隐私。在群内公开学生个人信息的行为不仅侵犯了小学生的隐私，甚至也会给家长带来伤害。此外，常见的基于技术的个性化学习往往基于大量的学生个人数据来展开，但个性化学习经常是以泄露个人隐私为代价的。信息时代的个人隐私可能在学生还未意识到的情况下就隐蔽地被侵犯了，学生的个人信息或因教师的技术使用，被企业收集、交换和利用。小学教师在越来越多地使用商业性质的技术平台，而这些商业平台都在搜集用户个人信息，常常在搜集前并没有征求过用户本人的同意，即使征求了意见，所收集的小学生数据作何处理、用在何处、对数据是否有有效保护措施，这些问题的答案都是不得而知的，因而侵犯学生权利，导致伦理风险。小学生的信息被盗窃、数据被滥用、隐私被倒卖在当前已处于较高的风险状态。

▌ 第二节　小学教师技术伦理的价值旨趣 ▌

　　小学教育教学本质上是师生双边的互动活动，教育技术作为现代教学中不可或缺的一部分，其使用也应合乎伦理，遵守基本的道德原则。基于小学生的未成熟性、教师技术使用本质上是培养人的教育活动，以及作为社会活动的教师技术使用的公平与效益追求，小学教师技术使用的伦理应追求如下四种价值旨趣。

1　邹太龙. 大数据应用于学校德育的伦理困境及破解 [J]. 中小学德育，2018（3）：13-16.

一、不伤害

不伤害是指人们不应利用网络和技术给其他网络主体及网络空间造成直接或间接的伤害，这是最基本的道德要求，也是网络和技术的伦理底线。[1]美国计算机伦理协会制定的"计算机伦理十戒"中，第一条就是不应当用计算机去伤害别人。[2]即使黑客在行动中，也遵循着"不以任何方式伤害任何人"的活动准则。[3]同样地，在小学教师的技术使用中，不伤害学生是最低的价值追求。在信息社会，小学生因其未成熟性更容易遭受基于技术的伤害，如隐私泄露、身份盗用和网络欺凌等。[4]面对这类问题，就要求小学教师在技术使用时，不仅要看到技术辅助教学的优势，还要严格恪守"不伤害"这一原则，避免技术带来的弊端。教育是一项"善"的事业，不伤害原则要求教师在教学中设身处地地为学生的利益着想，无论有意或无意，在动机、过程和结果上都不能对小学生造成伤害。

二、教育性

在小学教育场域探讨技术使用，教育性是必须蕴含其中的价值追求。小学教师的技术使用应以使学生成为一个真正意义上的人为出发点和归宿，技术只是为了更好地达到教育目的的工具，并非为了应用而应用。教育应致力于培养人的好奇心和求知欲，并发展人们自我完善和不断学习的人生态度。[5]现代教育是以人为本的教育，教育技术的运用是为了促进学生的成长。因

---

1 倪愫襄.伦理学简论（第2版）[M].武汉：武汉大学出版社，2018：208.

2 宋吉鑫.网络伦理学研究[M].北京：科学出版社，2015：90.

3 李伦.鼠标下的德性[M].南昌：江西人民出版社，2002：246.

4 〔美〕Michael Spector，等.教育传播与技术研究手册（第4版）[M].任友群，等译.上海：华东师范大学出版社，2015：256.

5 〔英〕安东尼·塞尔登，奥拉迪梅吉·阿比多耶.第四次教育革命：人工智能如何改变教育[M].吕晓志，译.北京：机械工业出版社，2019：17.

此，小学教师教育技术的使用要强调教育性。教育性是指在运用教育技术时要促进小学生"纵向有序、横向丰裕"的包容性发展，真正关注全体学生的全面成长。"纵向有序"意味着使用教育技术的目的不仅是为了当下，也应兼顾未来的可持续发展，在培养小学生认知能力的同时，也要激发他们的想象力、创造力和求知欲等对未来可持续成长有益的素养；"横向丰裕"是以多样化的教育资源促进小学生的全面发展，强调学生的个性与社会性发展并重。小学教师在技术使用过程中，要关注人文之维，包括尊重学生、关怀学生等。[1]具体而言，在教育技术的使用中，应从小学生的需要出发，充分调动学生的知、情、意、行，不仅着眼于当下的进步，也放眼未来的成长，使全体学生都能不断丰富和完善自我。

三、公平性

小学教师对技术的使用也是一项社会活动，公平性应是期间追求的一项基本价值。小学班级中各种教育资源（包括教育技术）的直接分配者主要是教师，这意味着教师是促进教育公平的责任主体，班级中公平的实现很大程度上依赖于教师。[2]即使在校园中存在数字鸿沟，但在技术使用过程中，不同成绩、不同能力、不同家庭的任何小学生都期待被公平地对待。因此，小学教师在使用技术时，应追求公平性，充分尊重学生应用教育技术的权利，关注弱势学生，努力缩小班级中的数字鸿沟。只有关照班级全体成员，确保每一个小学生都能公平地享受技术带来的益处，才能体现教师技术使用的人文关怀。当然，公平不等于平均，公平是指每个学生都受到适当的教育，而不是完全一致的教育，那种不顾学生实际差异而实行机械式平等的教育实际上是不公平的。[3]小学教师并非要追求整齐划一的同质性公平，即要求所有小

1 鲍宗豪.数字化与人文精神［M］.上海：上海三联书店，2003：419.

2 程亮.教育的道德基础：教育伦理学引论［M］.福州：福建教育出版社，2016：210.

3 糜海波.教育伦理：理论求索与实践考察［M］.南京：南京大学出版社，2018：43.

学生都必须接受同样的教学或资源；相反，是要在尊重学生能力和兴趣差异的基础上追求差异性公平，提高教育技术运用的丰富性和可选择性，让学生有更多选择教育技术的自由，使全体学生都能得到适切的教育。

四、效益性

一般地，教育技术能够提高教学效率，也能节省教师精力，但小学教师在此类技术使用时，却经常会忽视对学生的人文关照，忽视责任感和道德感等更重要的教育目标。由于缺乏对教育技术的深层思考，人们更多地关注使用教育技术带来的效率，关于技术对学习造成的影响却少有思索。[1] 美国学者罗宾斯（Robbins）对"效率"与"效益"做了经典的区分。效率（efficiency）是指"正确地做事"，是投入—产出比；效益（effectiveness）是指"做正确的事"，考量的是组织目标的达成情况。[2] 可以看到，"效率"一词关注的是做事的"手段"，而"效益"一词关注的是"结果"。在小学教育中，追求"效益"是指更重视教育培养人、发展人的本质作用。当前许多小学教师使用技术通常仅仅是出于提高"效率"（考试的分数）的考量，忽视了学生情感、态度和价值观的培养，没有关注到让学生取得最好的"效益"（真正的成长）。教育技术应用中出现的问题往往源于小学教师没有将技术的工具理性与价值理性完美融合。工具理性和价值理性是教育技术在运用中不可分割的两个方面，价值理性解决主体"做什么"的问题，而工具理性回答"如何做"的问题。为了实现教育的最优化，工具理性与价值理性必须实现和谐统一。[3] 事实上，人类发明技术的目的在于解放自我，在小学教育

1　谢娟. 当前教育中技术垄断的原因及对策——从技术伦理学的视角 [J]. 现代教育技术，2011（6）：27-31.

2　〔美〕斯蒂芬·P·罗宾斯，玛丽·库尔特. 管理学（第11版）[M]. 李原，孙健敏，黄小勇，译. 北京：中国人民大学出版社，2012：8-9.

3　张宏. 工具理性与价值理性的整合：教育技术发展的现实思考 [J]. 教育研究，2016（11）：28-32，53.

中亦如是，教育技术将小学教师从枯燥的机械活动中解放出来，使教师有更多的时间去思考如何创造性地设计教学方案以促进全体学生的真正成长。只有教师在教学中恰当地使用了技术，才会对教学和教育产生具有效益性的真正影响。因此，小学教师要关注的不是纯粹的技术应用效率，而是确保技术更好地为合理的教育目标的实现服务，从而彰显效益性。

▌ 第三节　小学教师技术伦理的基本规范 ▌

技术为小学教育带来了更多的选择性和可行性，但技术仅仅是一种手段，本身并无善恶之分。教育技术产生什么影响、服务于何种目的，这些都不是技术自身决定的，而是取决于什么人来使用技术。[1] 小学教师作为教育技术使用的主导者，应明确自身义务和责任，为了将上述价值旨趣落实到教育技术的具体实践中，避免教育技术的使用给小学生成长带来负面效应，相对应地需要构建如下小学教师技术使用的专业伦理规范。

一、不伤害学生

不伤害学生是小学教师技术使用的基本专业伦理，这一规范要求教师在使用技术时，在动机、过程和结果上都不能对学生造成任何伤害。然而在现实中，小学教师使用教育技术时可能已给学生带来了诸多不同类型的伤害。特别是教学不只是一种单一的认知活动，小学教师应关注学生的情感需要。无论多么高级的技术也无法代替教师对学生的期待和关爱，小学教师在使用技术进行教学时，要避免只见技术不见人。教学是情感交流的活动，需要满足师生之间情感互动的需要，如果过分依赖技术而忽视与学生的面对面交流，小学生因其所处年龄阶段所特别需要的情感成长需求就难以满足，从资源缺

1　许良. 技术哲学［M］. 上海：复旦大学出版社，2004：134.

失的角度来看，这就是一种隐性伤害。另外，保护个人隐私是一项最基本的社会伦理，也是人类文明进步的重要标志。[1] 小学教师不能泄露学生的隐私，收集、使用学生个人信息应该受到严格限制，未经学生及其监护人授权而公开，就是对学生的显性伤害。

二、教会学生自我保护且不伤害他人

较多小学虽开设了信息技术课程，却只把其当作一门纯技术课程，没有重视信息技术的人文与伦理维度的教育。[2] 对网络伦理教育的缺失导致小学生网络道德失范现象客观存在，比如沉迷网络、侵犯他人隐私、网络语言不文明等。面对如此情形，小学教师应在技术使用过程中强化培养小学生的自我保护意识，教会学生适度、健康地使用信息技术，避免对技术的过度依赖。同时，网络的隐匿性使得小学生在使用网络技术时可以隐藏真实身份，如果不加以约束，容易产生不道德行为，所以小学教师应引导学生在纷繁复杂的网络中增强道德判断的能力以及自我反思、自我约束的能力，在使用技术时不得伤害他人。

三、避免教育误判

当前小学教师利用教育技术评价学生日益增多，但是由于技术自身的局限性，对学生的评判往往停留在表面，只能判断"理性"部分，而对"非理性"部分则无法评判。另外，因为基于信息技术的评价是依据算法来执行的，如果数据挖掘的算法没有正确分类，也会导致负误识（如将不及格的学

1　钱振华.现代科技伦理意识探析与养成［M］.北京：知识产权出版社，2017：110.

2　何爱华，郭有强.中小学信息技术课程网络伦理教育研究［J］.课程·教材·教法,2017（7）：81-86.

生归入及格）和正误识（将及格的学生划入不及格）。[1] 无论哪种误判，都不利于小学生的成长。因此，对学生的评价不能完全依赖机器或软件。小学生正处在不断的发展中，情感、态度和价值观还在持续生成，如果因技术问题造成对学生的误判，则会打击他们积极、健康成长的心向，极大地改变学生向善发展的可能。因此，小学教师不能用教育技术评价完全取代自身评价，要在评价中体现对学生的鼓励和唤醒，在使用技术来评判小学生时，对机器与软件要特别警惕，教师要进行复查，降低误判概率。

四、有利于全体学生的可持续成长

数字化社会的教育并不是为当下生活做准备，而是指向学生的终身发展。[2] 然而对小学生而言，可持续成长主要建基于心智层面的发展。教育技术有两个层面的价值。一是工具价值，表现为对教学的辅助和促进；二是精神价值，表现为学生素养的全面发展。[3] 小学生具有很强的可塑性，具有广泛的潜能，要想让教育技术兼顾工具价值与精神价值，促进小学生的可持续成长，必须将小学教师的地位置于技术之上，要知道即使是最先进的教育技术，也无法取代教师的期待和关注，因为教师职业的特殊性就在于教师的人格、品质和精神在学生形成道德观、价值观过程中具有重大意义。当技术进入小学课堂后，导致的不良后果就是教育可能失去人性，弱化了教育的人道主义，原本的"教师—学生"交往模式变为了"教师—机器—学生"模式，一定程度上限制了小学师生间的直接交流。课堂不仅仅是知识传授的地方，

1 余亮，杨秋燕，赵楠. 模型驱动的教育大数据挖掘促进教与学——访美国犹他州立大学米米·雷克教授 [J]. 开放教育研究，2018（1）：4–9.

2 Vladimir Tsvyk, Irina Tsvyk. Digital Technologies in Modern Education: Ethical Aspect. *Advances in Social Science, Education and Humanities Research*, 2019: 341, 560–565.

3 王康宁，于洪波. 从技术批判反观教育技术的伦理性 [J]. 电化教育研究，2015（9）：16–19，29.

更是师生之间情感交流的主要场所，使用教育技术时，教师更应重视其精神价值的发挥，充分给予学生人文关怀，从而促进学生的心智成熟和可持续成长。另外，小学教师的技术使用还应有横向的"包容性"意蕴，即不只是针对部分学生，而应是追求全体学生的具有个体差异性的可持续成长。

五、实施弱势补偿

弱势学生群体是指由于所获取的资源相对匮乏，从而在整个受教育群体中呈现弱势状态的学生。[1] 即使是同一班级的小学生，由于家庭背景、前期教育等差异，也存在相对弱势者，这些学生与其他学生在教育技术面前存在不同程度的数字鸿沟。小学教师在运用技术时，应对弱势学生给予更多关注，采取补偿性教育措施，特别是注重提高他们技术使用的自我效能感。教师要调查、了解不同学生在使用技术时的困难，制订对弱势群体的补偿计划。此外，弱势小学生更需要非认知成长，包括建立信心和消除自卑等[2]，可以通过教育激励策略，消除弱势学生的负面心理情绪，给予其使用教育技术的信心。再者，在唤醒弱势学生使用技术的信心后，小学教师还应帮助其消除累积的劣势，以课外辅导等方式提升其技术素养。

六、消除信息代沟

当代世界的一个特点是承认各代人之间存在断裂，这是一个每一代新人都将经历技术不同的世界。[3] 以往教育领域的权威是由教师拥有的，教师通常被认为是知识的占有者，教学安排处处都体现了教师的意志。但随着网络信

1　洪小良，王雪梅.新世纪北京城市弱势群体研究［M］.北京：中国经济出版社，2012：2.

2　〔英〕安东尼·塞尔登，奥拉迪梅吉·阿比多耶.第四次教育革命：人工智能如何改变教育［M］.吕晓志，译.北京：机械工业出版社，2019：44.

3　〔美〕米德.代沟［M］.曾胡，译.北京：光明日报出版社，1988：63.

息技术的不断更新和发展，小学生（尤其是高年级小学生）利用互联网获取资源、学习和交流越来越快捷。"前喻文化"时代开始慢慢显现雏形，师生两代人的体验发生了变化。小学教师不再是知识的垄断者，也不再是高高在上的指挥者，在很大程度上，教师需要向年轻的学习者学习。在"前喻文化"时代，数字素养和信息素养已成为当代教育者的必备素质，要实现师生间顺利的交流，小学教师应主动承认与学生之间存在的信息代沟，以民主、平等的方式主动与学生交流，通过终身学习，不断提升自己的信息素养，以消除与学生之间的信息代沟。

七、提高教育效益

技术推崇的高效率使得小学教师更多地关注技术带来的教学效率，甚至陷入"技术至上"的盲目追逐中。但是高效率并不等同于高效益，高效益的体现是全体学生的可持续性成长，效率所关注的往往是教学实现度和学生考试分数等外在目标。小学教师在教学中使用教育技术并非单纯地为了追逐效率，而是力求达到最大的效益。在现代化教学中，教育技术的使用程度主要取决于教师，要防止教育技术遮蔽教师的教学激情与情感价值传递，从而失去个性和情感，单纯变成工具化或技术化存在。[1] 小学教师在教学实践中不应只是思考技术将如何与个人的教育理念和教学安排融合，还要反思所选取的资源最终如何转化为学生素养。因此对小学教师而言，需要合理规划、综合利用教育技术，使得课堂集高效、智慧、情感为一体，让技术变成促进全体学生更好地持续性成长的手段，以实现最大的教育效益。

整合小学教师技术伦理的价值旨趣与基本规范，为从专业伦理维度规范小学教师的技术使用、规避技术使用中的伦理风险，我们可构建出小学教师

1　沈璿. "互联网 +" 时代教师伦理的技术转向与思考 [J]. 陕西师范大学学报（哲学社会科学版），2016（4）: 170–176.

技术使用的专业伦理框架（图 7-1）。在这一伦理框架中，首先是小学教师技术使用应该追求的价值旨趣。不伤害是教师技术使用的伦理底线；在小学教育场域中使用技术还应充分考虑其教育性；公平性是小学教师使用技术时追求的基本价值；在以上价值实现的同时，还应考虑提升教育技术使用的效益性。其次，基于如上价值旨趣，相应地，应从七个方面对小学教师的技术使用提出更为具体的伦理规范要求，即不伤害学生、教会学生自我保护且不伤害他人、避免教育误判、有利于全体学生的可持续成长、实施弱势补偿、消除信息代沟和提高教育效益。需要说明的是，虽然我们探讨的伦理责任主体是小学教师，但是教育技术从开发到应用是开发者、管理者、使用者共同参与其中的过程，因此，教育技术伦理责任的主体不只是小学教师，我们探讨的教育技术使用的价值旨趣和伦理规范也同样适用于小学教育技术的开发者和管理者。

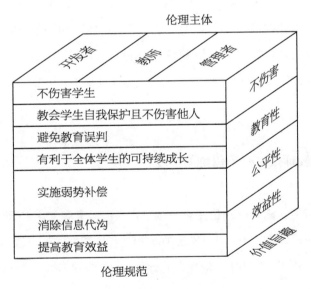

图 7-1　教师技术伦理框架

在当代教育中，技术是教学活动的基本要素，技术伦理是小学教师必须遵守的基本道德准则，技术伦理素养是小学教师的基本专业素养。教育技术的选择、设计和实际操作如果脱离专业伦理规范的约束，就难以达到育人的效果。在小学教师专业发展中，要加强技术伦理修炼，通过对技术的道德准则和行为规范的认识和理解，在使用教育技术时，不仅要考虑技术的合理性和有效性，还要考虑技术使用的意义和价值[1]，以及伦理影响。小学教师在技术使用中存在伦理问题，主要原因是教师的技术伦理专业意识和专业素养不足。许多小学教师并没有意识到教育中技术与伦理的关联性，也不会在同事之间讨论相关伦理问题。理想状态下，技术伦理知识应当作为专业知识在小学教师之间共享，以此提高全体教师的意识，成为教师群体的集体规范和价值观。[2] 所以，在小学教师专业发展中，技术伦理的修炼必不可少。小学教师技术伦理框架中的价值旨趣为教师技术使用指明了价值基础导向，而专业伦理规范则为教师提供了技术行为的基本伦理准则。基于如上认知，我们可以从维度和途径两方面来探讨小学教师技术伦理修炼，为其相关专业成长提供建议。

一、小学教师技术伦理修炼的维度

教育维度。教师的角色使命是教书育人，但事实上，由于缺乏对"教育性"的正确理解，不少小学教师在教育过程中只能做到"教书"，而没有"育人"。教育技术实践中的伦理失范有很大一部分原因是小学教师违背了伦

1　闫志明，李美凤. 整合技术的学科教学知识网络——信息时代教师知识新框架 [J]. 中国电化教育，2012（4）：58–63.

2　Elizabeth Campbell. Challenges in Fostering Ethical Knowledge as Professionalism within Schools as Teaching Communities. *Journal of Educational Change*, 2005(3): 207–226.

理原则却不自知，教师对什么是好的教育的思考与认知不足。例如，在信息技术课堂中，存在着"只见技术不见人"的典型场面：教师从头到尾地示范某一应用软件的功能和用法，然后要求学生按部就班操练。教师以简单的技能训练为教学重点，忽视了小学生的能力发展和情感养成，更没有传授相关的伦理素养。[1] 因此，小学教师应首先对"教育性"要有合理的理解，在使用技术时要促进学生"纵向有序、横向丰裕"的包容性发展。"纵向有序"意味着使用技术的目的要兼顾学生当下与未来的发展，在培养小学生认知能力的同时，激发他们的想象力、创造力和求知欲等对未来可持续成长有益的心智发展；"横向丰裕"是指通过丰富的教育资源促进小学生学业与社会性同时成长，使他们获得具有个体差异的全面发展。

伦理维度。伦理是以美德为基础的实践规范，虽然存在不同的哲学取向，但其核心原则不容忽视，譬如诚实、正义、同情、奉献、勤奋、正直、勇气和尊重他人等。[2] 教育伦理是小学教师重要的专业素养。早在19世纪，赫尔巴特就提出伦理学和心理学是教育学的两大基础。但在小学教师的专业成长中，存在对教育伦理的修炼重视不足的情况。教育伦理是规范性的，它强调教师职业的特殊道德要求和准则，既强调充分尊重专业性，又强调高度的自觉性。[3] 小学教师技术使用中践行的伦理，是教育中基本的道德要求。在小学教育实践中，没有不蕴含伦理的技术使用，只有教师没有意识到技术行为所蕴含的伦理及其对学生的影响。追求技术使用达到更好教育效果的小学教师，需要自觉进行教育技术伦理修炼。如果缺乏教育技术伦理的指导，不道德的技术使用行为就会时有发生，从而导致教育的伦理危机，阻碍小学

1 刘向永，董玉琦. 信息技术课程价值实现的困境与机制 [J]. 电化教育研究，2012（1）：85–89.

2 Elizabeth Campbell. Challenges in Fostering Ethical Knowledge as Professionalism within Schools as Teaching Communities. *Journal of Educational Change*, 2005(3): 207–226.

3 檀传宝，张宁娟，吕卫华，等. 教师专业伦理基础与实践 [M]. 上海：华东师范大学出版社，2016：13.

生的成长。

技术维度。随着教育信息化的发展，技术使用已是小学教师开展教育教学活动不可或缺的一部分。应用在小学教育领域中的现代技术有电子音像技术、卫星电视广播技术、计算机技术、人工智能技术、网络通信技术、仿真技术、虚拟技术等[1]，种类繁多，这对小学教师的专业成长提出了挑战。首先，小学教师的技术能力不仅包括教育技术的实际操作，还包括如何利用技术有效解决教学问题等。小学教师作为技术使用的主导者，只有对技术的操作方式、功能、利弊、适用场所等有充分的了解，才能更好地运用技术辅助教学。其次，小学教师不应只满足于尝试和应用技术，其在教育技术创新中的角色也不容忽视，教师要提高技术创新应用能力，成为创新设计者，使学习目标、学习环境、个性化学习活动等的设计能培养小学生适应信息社会的自主学习能力、创新能力、解决问题能力及批判思维能力等核心素养。[2] 最后，小学教师还应树立正确的教育技术观，不盲目崇拜技术，在运用教育技术时保持理性，避免教育技术过度化而忽视了教育的人文关怀。只有小学教师更好地掌握获取、利用技术的能力，树立合理的教育技术观，才能让教育技术有益于小学生的学习和成长，而不是给他们带来伦理伤害。

二、小学教师技术伦理修炼的路径

培养培训。教师专业成长的路径包括了职前培养和职中培训，小学教师教育技术伦理素养同样需要在培养培训中得到滋养。在师范教育中，较为重视的环节是对教育教学理论与实践能力的培养，而对师范生技术能力的培养尚处于边缘地带，明显地对未来人工智能时代教育变革的准备不够充分，其

1　2010 年，教育部高等学校教育技术学专业教学指导委员会发布《高等学校教育技术学专业教育质量标准（征求意见稿）》。

2　王永军. 中小学教师信息技术创新应用能力框架构建研究——基于 ISTE 2017 版《教育者标准》[J]. 远程教育杂志，2019（6）：50—60.

中对教育技术伦理的教育尤其缺乏重视。在学校层面，随着信息化的渗透，小学的领导者总是花费很大财力购置先进的教育技术设备，却忽视了对教师信息技术素养和技术伦理的培训。这不仅导致了年长教师与学生之间的信息代沟被拉大，教师在小学生（尤其是高年级小学生）面前的权威被削弱，也直接导致了小学教师因为伦理素养不足而在教育技术的使用中"不自觉"地违背技术伦理。在整个教师教育中，培养和培训需要涉及专业的教育理念、技术使用和技术伦理素养等内容，将教育、技术与伦理素养提升贯穿在教师职前和职中专业成长中，才能使小学教师在技术使用中自觉地遵循伦理规范。

自我涵养。小学教师技术伦理修炼在教师个体层面需要秉承终身学习理念，自我涵养，以提升教育、技术与伦理素养。教师技术伦理的自我涵养包括了理论学习与实践反思两种方式。数字化时代，小学教师的教学受到了技术发展的影响，同时，教师自身的学习方式也应得到更新。与传统的学习方式相比，教育信息化条件下的教师专业学习不再受时空限制，小学教师可以利用各种通信技术和网络资源来学习，例如在线培训、慕课、SPOC 和微格学习等。这样的学习方式不仅可以根据小学教师的个性化需求而定，教师也可以灵活选择培训时间、内容和路径等，以提升学习效果。[1] 教育技术伦理相关的理论经过教师的吸收与内化，终究还是要落脚到教学实践中去。教育技术伦理修炼还需要教师对技术实践进行反思。小学教师通过自我审视教育技术使用中的伦理问题，能深化对教育技术伦理的理解，也能规避技术伦理风险。小学教师应学会对教育实践进行自我反思，反思是教师个人的内部省察，是一种沟通内在观念思索和外部教学实践的省察。内在的观念思索决定了外部教学实践的表现，后者又是前者发生的基础。[2] 因此，小学教师应将教育技术伦理作为技术使用的基础，经常对自身技术使用的伦理性进行反

1　余胜泉.互联网＋教育：未来学校［M］.北京：电子工业出版社，2019：219–223.
2　张琪娜，吕狂飚.困境与突围：教师作为数字移民的时代挑战［J］.中国教育学刊，2019（9）：86–91.

思，以提升自我的技术伦理素养。

　　合作学习。小学教师的技术伦理素养提升还可以通过同伴互助的方式达成。对教育技术伦理及其实践开展协同研修，同事间相互学习能方便、高效地提升教师教育技术伦理素养。小学教师可以将学到的伦理素养与同事共享，与同事一起将伦理原则与技术使用联系起来切磋，实现伦理素养的提升。[1] 在现实中，小学教师很少与其他教育工作者讨论技术使用中的伦理问题，这使得教师技术伦理修炼效果受限。小学作为专业教育机构，应发挥集体的专业力量，推动和促进教师在技术伦理修炼上的合作。换言之，小学教师需要分享各自的伦理智慧，使个体的伦理智慧能够更广泛地在专业群体中交流，更普遍地在学校文化中传播[2]，从而提升教师整体的技术伦理素养。

1　檀传宝，张宁娟，吕卫华，等. 教师专业伦理基础与实践 [M]. 上海：华东师范大学出版社，2016：157.

2　Elizabeth Campbell. Challenges in Fostering Ethical Knowledge as Professionalism within Schools as Teaching Communities. *Journal of Educational Change,* 2005(3): 207–226.

第八章 小学教师的
管理伦理

在对小学生进行教育管理时，在法律规章之外，教师拥有较大的自由裁量权，这存在一定的风险。而小学教师的管理伦理对降低这类风险具有重要作用。在教育实践中，即使已有《义务教育学校管理标准》的规约，小学教师的学生管理行为仍存在诸多伦理冲突，这些伦理冲突由于经常得不到关注而成为一种"惯常"，并且在某些方面形塑着小学生的成长，影响深远。因而从学术上审视小学教师在学生管理中的伦理冲突，梳理规制伦理冲突的价值基础和具体路径，具有重要实践意义。

▎第一节　小学教师管理实践中的伦理冲突 ▎

伦理冲突是指行为主体在道德领域内，由于奉行的伦理规范和道德信念的差异而引起的矛盾和冲突。[1] 小学教师在管理学生的过程中，随时面临着利益和价值的碰撞和选择，当面对不同利益与价值诉求时，教师会陷入伦理

1　胡小英. 中小学教师教学伦理冲突的困境与抉择 [J]. 教学与管理，2016（3）：53–55.

冲突中，其学生管理行为也面临着伦理风险。在当前小学教育情景中，教师在学生管理实践中存在的伦理冲突主要有以下四个方面。

一、效率与效益的冲突

　　效率与效益作为管理过程中判断工作完成情况的重要指标，二者密切相关，但又存在一定的区别。效率通常被描述为"正确地做事"，是投入与产出之比，关注的是资源利用率，即用更少的资源转换出更多的产出。效益通常被描述为"做正确的事"，关注的是目标的达成情况，能够促进组织目标实现的活动才是有效益的。[1]这一对概念同样适用于教育领域。在小学教育教学中，效率往往是指用更少的教育资源转换出更多、更好的考试成绩等，这事实上是应试教育的表征。实践中，教育效率重点关注的学业成绩等只是学生成长的一方面，真正的教育追求的教育效益还应包括小学生学业成长的可持续性与小学生的社会性成长等。然而在应试教育情景下，小学教师习惯于通过有效的学生管理来追求立竿见影的结果即教育效率，而背离了教育的本质。学生管理的强力规训使小学生通过刷题、反复背诵等高强度训练在短时间内提高考试成绩，但这很有可能是以牺牲学生的学习兴趣、想象力和创造力为代价的。同时，这也不符合小学生的成长节律，急功近利的教育手段并不利于学生身心的健康发展。此外，由于教育资源的有限性，小学教师在学生管理中往往通过强化竞争来获得更高效率，将考试分数作为评价学生的重要标准，过度强调学生之间的竞争，从而不利于小学生的社会性成长。从上可知，小学教师在学生管理中对教育效率的推崇，能够为学生的学业成绩带来短期回报，但对其学业成长的可持续性以及社会性成长等带来了危害与冲突。

1　Stephen Robbins, Mary Coulter. *Management (Eleventh Edition)*. New York: Prentice Hall, 2012: 8.

二、统一与差异的冲突

统一指没有差别，具有一致性。学校普遍地对小学生实施统一的管理。差异指每一个小学生都是有区别的独立个体，其心智模式受到生理和家庭的共同作用。从生理上看，小学生的基因组合具有多样性，这不仅体现在性别上有男女之分，也体现在智能结构的各种组合上。智能是指多种解决问题或创造产品的能力。[1] 从家庭教育角度来看，小学生来自不同的家庭，其父母的教育观念和教养方式存在差异，这些差异会给孩子带来不同的成长影响。另外，小学生在上一年级之前，一般还接受了三四年的学前教育，这种早期的学前教育也具有差异性，宏观上体现在不同幼儿园教育观念的多样态，微观上就体现在不同的幼儿园教师对待孩子的不同方式等方面。在生理基础与家庭及早期教育的共同作用下，小学生心智的差异具有普遍性。整体观之，对小学生进行统一管理能够让学生群体共享教育资源，提高教育资源的利用效率。但在个体层面，不同心智模式的小学生对一刀切的管理模式的匹配性存在差异，仅用统一的措施难以实现全体学生的具有差异性的可持续成长。尤其是对在学习生活中处于弱势的小学生而言，其学习甚至人际交往能力都有待提高，亟须教师在学生管理中提供针对性的关怀与帮助。然而，由于小学教师学生管理的统一性及教师精力的有限性和对学生评价的片面性，小学教师无法对学生有足够的了解，难以知晓学生内心的困境，也无法敏锐地意识到学生成长的真正所需并提供最切实的帮助，因而产生了统一和差异的伦理冲突。

三、责任与利益的冲突

在公共管理伦理中，责任是指个人由于在组织中担任一定的角色而承

---

1 〔美〕霍华德·加德纳. 多元智能新视野［M］. 沈致隆，译. 北京：中国人民大学出版社，2008：7.

担起相关使命，行为者能够依据自身角色履行行为。[1] 小学教师这一职业角色需要承担起教书育人职责，包括教育责任与道德责任。利益是指人们在社会关系中表现出的不同需要，包括物质利益和精神利益、当前利益和长远利益。[2] 客观而言，小学教师具有经济人的人性成分，其进行生产活动的基本期待在较大程度上也是为了获取物质与精神利益，这与小学教师立德树人的职责与使命并不矛盾。然而为了能够完成绩效考核获取利益，小学教师的某些学生管理行为就难以避免地会与教师承担的道德和教育责任发生冲突。譬如，学校重视对教师所教学生的学业成绩的考核，以此作为重要的绩效数据。在学生管理中，小学教师为迎合绩效考核指标以获取个人利益，会使用纪律规训来提升学生的考试成绩，致使学生可自由支配的时间被压缩，缺乏社会性成长的机会，由此就形成了小学教师的利益与责任的冲突。

四、公正与绩效的冲突

公正亦称正义。在社会生活中，公正包含平等和相称两种含义，指要用同样的原则或标准去评判同一等级或者类型的人，也指所得与所付出的互相匹配。[3] 小学生作为在学校场域中接受教育的群体，是同一类型的人，因而需要得到公正的对待，拥有均衡的教育资源来获取教育机会。这与差异性并不矛盾，小学教师对学生采取差异性对待是在保障教育资源分配公正的前提下对弱者的补偿。在企业管理中，组织一般会根据绩效考核来确定员工的工作完成程度，并给予相应的报酬。在小学教师管理中，也经常遵循绩效考核的逻辑，依据考试成绩来评价学生的知识、能力和潜能等，并以此作为教育资源分配的依据，这是实际存在的教育功利主义。在考试中获得高分的同学能够有优先享受教育资源的机会，如快班模式、额外补课等。根据学生考试成

1　郭夏娟. 公共管理伦理：理论与实践［M］. 杭州：浙江大学出版社，2010：225.

2　朱贻庭. 伦理学大辞典［M］. 上海：上海辞书出版社，2011：13.

3　朱贻庭. 伦理学小辞典［M］. 上海：上海辞书出版社，2004：94-95.

绩进行座位排序亦是同一逻辑。成绩优秀的学生可以坐在前排随时与老师进行互动、交流，不喜欢学习或者学习成绩差的学生则被安排在后排或角落，这种小学生管理安排在实践中是客观存在的，在经济落后地区尤为明显。上述分层教学、指定座位等管理方式虽然能够保证精英者的学习质量，带来所谓的绩效，但是由于资源分配的不公正，不仅将继续拉开后进生与优秀学生之间的差距，而且还可能因小学教师的公正性缺失而导致全体学生社会性成长的偏差，因而构成了绩效与公正的伦理冲突。

Ｉ 第二节　规制小学教师管理伦理冲突的价值基础　Ｉ

对小学教师的学生管理伦理冲突的深层次反思，是探讨规制冲突的价值基础的思想来源。小学教师的学生管理是蕴含伦理意义的一项教育活动和管理活动，所以，应同时体现着教育性、管理性和伦理性的价值旨趣。

一、小学生管理的教育性

小学教师对学生的管理首先是一项教育活动，所以应具有教育性。宽泛地理解，教育性是指发生在人之间的善意的合理干预[1]，完整的教育性可以从积极与消极两个层面来理解。在积极层面，教育性细化为关怀性与引导性，消极层面则侧重于对人性欲望的克制。[2] 小学生管理中的教育性，首先是教师对学生的关怀。关怀是主体基于对客体的关心爱护，主动为其承担责任并付诸行动的道德情怀。[3] 小学教师的学生管理应是充满爱和智慧的过程，教

1　刘庆昌.论教育性——关于"教育是什么"新探索 [J].当代教育科学，2006（15）：3–6.

2　刘铁芳.什么是好的教育：学校教育的哲学阐释 [M].北京：高等教育出版社，2014：39.

3　檀传宝，张宁娟，吕卫华，等.教师专业伦理基础与实践 [M].上海：华东师范大学出版社，2016：89.

师对学生的关怀不仅是其职业使命，也是实现双方发展、获得幸福的有效途径。对于小学教师而言，只有发自内心地用爱去关怀学生才能肩负起教书育人的职责，才能主动去关注每一个学生，在合理分配教育资源的同时注重差异性教育，努力将教育目标落到实处。对小学生而言，其心智成长还较为脆弱，自我判断意识有限，教师的外在关怀是最好的肯定。在教师的关怀下，小学生能够获得促进自我成长的教育环境和教育资源等，这样可以增强学生对教师的信任感，小学师生间的良好纽带能够促进学生美德的形成。其次是引导性。作为教育活动，较多学者认为教育对人性的发展起到决定性的引导作用。孟子认为人没有善恶之分，就如水一般哪里有缺口就往哪里流[1]，也就是说，人性的发展需要后天教育的引导；孟子认为人性本善，但"善端"的扩充与完善需要教育的引导。[2] 在这里，小学教师承担着示范者的角色，其言行与态度等能够潜移默化地对小学生各方面产生重要影响。正如孔子所言："其身正，不令而行；其身不正，虽令不从。"合理的引导能够感动学生、激励学生，激发出学生的潜能，展现出学生的才华。消极层面的教育性针对的是人性中的野蛮冲动。个体的人性是复杂的，不仅有伦理道德中强调的对"善"的追求，也有损害他人利益和社会发展的"欲"的放纵。小学教师应通过对学生的管理，对其思想行为设立必要的否定性边界，对不符合社会发展的行为及时进行规训，让学生在自我肯定与必要否定的双向过程中能够保持自我超越的"生动姿态"。[3] 如上所述，小学生管理的教育性指向的是全体学生的全面和可持续性成长。

二、小学生管理的管理性

小学教师对学生的管理作为涉及学校正常运转的实践活动，具有管理

1 孟子.孟子［M］.沈阳：万卷出版公司，2009：146-147.

2 同1：47-48，67-68.

3 刘铁芳.什么是好的教育：学校教育的哲学阐述［M］.北京：高等教育出版社，2014：40.

活动的特征。管理是在一定社会组织中的人，为了实现既定目标而进行的协调活动[1]，其目的是通过对他人活动的控制、监督和同别人的合作，从而有效地完成组织安排的工作。[2] 所谓有效的管理，指既要讲究效率这个手段，又要顾及效益这个目的。效率是所消耗的与所实现的二者之间的比率，效益是指要达成组织的目标。从以上对有效管理的理解可以看出，判断管理活动的"好"的标准是资源的低消耗（效率）和目标的高达成（效益）[3]，即考核一个人或一项工作时，注重对事实的描述，一般以资源消耗和目标达成这两个维度作为主要的评判依据。而"管理性"指的正是对有效率和有效益的管理的追求。小学教师在学生管理过程中，如何确立教育目标、如何整合并分配有限的教育资源，来最大程度地达成教育目标，实际上是对"效益"与"效率"即"管理性"的追求。

三、小学生管理的伦理性

伦理是指社会中普遍存在的道德关系和道德规范[4]，也是调节社会，特别是人与人关系中的行为和活动的一种手段与方式。[5] 一般地，伦理性有广义和狭义之分。狭义的伦理性强调小学教师的学生管理作为一种伦理道德现象与关系体现出来的伦理特征。[6] 首先，在学生管理中小学教师与学生之间应是伦理关系。学校和班级作为小学生接受道德教育的重要场所，应是一个道

1　周三多，陈传明，鲁明泓. 管理学：原理与方法（第五版）[M]. 上海：复旦大学出版社，2009：10–11.

2　Stephen Robbins, Mary Coulter. *Management (Eleventh Edition)*. New York: Prentice Hall, 2012: 8.

3　蔡连玉. 优质教育管理的标准及其实现路径——人性假设的视角 [J]. 当代教育科学，2011（1）：33–36.

4　朱贻庭. 伦理学大辞典 [M]. 上海：上海辞书出版社，2011：14.

5　俞世伟，白燕. 规范·德性·德行——动态伦理道德体系的实践性研究 [M]. 北京：商务印书馆，2009：5.

6　金保华. 论教育管理的伦理性 [J]. 黑龙江高教研究，2012（4）：9–11.

德共同体。[1] 小学生和教师作为共同体内的重要主体，两者之间也应是伦理关系。其次，小学教师的学生管理的目标包含伦理意义。小学生无论处于低年级段还是高年级段，都是未完善的和未特定化的，有着广阔的发展空间和无穷的创造机会，因而促进他们的自由发展和全面发展是教师的职责和使命。教育作为个体的再生产方式，能够逐渐完善学生先天的生理生命和后天的价值生命。[2] 小学生作为未完善的人，教师对其管理的目标不仅涉及知识、能力等普遍性的发展，也包括伦理道德的社会性发展与完善。[3] 这对于明确小学教师的学生管理目标具有启发意义。再次，学校组织规范中包含伦理要求。人是一种社会存在物，其生存和发展离不开与他人或组织的合作。为了更有效地实现这一过程，离不开包含伦理道德因素在内的组织规范的保障。在小学这一场域中，教师对学生的管理具有较大的自主权，如何处理、分配教育资源，协调好学生、家长、学校之间的利益关系等问题都可由教师自行决定，伦理要求明确了教师需要遵循的社会基本伦理规范，这样不仅有利于教师采取符合学生人性的、有利于学生可持续成长的管理模式，也限制了教师的不道德管理行为。小学学生管理的伦理性，要求教师能在专业伦理规范约束下使道德选择伦理化，能按其所奉行的伦理道德体系自觉、能动地做出决策判断，由此可知伦理性在小学教师的学生管理中的重要意义。

上面讨论的小学教师的学生管理伦理冲突规制的价值基础——教育性、管理性和伦理性，虽然三者之间相互独立，但也存在一定的逻辑关系。小学教师的学生管理行为要具有教育性，才能有利于全体小学生全面且可持续的成长，同时也应具有管理性，追求效率与效益。教育性与管理性两者相对独立，但是两者必须都具有伦理性，对小学教师的学生管理活动而言，伦理性

1　金生鈜. 为什么要塑造学校的道德文化——学校作为一个道德共同体的再道德化思考 [J]. 西北师大学报（社会科学版），2005（4）：71–75.

2　冯建军. 生命与教育 [M]. 北京：教育科学出版社，2004：32.

3　龚天平. 追寻管理伦理：管理与伦理的双向价值解读 [M]. 北京：中国社会科学出版社，2004：51–52.

是一种"道德律令"，如果在追求教育性与管理性的过程中有违伦理性，那么这种学生管理活动就是不道德的，从而应被否定、制止。

第三节 小学教师管理伦理冲突的静态伦理规制

规制（Regulation）是指私人或公共主体依据一定的制度对特定社会中个人和特定经济主体的生产性和服务性行为进行控制和约束。[1] 规制含有两层含义，同时具有名词和动词的性质。[2] 据此可将规制分为静态规制和动态规制。静态规制聚焦于规则本身，明确规定相关组织可以做什么和不可以做什么，以及如何做等，用以限制行为主体的活动。[3] 动态规制指规则的实施和相关运行机制的构建[4]，是促进规则实施的一系列活动。随着规制理论的不断发展，规制有了更加丰富的内涵，包含了越来越多的伦理意蕴，伦理规制是一般意义上法律规制和政府规制的补充。伦理规制映射着社会中伦理实体的信念和价值追求，因此相较于外在性的法律、条例等规制，伦理规制在保证一定的社会强制力的同时，还可以通过伦理主体内在的价值理念发挥调控作用[5]，是社会强制力保证下的伦理规矩。[6]

基于对规制、伦理规制和小学生管理伦理冲突价值基础的理解，将小学教师学生管理的伦理规制分为静态伦理规制和动态伦理规制两部分。静态伦理规制将从价值旨趣即管理性、伦理性和教育性出发，结合小学教师学生

---

1 〔日〕植草益. 微观规制经济学［M］. 朱绍文，胡欣欣，等译. 北京：中国发展出版社，1992（1）.

2 龙红霞. 学术伦理及其规制研究［M］. 重庆：西南师范大学出版社，2017：20.

3 Edward J Kane. Regulation and Supervision: An Ethical Perspective. Cambridge: *NBER Working Paper*, No.13895, 2008: 1.

4 丁瑞莲. 金融发展的伦理规制［M］. 北京：中国金融出版社，2010：33.

5 同4：33–35.

6 战颖. 中国金融市场的利益冲突与伦理规制［M］. 北京：人民出版社，2005：233.

管理实践中的伦理冲突，明确小学教师学生管理中需要遵循的一般原则与规范；动态伦理规制关注将静态规范内化为小学教师学生管理的自觉行为，促进静态伦理规范的实践。针对教育实践且基于上述研究，小学教师学生管理的静态伦理规制需要明确以下四个维度的伦理规范。

一、目标维度

小学教师对学生的管理应有利于全体学生的全面和可持续发展。目标作为期望达到的结果，不仅是组织行为的出发点，也是衡量实际结果的主要标准。教育的意义在于通过形成异于质朴人性的情感、思维、信仰等的新方式来改变人性。[1] 显然，小学生作为生理和心理都未发展完备的人，教师不能把实现知识、技能传授作为唯一考量或最重要的目标，也不应将一般管理中的效率追求作为首要或唯一出发点，小学生的成长才应是学生管理的合理目标。"成长"指小学生的心理和生理都符合节律的发展。第一，全面的成长，主要包括学业成长和社会性成长，只有兼顾学业发展与社会性发展的成长才是全面的。学业发展是指学生对新知识的掌握、学习意愿和学习动机的形成、学习习惯和学习方法的培养等；社会性成长指小学生优秀道德品质的塑造以及社会能力的培育。第二，可持续性的成长，指教师对小学生的管理不应是促进学生短期内成长的割裂式管理，而应是旨在关注学生的可持续性成长。第三，指向全体学生的成长，指教师在小学生管理过程中对公平性的追求，即小学教师的学生管理行为应能促进每一位学生的全面而可持续性的成长。

二、手段维度

小学教师在学生管理过程中应对学生失范行为实施适时、适地、适度

1 〔美〕杜威.人的问题［M］.傅统先，邱椿，译.上海：上海人民出版社，1965：155.

的教育惩戒。惩戒是对不符合规范要求的行为进行否定性惩处，起到警戒作用，以防其再次发生。[1] 教育惩戒是在不损害学生身心健康的前提下，通过实施批评、处罚等手段让学生认识到自身错误并改正且具有正面效果的一种教育管理方式。[2] 作为重要的小学生管理手段，合理的惩戒能够使学生区分哪些行为是不合乎规范、不能满足社会认同的，对其思想和行为起到预防和威慑作用。为了达到教育效果，小学教师在对学生实施教育惩戒时需有理性的思考，能够在惩戒行为发生之前进行评估，避免对学生的身心发展造成不可逆的伤害。需要特别考虑的是小学这一学段学生身心发展的脆弱性，基于此，首先，惩戒应适时。小学教师需根据具体情景选择合适的时机对学生进行惩戒，令其意识到自己的错误行为及其带来的不良后果，将不良后果的危害程度降到最低。其次，惩戒应适地。学生与教师一样具有同等的人格尊严，希望得到他人的尊重，因而小学教师在惩戒学生时应注意场合，使学生的隐私得到保护、自尊心受到尊重。再次，惩戒应适度。过强的惩戒具有破坏力，易抑制学生的个性化发展，过弱的惩戒则起不到教育效果，因此教师应根据小学生的个性特征和心理承受能力以及失范行为的具体情况，确定合理的教育惩戒力度。

三、起点维度

小学教师在学生管理过程中应注重学生个体差异性。学生个体的差异是小学教师学生管理行为选择的重要起点。由于学生个体生理基础和前期教育不一致，小学生之间的智力、能力、兴趣偏好和思维模式等都存在不同程度的差异，这些差异导致每一位学生都是拥有不同心智模式的个体。小学教师应立足学生的差异性，在与学生的互动中充分了解每位学生的心智特性，理

1　劳凯声.变革社会中的教育权与受教育权：教育法学基本问题研究 [M]. 北京：教育科学出版社，2003：375.

2　向葵花.重新审视惩戒教育 [J]. 中国教育学刊，2004（2）：27–28，32.

解学生行为的动机，以专业知识为依托，恰当地理解学生发展的差异化内在需求，有的放矢地实施有针对性的学生管理。对于处境不利的学生，特别是学习能力、心理素质等低于平均水平的学生，小学教师应投入更多的时间精力，在学生管理过程中设计具有针对性的有效方案，及时给予帮助与补偿。

四、过程维度

小学教师在学生管理过程中应公正地分配教育资源。公正作为人类古老的道德观念之一，是实现人类自身利益、自身存在与发展目的的要求，是管理活动中的基本价值追求[1]，从而成为小学教师进行学生管理的重要伦理规范。小学教师在学生管理中公正地分配教育资源，指学生能够有公平获得教育资源的机会，学生学业成绩等显性成果不应成为其获得资源的前提。这一规范要求学校中的每位学生都拥有公平的获取教育资源的机会，努力使所有学生的学习需求都能得到满足。这是小学教师公正配置教育资源带来的直接效果。在间接影响方面，小学教师的资源配置公正能够成为一种示范，潜移默化地对学生产生正面影响，使学生能够把公正作为自己人生中自觉遵循的价值观。

▎第四节　小学教师管理伦理冲突的动态伦理规制 ▎

静态伦理规制和动态伦理规制是规制体系中相互联系的有机整体。静态伦理规制是基础，只有制定了学生管理的伦理规范，小学教师的学生管理行为才有"章"可循，而动态伦理规制是对静态伦理规制的落实。基于上文探讨的价值基础，针对实践中的伦理冲突，小学教师学生管理伦理冲突的动态

1　高兆明. 管理伦理导论 [M]. 上海：复旦大学出版社，1989：83–84.

规制可有如下路径。

一、弱化小学教育价值追求中的功利性

　　小学学校文化是全体学校成员在长期实践中积淀创造、得到普遍认同并遵循的价值取向和思维方式，以及在这些思想观念影响下学校成员的态度、行为方式等的总和。[1]学校文化以其独特的氛围影响、规范着学校师生的言行。精神层面是学校文化的核心，其中具有决定性作用的是学校的价值观和信念，即价值追求，它涉及学校的定位及其规划、培养什么人以及如何培养等重大问题。学校的价值追求作为一种文化环境对教师的管理行为产生重要影响。在当前小学教育实践中，学校价值追求中含有较重的功利主义倾向，即过分追求学生（特别是中高年级学生）的学业成绩，各利益相关者均过度追求学生考试成绩以获取更多、更优的资源。这是应试教育背景下社会给予学校的高期待、高要求及教育资源有限性导致的效率崇拜现象。在如此功利主义的价值追求导向下，小学教师在管理学生时难以避免地陷入简单的效率思维中，为了达成"高分率"等成绩效率指标而使出浑身解数，通过出台、实施各种班级内学生管理正式制度和非正式制度，追求功利性目标，而忽视了学生社会性成长和全体学生的可持续成长。这种价值追求会引发小学教师在学生管理中的伦理问题。学校应弱化价值追求中的功利性，将全体小学生的可持续性成长作为办学的首要目标。在这一价值追求引导下，小学教师才能够在良好的学校文化氛围中合乎伦理地管理学生。

二、放松小学绩效管理制度的管控作用

　　现阶段小学普遍实施以绩效工资为基础的绩效管理制度。绩效工资是

1　石欧.学校文化学引论［M］.北京：气象出版社，1995：21-22.

指学校根据教师实际工作表现和工作业绩发放工资的薪酬制度。绩效考核是绩效工资发放、考核评优和职称晋升的基础。为了提高管理效率，实现绩效目标，学校绩效制度起着严格的管理控制作用。首先体现在学生学业成绩上。学校普遍地较为注重学生的学业成绩，相关部门通过统计学生成绩来判断小学教师的教学成效，并以此作为绩效发放和评优晋升的重要依据。一般地，学生考试成绩高的小学教师能在绩效分配中占有优势，从而使其他教师产生绩效压力。在严格的绩效考核压力下，小学教师往往会向绩效考核标准看齐，以绩效标准来制定自己的工作目标。这就导致小学教师在学生管理过程中过分追求学生的学业成绩，而忽视自身道德责任的履行。譬如，为了保障学生的高分率，教师往往会忽视管理过程中的公平性，更加关注成绩排位靠前的同学，倾向优先将资源分配给这些学生，而忽略后进生。基于上述原因，为了缓解小学教师学生管理的伦理冲突，学校应放松绩效制度的管控作用。一是调整绩效考核指标。学校应在广泛听取教师意见的基础上调整绩效考核指标，放松对学生学业成绩的量化评价，从而达到放松对教师绩效管控的效果，使小学教师在学生管理中能够投入更多的时间、精力到学生的社会性成长上来。二是限制绩效考核结果的应用。教育绩效与公司、企业的产品（服务）绩效大为不同，教育绩效主要体现在全体学生的成长上，而这种绩效的展现具有滞后性和发散性，因而像公司、企业一样，在学校广泛应用绩效考核结果来分配资源不具有合理性。而且，也只有限制了绩效考核结果的应用，才能给小学教师更多展现专业理性和专业自觉的空间，使其在学生管理中更好地遵循伦理规范。

三、培育小学教师差异化学生管理意识

当前小学普遍采用班级制，将同一班级中的学生整合为一个整体。为了统一管理，有效地开展管理工作，小学教师往往从整体角度用同一种标准来要求每一位学生，对学生的评价也较为单一和片面。然而小学生都是独立的

个体，完全统一化的管理无法满足个体发展所需，因而需要注重学生的个体差异性。小学教师实现学生差异化管理的基础是对学生状况的充分了解，只有把握住每位学生的发展特征，才能通过差异化管理实现学生潜力的最大程度地发挥。为了更加全面、及时地了解每位差异化成长的学生，小学教师应对学生实施多元、多维和多种方法的评价。当前的小学教育实践中，教师的学生管理的差异化意识较为薄弱，故学校应通过多种方式培育教师的学生管理的差异化意识。只有小学教师强化了差异化学生管理的意识，在对学生实施多元评价的基础上，其学生管理才不会局限于大规模的统一管理，而是立足于学生的个体差异性，根据学生的个体需求实施具有一定针对性的管理措施，使全体学生能够在教师的指引下获得全面而可持续的成长。

第九章　小学教师的
　　　　　关系伦理

　　　　　　小学教师的关系伦理是小学教师伦理的重要组成部分，
　　　因小学教师职业的专业性和角色的特殊性，其主要特征除复
　　　杂性、多样性以外，还具有制度性与长期性、双向性与互动
　　　性的特点。在小学教师的教育劳动过程中，主要的人际关系
　　　大致可分为师生关系、同侪关系、家校关系三种类型。融入
　　　德化的伦理精神、构建和谐的人际关系对小学教师的专业
　　　发展有重要作用，同时，还间接影响着小学生的身心发展、
　　　学业成绩，以及良好人格养成等，具有超越和发展的长远
　　　价值。

▌第一节　关系伦理的研究与实践▌

一、小学教师关系伦理概述

（一）关系

　　《大辞海·语词卷》中将关系解释为"人和人或人和事物之间的某种性
质的联系"。如：军民关系、亲戚关系、社会关系等。在日常生活中，人们

谈论的关系通常指人际关系，即上述的人与人之间的联系。《中国大百科全书·心理学》中对人际关系的解释为"人们为了得到满足和各种需要在其共同活动中建立起来的心理关系"。马斯洛在人际交往理论中指出，交往的需要在整个需要体系中处于中间位置。[1] 俞国良和郑全全认为，人际关系指社会网络中所有的人与他人之间的联系及人与人关系的一切层面。[2] 因此，人际关系的发展与个体所获需要的满足程度有关，人正是在与社会中其他个体不断产生联系的过程中实现自我发展与价值的。从关系的形式化程度来看，可将其分为正式关系和非正式关系，非正式关系在生活中更为常见。现代管理理论的奠基人巴纳德指出，即使在正式的组织中，个体仍然是社会人。可见，社会是人的社会，由无数个体组成，人存在和生活于社会之中，无时无刻不处在与社会其他个体的交往和错综复杂的关系中。20世纪30年代以来，在政治学、社会学、经济学及管理学等众多学科中，关系的非正式性越来越受到重视，其内涵在中西方有所不同，西方用 guanxi（relationship）一词来描述中国式的关系。[3]

（二）关系伦理

从我国的词源意义上看，"伦"即辈、类，"理"即道理、条理，二者结合为伦理一词，指人与人相处的各种道德准则（《汉语大字典》）。伦理一词在中国最早见于典籍《礼记·乐记》："乐者，通伦理者也。"此处主要指人伦之理，伦理即人际关系及其调整的客观规则。[4] 在美国《韦氏大辞典》中，将伦理定义为一门探讨什么是好什么是坏，以及讨论道德责任与义务的学科。因此，所谓关系伦理，则应包含人与人、人与社会、人与自然的相互联系中应遵循的道理与准则。相应的法则和规范依据所处领域和指向的不同而有所差异，例如：生产劳动中的关系伦理、医学关系伦理、亲属关系伦理、

1　历彦军.马斯洛人际关系和谐理论思想初探 [J].南华大学学报（社会科学版），2008（3）：84-86.
2　郑全全，俞国良.人际关系心理学 [M].北京：人民教育出版社，1999：113.
3　张兵.关系、网络与知识流动 [M].北京：中国社会科学出版社，2014：1-8.
4　檀传宝.教师伦理学专题——教育伦理范畴研究 [M].北京：北京师范大学出版社，2010：4.

网络社会关系伦理等。本章节重点对小学教师的关系伦理进行阐述与探讨。

（三）小学教师关系伦理

小学教师关系即小学教师在教育劳动中的人际关系，因其职业的专业性与角色的特殊性，决定了小学教师关系具有复杂性、多样性与层级性的特点。在学校的教育教学过程中，小学教师的人际关系主要包括教师与学生的关系、教师与家长的关系、同级教师之间的关系、教师与学校领导的关系等。据此，小学教师的关系伦理指向小学教师在日常教育劳动中，处理以上这些关系时所应遵循的准则和规范。这些具有伦理特质的准则和规范蕴含着对小学教师职业素养、专业能力、个人操守等多方面的要求，充满人际伦理精神的光辉。

二、小学教师在教育劳动中的主要关系

（一）师生关系

《简明教育辞典》中对师生关系的解释为：教师和学生在教育教学过程中结成的相互关系，包括彼此所处的地位、作用和相互对待的关系等。[1] 我国学校的师生关系是一种新型师生关系，是教师教育劳动中最主要的人际关系。师生关系同其他社会关系一样，直接受社会历史条件的制约，随时间、地点、条件的变化而不断变化。如历次教育思潮几乎无不提到师生关系问题，并给以重新诠释。[2] 师生关系的价值取向历经了"教师中心""学生中心""双主体论"以及"人本主义"观念的重重变革，在整个过程中，人性逐渐受到了尊重。教育活动"是人对人的主体间的灵肉交流活动"[3]。现代教育强调的师生关系具有更为突出的伦理性，即蕴含对象性关怀的人性色彩。杜威指出，教师须以学生为中心来组织活动，并以平等身份参与其中，

1　周德昌.简明教育辞典［M］.广州：广东高等教育出版社，1992：51.

2　陆有铨.躁动的百年——20 世纪的教育历程［M］.济南：山东教育出版社，1997：180.

3　〔德〕雅斯贝尔斯.什么是教育［M］.邹进，译.北京：生活·读书·新知三联书店，1991：3.

师生双方愈不觉得一方在那里教，所得的结果愈好。[1]教师所起的功效有如"助产婆"所达到的效果。杜威认为，"如果家长或教师提出他们'自己的'目的，作为儿童生长的目标，这和农民不顾环境提出一个农事理想同样荒谬"[2]。总之，"学生是中心、是起点、是目的"[3]，"教师应为促进者、帮助者、辅助者、合作者等角色"[4]。伦理性是师生关系的早期属性和关键属性，"一日为师，终身为父"正是一种典型体现。所谓师生关系伦理，指师生在课堂实践中建立的伦理关系，以及处理这些关系的伦理原则和规范。小学阶段师生之间的伦理关系是师生在一定的教育原则下应承担的责任和义务，这是社会普遍的伦理要求。换言之，它规定了在互动过程中师生这两个角色应具有的思想、情感和行为，其相互关系则内含人与人、生命与生命相互呼应的伦理色彩。师生关系伦理，实质上涉及伦理道德意义上的彼此尊重、关怀及情感联系。师生关系的伦理性应是对彼此的真正尊重，而非单纯形式上的互相恭维。[5]故强调小学阶段师生关系的伦理性具有重要意义。

（二）同侪关系

同侪，指与自己在年龄、地位、兴趣等方面相近的平辈。在小学校园环境中，教师的同侪关系主要指向管理者与被管理者、教师之间。同侪群体在一起可能会形成两种不同的结果。第一，表现为同侪间的互助关系。小学教师的同侪互助指由两名或以上的教师同事共同参与教育教学工作，反馈当前的实践，发展并形成新的技能，分享想法，开展课堂研究，解决工作中的问题。[6]同侪互助有多种形式，如听评课互助、结对互助等，并具有以下特征：

---

1 王天一，等.外国教育史（下）[M].北京：北京师范大学出版社，1985：161.

2 吴杰.外国现代主要教育流派[M].长春：吉林教育出版社，1989：67.

3 〔美〕杜威.民主主义与教育[M].华东师范大学、杭州大学教育系，编译.现代西方资产阶级教育思想流派论著选.北京：人民教育出版社，1983：42.

4 万云英，等.当代国外教学流派[M].武汉：湖北教育出版社，1989：13.

5 周桂英，王雪.从教学的伦理性谈师生伦理关系的创建[J].教书育人，2006（11）：27-28.

6 杨超，夏惠贤.同伴指导——教师自我培训的新模式[J].外国中小学教育，2005（5）：28-32，27.

（1）自愿性。互助同侪属于非正式群体，由小学教师自愿组成，因情感而维系。（2）同一性。互助同侪彼此一同商定工作的目标、方法、程序等，在工作的多方面具有趋同的观点和意愿。（3）发展性。互助同侪以学习与分享知识为主要路径，促进成员的专业发展。第二，表现为同侪间的竞争关系。引用《中国大百科全书》中对竞争的一种解释，即指人与人、群体与群体之间争夺一个共同目标。其发生需具备以下条件：（1）对同一目标的争夺，若目标不同便不会形成竞争；（2）追求的目标须是较稀少的，有人夺取就意味着其他人失去机会；（3）竞争者间互相排斥，但不敌对，其目的在于达到目标而不是毁灭对方；（4）竞争是理性的，按照一定社会规范进行。同侪竞争的积极作用在于有助于促进人类从事生产及获得社会活动的积极性，消极作用则在于可能扩大个人、团体之间的社会差距。小学教师的同侪竞争关系隶属广义的人际关系范畴，大多发生在同级教师之间，主要体现在扮演同事角色时，为了争夺同一目标而产生的特殊人际关系。按所属性质的不同可将其分为积极的良性竞争和异化的恶意竞争，前者为社会与学校所期待并蕴含丰富的伦理属性。小学教师同侪关系的伦理性贯穿于互助合作和良性竞争的整个过程，形成一种积极的情感氛围，无形中起着规避同侪交往中那些违背德行的不良现象的作用。这也给和谐同侪交往搭建起了一座伦理精神的桥梁。

（三）家校关系

家庭与学校是学生最主要的两个生活世界，学生的健康成长不仅需要发挥家庭和学校各自的独特影响，还需实现这两个生活世界的沟通与协调。[1]家校关系指学校与家庭间的关系，具体表现为学校教师与学生家长在为实现共同的教育目标的过程中产生的心理互动、语言交流和行为趋向。[2]苏霍姆林斯基曾说："没有家庭教育的学校教育和没有学校教育的家庭教育，都不

1 黄河清，马恒懿. 家校合作价值论新探［J］. 华东师范大学学报（教育科学版），2011（4）：23–29.

2 丁钧. 浅谈良好家校关系建立的时机与方法［J］. 新课程研究（中旬刊），2009（12）：155–156.

可能完成培养人这样一个极其细微的任务。"可见，家庭教育与学校教育在促进学生的发展中密不可分，互为补充。和谐的家校关系能够整合家庭教育和学校教育的资源，对小学生的成长具有重要作用。学校需要通过开展多样的家校共育的校园活动，以拉近彼此的距离，力图建构和谐的家校关系，为学生的健康成长奠定基础。《国家中长期教育改革和发展规划纲要》（2010年—2020年）指出："坚持立德树人，把社会主义核心价值体系融入国民教育全过程。培养社会主义合格公民。把德育渗透于教育教学的各个环节，贯穿于学校教育、家庭教育和社会教育的各个方面，增强德育工作的针对性和实效性。"2016年9月，中国学生发展核心素养研究成果正式发布，提出"中国学生发展核心素养以培养'全面发展的人'为核心，分为文化基础、自主发展、社会参与三个方面核心素养"，强调社会参与是学生核心素养的发展方向之一，也明确了家庭教育与学校教育相结合的必要性。家校伦理关系的建构是一项伟大的教育合力工程，其中的伦理精神指引着家校合作过程中双方的"维他性"[1]，以此能够客观地看待教育责任归属问题，并主动地承担"应尽之责"共促学生发展。

三、小学教师关系伦理的主要特点

小学教师的学校教育过程在本质上属于一种劳动过程，因此，其人际间的伦理关系自然而然地带有劳动关系的属性。小学教师职业的特殊性和劳动对象的多样性，决定了其劳动关系的复杂性和丰富性。除此之外，小学教师的关系伦理还具有以下几方面的主要特征。

（一）制度性与长期性

小学教师在教育劳动中的关系伦理具有制度性和长期性的特点。所谓

---

1 笔者将"维他性"定义为：能主动地站在对方的角度设身处地为他人着想，这是一种理想化的、较高的要求。

制度性，是指教师的人际关系由于教师角色和教育制度的规定性决定着其具有不可选择性。[1]生活中，人际关系包含的种类繁多，例如亲子关系、师生关系、朋友关系、同事关系、上下级关系等。这些关系中，有些是可选择的，如朋友关系，若在交友过程中，发现与某人相处不融洽，我们则有敬而远之、另寻他友的权利。但小学教师面对的交往对象如学生、同事、家长、学校领导等都会受到学校制度的约束，伦理关系建立在此基础上，便具有制度和职业角色的规定色彩，不可随意解除。所谓长期性，则指小学教师与交往对象相处的时间跨度较长。教师关系中的伦理精神贯穿于整个关系伦理的发展过程中，经长期沉淀最终形成一个较为稳定的模式，如师生伦理从"天伦"发展为"人伦"。[2]小学教师人际关系的长期性和制度性的特征，决定了小学教育阶段中教师关系伦理的重要性与严肃性。

（二）双向性与互动性

小学教师在教育劳动中的关系伦理具有双向性和互动性的特点。所谓双向性，与交往过程本身相关，交往需要建立在多主体的基础上，小学教师的人际交往也不例外，因此，双向性是小学教师关系伦理的必要属性。所谓互动性，指小学教师在学校环境中面临的人际交往是动态、双向的反馈过程。在小学教师的关系伦理中，最主要的一伦是师生关系。互动性是师生关系伦理发生作用的重要机制，建立在伦理框架下的师生双向互动是现代教育的要求。具体体现为学生能得到教师积极的评价、教师能得到学生积极的回应。学生积极回应教师是尊重教师、尊重教师劳动的外在体现，而得到学生积极回应的前提是教师对学生的热爱，以及对教育工作的热情。双向性和互动性要求小学教师在交往中秉持伦理性原则，即用真诚的情感去进行沟通与交流，在交往过程中，双方均为具有平等人格的主体，只有做到互相关心与包

---

1 檀传宝.走向新师德——师德现状与教师专业道德建设研究 [M]. 北京：北京师范大学出版社，2009：8.

2 "天伦"强调自然的血缘"亲"情，如"天地君亲师"将"师"归为五天伦之一；"人伦"注重非血缘的社会规范。

容才能建立和谐的师生伦理关系，这也对小学教师的师德修养提出了更高的要求。

四、三类关系伦理的教育实践

（一）师生关系的伦理影响

1. 和谐师生关系与学生社会性发展

小学生年龄较小，在学校中，教师对其具有"互动性重要他人"的存在意义。[1] 师生关系是否融洽对小学生个性、社会性的发展都会产生相应影响。亲密的师生关系与小学生的亲社会行为显著相关，表现为同伴接纳等积极行为；依赖的师生关系与小学生的孤独行为和消极的学校态度较高相关，表现为个性孤僻，不愿与同伴交往；冲突的师生关系与反社会行为有较强联系，表现为同伴拒绝、同伴冲突等消极行为。[2] 因此，师生关系的内在伦理性影响着小学生的人际交往状况，丰富其交往经验与情感体验，良好的师生情谊有助于儿童的健康成长，形成积极的人格特征。

2. 和谐师生关系与学生学校适应性

教学实践证明，师生关系和谐与否直接影响小学生的学校适应性。亲密的师生关系使儿童具有积极的学校态度、班级参与及学业能力，反之则引起消极的学校适应。[3] 教师的品行、对待学生的态度和方式，以及对学生的评价等是影响师生关系的主要因素。教师是儿童的"重要他人"，小学阶段儿童的自我评价一定程度上依赖他人的评价，教师评价对儿童的发展具有重要意义。教师的消极评价极可能使得学生产生负面的自我评价，还会引起同学对其的消极评价，这严重地影响了学生对学校的态度、课堂参与度以及学习兴趣，进而影响其学校适应性。

1　刘慧，李敏. 小学生品德发展与道德教育［M］. 北京：高等教育出版社，2015：147.

2　同1：145.

3　徐猛. 小学师生关系研究综述［J］. 天津市教科院学报，2012（3）：66-69.

3. 和谐师生关系与学生的学业成绩

著名的罗森塔尔和雅各布森实验证实：教师对学生的友善、亲近和期望对学生的智力发展、学业成绩等都有十分明显和积极的影响。[1] 获得优秀学业成绩的前提是构建和谐的师生关系，有更积极师生关系的小学生，学业表现更好[2]，那些回避教师、与教师存在冲突的学生，学业表现较差，单一的评价标准也加重了这种恶性循环。由于部分教师对优秀学生的偏爱和对所谓后进生的忽视，使后进生产生反抗心理，往往会强化其"捣乱"的倾向[3]，从而影响教育活动的顺利开展，这使得其难以建立积极的师生关系，进而影响学业成绩。因此，教师应当对学校适应较差、学业表现较差的小学生给予更多的关注和耐心，尽可能承担"替代父母"[4]之职，理解学生的个体差异，用富有伦理性的爱与同情构建和谐的师生关系。

（二）同侪关系的伦理影响

1. 同侪积极评价有助于小学教师自信的形成

自我价值与自我接受是自信的前提基础。自我价值是对自己的感觉、态度、认识和评价，自我接受是个体对自身具有基本的认可，个体通常通过与人交往来明确自己的角色和地位。马斯洛的需要层次理论认为，心理健康的需要是人的基本需要，其得以充分实现的途径是交往。同侪关系不和谐，小学教师就难以在交往中表现自己，也难以得到他人的认可与积极的评价，进而自信也会随之减少。因此，自信的丧失一定程度上源于没有归属感。和谐的同侪关系能使小学教师形成对自身的认可和自信，积极地与人相处，以此形成良性循环。

1　檀传宝，张宁娟，吕卫华，等. 教师专业伦理基础与实践［M］. 上海：华东师范大学出版社，2016：100.

2　王耘，王晓华. 小学生的师生关系特点与学生因素的关系研究［J］. 心理发展与教育，2002（3）：18–22.

3　檀传宝. 教师伦理学专题——教育伦理范畴研究［M］. 北京：北京师范大学出版社，2010：54.

4　刘慧，李敏. 小学生品德发展与道德教育［M］. 北京：高等教育出版社，2015：147.

2. 同侪互助有利于小学教师专业能力的发展

根据加德纳的多元智能理论，小学教师的智力结构与擅长领域不同，教师团结互助，有利于发挥每名教师的专长，确保教学任务的顺利完成。同时，教师合作文化能提升初任教师的专业技能，同侪关系对其专业发展的影响主要体现在教师文化上。哈格里夫斯（Hargreaves）曾将教师文化分为四种形态：个人主义教师文化、派别主义教师文化、自然合作文化和人为合作文化。[1] 前两者具有封闭性、保守性，不利于教师专业发展。[2] 后两者具有开放性、创新性，有利于教师创造性的发展。在合作的教师文化下，初任教师更易获得有经验教师的指导。师徒模式就是在合作的教师文化中运作的。[3] 初任教师成长为熟手教师的过程，实际上是在外部协助下完成自身经验积累和角色转化的过程。[4] 同侪互助中熟手教师对初任教师的教学行为进行指导，初任教师据此再实践，乃至不断反思、实践、再反思、再实践，快速提升自己的专业水平。

3. 同侪融洽有利于小学生全面、健康的发展

小学教师之间的关系，既是简单的同事关系，又是复杂社会关系中的一种特殊形式。教师是教育教学任务的实施者，直接承担着教书育人的工作，是学生美好心灵的塑造者。"教师之间的人际矛盾，会直接或间接地对学生发生影响。教师集体中的道德面貌如何，是决定教育是否成功的重要因素之一。"[5] 可见，教师之间的人际关系影响着学生的健康成长。良好的教师关系有利于更好地发挥育人功能、形成教育合力，为小学生营造和谐的学习和生

---

1 马玉宾，熊梅. 教师文化的变革与教师合作文化的重建 [J]. 东北师大学报（哲学社会科学版），2007（4）：148-154.

2 田亚妮. 以教师文化促进教师专业发展的理论与实践研究 [D]. 西安：陕西师范大学，2006.

3 赵昌木. 创建合作教师文化：师徒教师教育模式的运作与实施 [J]. 教师教育研究，2004（4）：46-49，20.

4 操太圣，李斐. 绩效工资制度下新任教师专业发展的困境与突破 [J]. 教育发展研究，2011，33（10）：1-5.

5 王正平. 教育伦理学 [M]. 上海：上海人民出版社，1988：123.

活环境，促进其发展，形成积极的价值观及健全的人格。同时，小学教师间的相处模式会在潜移默化中影响着学生间良好关系的形成和乐观情绪的建立。小学生在同伴交往的过程中，由于自身的"模仿"特性，会自然而然地借鉴教师人际交往时的态度和方式。因此，构建教师和谐的人际关系，具有重要意义。

（三）家校关系的伦理影响

1. 家长支持与合理期望助力教师专业自信

小学教师在初任阶段能否处理好与家长的关系，是其建立专业自信和认同的重要因素。教师在自我评价时会频繁地进行外部参照，依据之一就是家长的信任和认可。[1] 一方面，教师对学生的态度是良好家校关系形成的决定因素，也是家校合作的感情基础。[2] 小学教师以其责任心感染家长，获得其信任，这种情感支持能形成教师对自身的正面评价，增强专业自信和认同。另一方面，家长的支持也是教师专业发展的催化剂。家校合作不仅能有效减轻小学教师工作的负担，更有利于教师实现某些教育设想。此外，家长的期望是小学教师专业发展的外部动力，鞭策其提升专业能力。家长的期望往往更注重教师的显性能力，如教学实施能力、语言表达能力、精神抚慰能力、行为理解能力、随机应变能力、纪律约束能力、沟通合作能力等。[3] 家长合理、恰当的期待会促使教师专业能力的提升，但若期望过高，则会使教师产生心理负担，降低专业自信。

2. 良好的家校关系是学生健康成长的保障

良好的家校关系能有效地沟通学生在家和在校的两个生活世界，实现教育在时空上的衔接和拓展。[4] 首先，良好的家校关系能促进学生品德和人文素养

1　胡福贞. 幼儿教师自我评价研究 [M]. 北京：教育科学出版社，2008：181.

2　周若冰. 家园合作共育新模式的探索 [J]. 学前教育研究，2005（10）：62-64.

3　赵菲. 家长对幼儿教师专业能力的期待研究 [D]. 重庆：西南大学，2011：30.

4　黄河清，马恒懿. 家校合作价值论新探 [J]. 华东师范大学学报（教育科学版），2011（4）：23-29.

的发展。教育是培养人适应社会生活的系统工作,道德教育的中心任务体现在规范人的行为、塑造人格、培养高尚情操和健全心理素质等方面。在德育工作中,学校充分关注家校合作,有利于更好地实现学生品德素养的提升。其次,家校关系的和谐氛围有助于构建小学生积极的同伴关系。在学校教育中,家校关系所形成的和谐氛围会对小学生产生潜移默化的隐性影响,家校应对这种"隐性课程"予以重视,共同为学生营造一个安全、自由的交往氛围,使其能与同伴积极交往,促进学生社会性的发展。

3. 和谐的家校关系是家校双方共同的追求

对家庭来说,良好的家校关系能有效推动家庭教育观念的更新,为孩子的成长提供帮助。在传统的教育观念中,家长认为家庭只需负责孩子的养育即可,教育则由学校负责,这种教养分离的教育观念已无法适应目前教育环境的要求。[1] 良好的家校关系能够使家长树立正确、科学的教育观,保障学生的健康成长。[2] 对学校来说,和谐家校关系促使学校成为高效的育人场所。家庭教育是学校教育的基础,与家长保持良性互动关系,是学校德育的必要工作,更是促进小学生健康成长的有效路径。故此,家校均需树立合作共赢、家校共育的现代教育理念,并落实到具体行动中,以此实现教育效果的最大化。

总之,家校合作可以优化教育环境,提升教学质量,丰富教育资源和途径。学校重视积极的家校关系,学生便会更享受学校生活。可以预见,在拥有强大的家庭参与并建立良好家校合作关系的学校中,教师的工作认同感和幸福感会更强,进而能够取得更高的教育成就。

---

1 彭茜,郭凯.家校合作的障碍及其应对 [J].教育科学,2001(4):28-30.
2 高来菊.营造和谐教育环境,构建良性家校关系 [J].中国校外教育,2012(26):19.

▌ 第二节　师生关系伦理 ▌

一、师生关系伦理对小学教育教学影响的具体表现

师生关系是小学生社会化的重要内容，反映了其社会适应和交往能力，并影响其学业成绩和学校表现。[1] 良好的师生关系鼓励小学生养成积极的学校态度，建立和谐的同伴关系，发展良好的人格特质，形成较强的社会适应能力。不良的师生关系则使小学生产生孤独感，疏远老师和同学，甚至产生攻击性行为，对其学业造成影响，导致辍学或心理障碍。

（一）师生关系的伦理期待

1. 正确的角色定位，师与生双向尊重

在小学的日常教育实践中，课堂教学活动不仅应由教师主导，还应以学生为主体进行设计，应遵循学生主体、教师主导、师生相互尊重的原则，建立和谐的师生关系。

"经师"与"人师"角色的统整。所谓为师之道，自古有"经师"和"人师"一说。经师，指学有专长，饱读经史，能授人一技之长的合格教师。人师，除拥有高深学问外，还需具有高尚的道德风范，足为楷模。教书育人，始于育人，这是师道的高标准，也是经师和人师共同的出发点。正所谓"言传""身教"，人师以自身的人格魅力影响学生的人格，并以独有的德、才、情间接地给予学生深刻且长远的影响。"经师易得，人师难求"，经师和人师虽有层次高低之分，但并不对立。在现代教育理念中，小学教师应肯定掌握专业知识和技能的重要性，并将人师应具备的标准作为自己的职业追求。

人格平等与尊重差异。师生关系应是双向尊重的人与人的关系。尊重蕴含着尊重自己和他人，被尊重蕴含着尊重他人的同时也得到别人的尊重。[2]

1　刘慧，李敏. 小学生品德发展与道德教育 [M]. 北京：高等教育出版社，2015：143.

2　杨颖秀. 从教育权与受教育权看师生关系 [J]. 中国教育学刊，2004（1）：24-27.

师生相互尊重的前提是双方在人格上的平等。虽然教师"闻道在先，术业专攻"，在知识、能力、地位上具有一定的权威，但双方作为"人"的地位是相同的，承认对方人格的独立性和具有平等价值是尊重的前提。由于小学生年龄较小，尚未形成稳定的人格，在双向尊重方面，教师需承担更大的责任。首先，学生个体存在差异，教师应了解不同学生的特点；其次，学生是有情感的主体，教师应顾及学生的自尊和感受；再次，学生是不断发展中的人，教师应明晰学生当前的不足，有针对性地促进学生成长；最后，学生是复杂的生命体，教师不应使用某一固定标准来衡量学生。

2. 积极的双向交往，以达成良性沟通

社会的发展在于人与人的交往。[1] 师生本质均为人，良性沟通是师生交往的桥梁。沟通的实质需要建立在双向交往的基础上，这就需要双方达成共识，朝着一致的方向付诸行动。

课堂教学是师生沟通的主要途径。在学校场域中，师生主要的沟通途径是课堂教学，课堂上，不应仅由教师向学生传授知识，学生也需积极参与其中给予教师回应与反馈，在双向沟通的基础上，充分促进学生各方面素质的提升及良好关系的建立。课堂教学是一个以学生为认知、实践、发展主体的特殊实践过程，同时也是师生、生生人际沟通和交往的过程。[2] 沟通是维护和谐师生关系的主要形式，也是了解学生最有效的途径。及时沟通能最直接地了解学生的个性和真实的想法，发现问题并找到解决策略，以此维持师生关系的良性发展。真正的沟通是教师全身心地投入到学生的生活中去进行对话，而不是流于形式的伪交流。

归龄沟通，缩减距离。陶行知先生曾说："我们必须会变成小孩子，才

1　毕世响. 师生关系：以教学为交往实践的特指关系——亲缘伦理关系、契约伦理关系和人的关系 [J]. 上海教育科研，2009（8）：25–27，46.

2　郜海霞. 刍议小学课堂教学中师生关系的发展和构建趋势 [J]. 中国校外教育旬刊，2016（20）：49，56.

配做小孩子的先生。"[1] 小学教师要始终拥有一颗童心，学会随时转变角色，用大爱陪伴孩子成长。与学生交流的主要目的是缩短彼此的心理距离，以便了解他们并与其建立更亲密的关系。沟通过程中，可以采用"归龄"的方式，即想象自己的年龄与小学生相仿，与之进行交流，这也体现了平等的交往过程。将学生视为"成人"进行平等交流，这并不意味着将其看成真正的成人，而是主张人格上的平等。基于人格平等的交流是民主型师生关系的一种表现。同样，将自己视为"孩子"来进行交流，也不是在年龄意义上成为孩子，而是交往地位平等。正如我们所说的"蹲下来和孩子说话"[2]，寻求的是某种身份上的平等，并在平等的基础上进行交流。

频繁沟通，发展感情。沟通交往需要经历一个长期的过程，小学生的身心处在不断发展中，需要教师通过持续的沟通了解学生，增进彼此的感情。反复交流包括针对一件事情或一个问题与学生进行多次沟通。面对不断犯错的学生，部分教师会采取惩罚措施，但无意义的惩罚并不能从根本上解决问题，这就需要教师与其进行频繁沟通去了解具体原因。这种沟通可以使教师与学生建立起"革命"的战友关系，拉近心理距离，让其体会到教师的关心从而愿意吐露心声，教师以此帮助其改正错误，增进彼此情感。教师要在某些具有教育意义的问题上反复交流，通过对典型事件的关注，使学生明辨是非，形成积极的道德观念与价值观。

3. 温暖的一视同仁，公正的道德依据

教师公正是专业素养的突出体现。"公正"是现代教师德育素养中的重要一环，师生关系的异化来自教师对学生的"不公正"和差别对待。小学生身心发展尚未成熟，个体发展也存在较大差异，小学教师的反馈与评价对小学生身心发展具有长远而深刻的影响。在教育教学中，小学教师会面对不同"类型"的学生，如"优秀学生""中间学生""后进生""特殊学生"等，这

---

1 金世明. 改善农村小学师生关系的策略研究 [J]. 科学咨询（教育科研），2017（4）：8.

2 杨谨. 蹲下来和孩子说话 [M]. 北京：中国华侨出版社，2013：1.

是不可忽略也无法逃避的事实，但作为小学教师，不应给学生"贴标签"或是进行等级划分。每名小学生都是不断发展的、具有无限潜能的儿童，用加德纳的多元智能理论来解释，即每名儿童的智能组合不同，他们在不同方面蕴藏着属于自己的"过人之处"。

教师公正是教育教学的本质要求。教师在专业上占据着教学的主导权，权利一旦被滥用，便会威胁到学生的基本权利，因此，对教师提出道德约束具有实践的必要性。斯特赖克提及惩罚及正当程序、学术自由、学生平等、文化多元、教师专业化等[1]，都与教学相关，表明公正问题不仅存在于教学主体双方，而且发生在教学过程中。教育需要追求目标、过程和手段的正当性。对小学教师而言，具体表现为对待学生的教学行为正当，即在教育活动中对学生持民主、尊重的态度，对不同性别、年龄、出身、智力、个性、相貌以及关系密切程度不同的学生做到一视同仁，同等相待。[2]因此，公正是教师在教学过程中必须遵循的伦理原则。

教师公正是学校德育的重要内容。教师公正对学生人格的形成具有行为和品德上的引领。在心理学中，人格指一个人的精神面貌，是个人具有倾向性的心理特征的总和。[3]马克思对人格的理解是指人的社会特质。[4]因此，人格是稳定的外在行为表征，是人在不同情境下都能一以贯之进行的某种行动。小学生的人格发展要求其在学校教育中不断获得教育性需要的满足。教育性需要是学生人格发展的精神需要，包括承认的需要、自我价值的需要、人格尊严的需要、友爱的需要、自我认同的需要、自主的需要、参与的需要。[5]小学阶段的学生具有情感依赖性，需通过得到教师的关爱和认可，把

1 〔美〕肯尼斯·A·斯特赖克，等.教学伦理［M］.洪成文，等译.北京：教育科学出版社，2007：10.

2 檀传宝.教师伦理学专题——教育伦理范畴研究［M］.北京：北京师范大学出版社，2010：58.

3 朱智贤.心理学大词典［M］.北京：北京师范大学出版社，1989：225.

4 中共中央马克思恩格斯列宁斯大林著作编译局.马克思恩格斯全集［M］.北京：人民出版社，1960：270.

5 金生鈜.教育与正义——教育正义的哲学想象［M］.福州：福建教育出版社，2012：140.

自己作为独立的精神个体，获得自我认同，形成较高的自主能力。教师公正就是以平等的认可为原则，尊重所有学生，尽量避免教育不公，保证其人格的健全发展。教育过程中，小学教师的德性会间接影响学生品德和行为习惯的养成。因此，教师公正是学生健全人格发展的诉求。

（二）关系处理中的矛盾与冲突

1. 角色定位失衡，师生关系异化

我国传统文化耻于谈利，"君子喻于义，小人喻于利"，传统义利观要求品德高尚的人重义轻利。因此，教师只能做红烛、春蚕，不可谋私利。但人与人之间的交往大都建立在利益基础上，这是无法回避的客观事实，从人道角度讲，也不该回避。邓小平说："革命是在物质利益的基础上产生的，如果只讲牺牲精神，不讲物质利益，那就是唯心论。"[1]

教育观念利益化与情感的缺失。随着市场经济蓬勃发展，教育产业化盛行，少数小学教师把利益最大化原则运用到教学中，导致功利主义泛滥。据《中国妇女报》于 2009 年报道，"某小学二年级学生给母亲打电话道，老师让其交批改作业的钱，否则将不给其批改作业"。上述案例中，师生关系由于教师的教育观念利益化，逐渐异化，偏离了"教书育人"的职业本质。教育工作者缺乏应有的自律，将学校变成一个纯粹的市场，一切以经济利益为准，这是乱收费、向学生及其家长直接或变相索要财物或"方便"等现象的直接原因。[2]另外，有些家长为了特殊利益，如让孩子进重点班、获得教师的特殊关照，主动对教师投其所好。物质化的师生关系弱化了师生交往中纯粹的幸福感和教师职业的神圣感，原本温情的师生关系变成了简单的"利益关系"。

角色定位失衡与师生地位不平等。社会对师生的角色期待具有一定历史传承性。我国历史传统对教师的角色定位是"师道尊严"，赋予教师无上

---

1 邓小平. 邓小平文选（第二卷）[M]. 北京：人民出版社，1994：146.

2 檀传宝. 教师伦理学专题——教育伦理范畴研究 [M]. 北京：北京师范大学出版社，2010：11.

的权威和作为"道"的化身的极高道德要求。"师者，所以传道受业解惑也"（韩愈《师说》），一直被视为对教师的角色定位。师生角色互为参照，是双方的角色规定性在学校场域中的体现，由双方所处的组织制度决定。当今社会中，师生的角色关系出现了许多新特征，现代社会强调民主、平等，这是不可逆转的历史趋势，因此，师生角色关系不再具有等级性的土壤，而是趋于平等，甚至有时会矫枉过正，学生的地位反超教师。

2. 交往模式消极，情感关系淡漠

《中小学教师职业道德规范（修订）》第三条中明确规定教师要"关爱学生"。但"现行教育本身却越来越缺乏爱心，以至于不是以爱的活动——而是以机械的、冷冰冰的、僵死的方式去从事教育工作"。[1] 纵观当下的小学课堂教学，师生间的沟通确实存在很多问题。尽管新课程改革取得一定进展，很多教师开始重视学生的主体地位，但部分教师长期处于传统教学模式的舒适圈中，很难快速走出来。小学教育中，师生交往仍存在以下问题：其一，少沟通、多冷漠。大多数教师仍然是课堂的主体，教学过程中仅关注教学内容，缺少与学生的沟通，缺乏教育机智。一方面，教师消极对待学生的反映、建议；另一方面，学生不愿向教师袒露内心的想法和秘密。[2] 其二，缺少人文关怀。教学任务的繁重、在学校环境中面临来自各方面的压力使得小学教师无暇与学生进行情感交流，本该温暖的师生关系中伦理精神缺失、情感关系淡漠，无形中拉大了师生的心理距离，进而产生种种矛盾与冲突。

3. 个人偏好泛滥，教育公平缺失

俄罗斯有句谚语道："漂亮的孩子人人喜欢；而爱难看的小孩才是真正的爱。"[3] 教师应做到爱无差等，一视同仁。然而部分教师出于各种利害关系会有意无意地偏爱"优秀"的学生。[4] 有调查结果表明，学生在教学活动中

---

1 〔德〕雅斯贝尔斯.什么是教育［M］.邹进，译.北京：生活·读书·新知三联书店，1991：1.
2 檀传宝，张宁娟，吕卫华，等.教师专业伦理基础与实践［M］.上海：华东师范大学出版社，2016：137.
3 檀传宝.教师伦理学专题——教育伦理范畴研究［M］.北京：北京师范大学出版社，2010：60.
4 同3.

所受不公平待遇主要体现在以下三方面：课堂提问与发言机会、当选班干部的机会、座位排列。[1] 首先，在课堂中对学生进行提问时，教师倾向"关照"那些回答较好的学生；其次，在选取班干部时，更多教师倾向选择能力较强、表现较突出的学生，这对无突出表现的学生的发展是非常不利的，他得不到锻炼的机会，更不可能突破自我；最后，我国传统课堂中采取秧田式的座位排列[2]，教师对学生能关注到的程度体现在座位排列上是呈中心扩散型、由前到后逐步减弱的，这也使得坐在班级后排以及较为偏僻的两侧位置的同学与教师的互动机会不多。由此可见，小学教师的偏好会影响到教育教学中的公平，进而影响和谐师生关系的建立。

二、师生关系伦理中问题的归因与分析

（一）社会因素

师生伦理生态出现问题，首先源于我国教育制度的弊端——应试教育对人们教育观念造成的负面影响很难一时消除。师生双方都面临着不同的心理压力，一旦达到某个"引燃点"就会爆发出来，进而伤害到对方，如教师体罚学生，学生反抗教师，被迫学习的过程让学生感到压迫、对学习失去兴趣，师生关系日趋紧张。同时，教师被赋予的圣人形象也使其背负了社会期望的各种"无我"的高尚伦理责任[3]，给教师带来巨大心理压力。其次，现代教育呈现多元化趋势，教育场所不再局限于学校环境，信息技术的发展让教学方式更加多样化，师生交往的形式也出现了更多的可能性。教育信息化的发展使小学生在家便可以获取各种知识，不再将教师视为知识的唯一来源，

---

1 刘淑华. 教师公正研究——师生关系维度［D］. 赣州：赣南师范大学，2018：20.

2 全国十二所重点师范大学联合编写. 教育学基础（第3版）［M］. 北京：教育科学出版社，2014：157.

3 檀传宝，张宁娟，吕卫华，等. 教师专业伦理基础与实践［M］. 上海：华东师范大学出版社，2016：127.

这也对小学教师的地位产生了一定影响。部分老教师参与网络的程度和技能较弱，也使得师生交往的共同话题贫乏，从而拉大了师生关系的距离。

（二）学校因素

首先，学校课程安排紧张，部分学校师资短缺，会出现一名教师任教多科或多个班级的现象[1]，这就导致了小学教师每天的教学工作量被迫增加，时间、精力严重不足。在精力不足的情况下易导致其对学生的关照不够，课堂上会以完成繁重的教学任务为目的，而忽视学生主体性的存在。其次，小学教师工作内容繁琐，压缩了其对教学工作的关注。教师的工作时间既包括学生在校的时间，也包含学生放学之后的时间。教师需要备课、批改课后作业，还需处理行政性非教学任务、社会及学校安排的各种活动等。繁琐的工作内容压缩了小学教师对教学工作的关注，课堂教学的压力增加，进而使小学教师在课上没有时间与学生过多地探讨和交流，从而导致师生关系产生相应的问题。

（三）教师因素

首先，小学教师的教育观念受到传统教育观念的影响，这种影响在老教师身上的体现更为明显。在传统观念影响下，学生缺乏自主话语权且不敢对老师提出质疑，教师更加关注学生成绩而忽视其情感培养，师生关系问题突出。一方面，教师的主导作用会压抑学生的自主发展，教师"目中无人"，学生只能"听师由命"，学生在教育教学中的主体地位无疑被剥夺，发展举步维艰[2]，这使得师生缺乏平等沟通的机会，进而产生矛盾。另一方面，在教学过程中，教师将提高学生的分数作为主要目标，忽略与学生的情感交流。其次，小学教师教育过程中的伦理精神和信仰缺失。[3]当今社会中，教师工作的职业化使更多的人仅仅将教师作为职业角色对待，对师生天然的伦理精

1　李娜.浅议农村地区师资缺乏问题［J］.四川职业技术学院学报，2016（5）：42–44.

2　檀传宝，张宁娟，吕卫华，等.教师专业伦理基础与实践［M］.上海：华东师范大学出版社，2016：141.

3　刘旭，李玉洁，李兰冬.教师教育信仰的缺失与重建［J］.中国成人教育，2014（4）：99–101.

神和对教育事业的信仰渐渐丧失。物质经济的利益化趋势也使得教师仅仅为了工作而工作，似乎已然背离了教育是具有高尚伦理道德精神的社会活动的本质。此外，教师也承受着来自家庭、学校、社会的道德压力，无暇肩负教育责任这一重担，甚至丧失教育理想和情怀，无形中对学生产生间接影响，造成师生关系淡漠、僵化。

（四）家庭因素

小学生年龄尚小，社交圈有限，家庭作为儿童主要的活动场所对其影响深远。家长在孩子成长过程中扮演人生导师的角色，家长无意识的举动会对孩子的成长有着极大影响，其为人处世的方式与风格会影响孩子的世界观、价值观、人生观的形成。家庭成员间的相处和互动模式对小学生起到了直接的"示范性"影响。一个家庭关系和谐融洽的孩子，在与老师、同学的交往过程中会更偏向于以友善的方式与他人进行沟通交流。当在社交中遇到冲突时，也更能够采取积极、温和的方式来解决问题。反之则易导致冲突的产生。因此，对于小学生而言，家庭关系是否融洽、父母教养方式是否得当、父母教育观念是否科学等家庭方面的因素都会对师生关系产生一定的影响。

（五）学生因素

中小学生大多处于青春期阶段，随着现代社会家庭经济水平不断提高，孩子的身心发育速度加快[1]，青春期也有提前的趋势，许多小学中高年级的学生已出现青春期的一些心理特征，在与人交往的过程中，处理问题易冲动、缺乏思考和理智[2]，这也易促使师生发生冲突。主要有以下原因：其一，处于青春期的小学生具有较强的叛逆心理。小学阶段跨度较大，小学生的身心不断发展，自我意识逐渐萌发[3]，开始产生"成人感"。主要表现为希望得到尊

1　全国十二所重点师范大学联合编写. 教育学基础（第 3 版）[M]. 北京：教育科学出版社，2014：149.

2　同1：151–152.

3　同1：151.

重与理解，希望被当作"成人"来看待，有反抗教师和家长权威的冲动。由于处于少年向青年的过渡期，在行为上会有争强好胜、行为偏执等表现，甚至对老师、家长产生抵触心理。其二，小学生法律意识淡薄。青春期适当地对成人权威说"不"具有一定积极作用，有利于学生自我意识和自我价值的形成与发展。但若得不到正确的引导，将会导致极端行为的发生，产生严重后果。部分青少年逆反心理严重，行为表现极端，若与教师产生冲突很可能会出现不尊重教师，辱骂、殴打教师，甚至弑师等极端行为。因此，对此阶段的学生，无论是教师还是家长都应给予更多的心理关怀，通过耐心沟通对其进行及时、有效的正向引导。

三、师生关系伦理中问题的解决与对策

优化师生关系的伦理生态，需要在教育伦理精神的指引下重构师生关系形态。现代教育的对象是人，故教育的伦理精神即凸显人的权利。在伦理精神依托下的和谐师生关系，其目的也在于实现师生双方的权利。建立良好的师生关系需从教师做起，并配以学校教育和管理体制改革等相应措施。

（一）更新教育观念，奠定思想基础

建立良好的师生关系不存在任何物质和技术方面的问题，其主要障碍是思想观念落后。摆正观念上存在的问题，首先，要确立人本主义的管理信念。人本主义即人是所有活动和措施的中心和起点。其次，要确立师生双向互动的教育观念，尊重学生的主体地位。即在教育教学工作中，摆脱传统的教师中心、知识导向观念，形成师生平等、双向交往、共同促进的新型教育理念。再次，给予学生无条件的关怀和理解。罗杰斯提出成人对儿童的关怀分为"有价值条件的关怀"和"无条件的关怀"，后者更体现现代教育的主流思想。小学生天生具有向师性，当其体验到教师的关怀时，真正的教育才

会出现。[1]最后，应树立个性化教育思想。马克思主义的全面发展指人个性的全面发展或个人的全面发展。长久以来，人们对于个性和共性的关系有着不客观、不正确的理解，以统一的发展标准来衡量所有学生，这使小学生的个性发展受到限制，不利于和谐师生关系的建立。因此，树立个性化的教育思想能使学生的不同需求和发展得到满足，对和谐师生关系的建立有着积极的现实意义。

（二）树立高尚师德，引领专业发展

儒家思想自古"以德立命"，铸造起宏伟的伦理精神大厦。孔孟儒家先后提出"朝闻道，夕死可矣"[2]"志于道，据于德"[3]"以道抗势、以德立身"等一系列观点。良好师德在师生交往中具有重要作用。德国教育家第斯多惠曾指出："教师本人是学校里最重要的师表，是直观的、最有教益的模范，是学生的榜样。"孔子曰："其身正，不令而行；其身不正，虽令不从。"小学教师自身的道德修养在学校德育中起到重要的价值导向作用，其高尚的道德品质润物细无声地培育着小学生的个人品德。因此，小学教师须切实提高自身师德素养，成为学生学习的榜样，从而协调好师生关系。学校也可以在制度方面予以落实，切实加强师德师风制度建设，将相关要求落实到学校规章制度中，以规范小学教师的师德观念和行为，通过多样化的形式开展师德师风教师教育活动，在实践中提高小学教师的道德认知、深化其道德情感，进而提高教师自身的道德素养。

（三）融入学生生活，维持平等互动

教育活动的发生需要结合学生的生活实际，与生活脱节的教育会导致教育功能异化。脱离生活的教育也难以在教育目的、教育本质以及受教主

---

1 檀传宝，张宁娟，吕卫华，等. 教师专业伦理基础与实践［M］. 上海：华东师范大学出版社，2016：23.

2 朱熹. 四书章句集注［M］. 北京：商务印书馆，1987：22.

3 同2：46.

体之间找到"结合点"或者"结合部"[1]。杜威"教育即生活"的命题对我们把握教育本质有一定启发意义。"教育既然是一种社会过程，学校便是社会生活的一种形式"，那么"教育是生活的过程，而不是将来生活的准备"[2]，这一理念值得我们反思教育的本质。新型师生关系要求坚持生活是教育的起点，将生活融入教育，让教育在生活中释放正能量。教师以此进行教学有利于建构贴合学生经验的、互动的师生关系。马克思指出："一个人的发展取决于和他直接或间接进行交往的其他一切人的发展。"[3]师生间以平等对话为基础的交往是师生伦理关系得以建立的基本条件，贯穿于学校的日常生活之中。对话作为人与人之间交往的桥梁，打开了师生双方生活和心灵的窗口。师生交往中，冲突源于对角色认知的局限，缺乏适恰的对话，进而导致各种指责与埋怨。对话为师生开启相互理解的窗口、为权利表达提供机会，从而有效避免冲突的产生。

（四）运用多维评价，构建和谐关系

小学课堂中，评价是师生交流的重要形式，包括对学生的评价和对教师的评价，基于学生与教师的多维评价体系更体现民主、平等的师生关系。小学阶段的学生自我意识和社会情感的自我体验得到提高，但其自我评价仍主要依赖他人的外部评价，易受暗示[4]，因此，教师应正确地将罗森塔尔效应运用到教育教学当中，给予小学生正向的心理暗示和积极的价值期待。此外，在评价方式上也需有所改变，摒弃流于形式的评价。教师可以使用丰富的评价语言，通过多种形式促进师生间的交流，让学生在赏识教育中逐渐成长。面对不同学生，教师应采取不同方式，寻找最适当的方法进行表扬或批评，需要注意如下评价技巧：首先，及时评价。教师要根据学生的表现及时评

1　朱小蔓. 当代情感教育的基本特征 [J]. 教育研究，1994（10）：68—71，75.

2　〔美〕杜威. 民主主义与教育 [M]. 王承绪，译. 北京：人民教育出版社，1990：9—10.

3　中共中央马克思恩格斯列宁斯大林著作编译局. 马克思恩格斯全集（第3卷）[M]. 北京：人民出版社，1976：515.

4　檀传宝. 德育原理（第3版）[M]. 北京：北京师范大学出版社，2017：107.

价，体现评价的及时性。其次，真情评价。教师的评价语须是发自内心的评价，让学生感到教师真正关心自己，进而建立信任关系，和谐相处。最后，相互评价。评价过程中还应培养学生评价教师和同学的能力，这是民主型师生关系的体现，学生可以在这种和谐的关系中，积极地对课程或者其他同伴进行评价。

（五）规范德行操守，树立公正品质

教育公正或教师公正是教师伦理生活的重要原则[1]，提高小学教师公正品质势在必行。首先，需从认知层面入手。人性中存在普遍利己主义，人们在交往时下意识会按照利益最大化原则考虑问题，教师作为人，也会在利益和公正面前产生迷惑，因此，对教师进行专业和德性培训是必要的，在思想层面树立教师公正理念。在教育教学中，为了确保对公正性的终极追求，教师须对学生抱有积极期待，避免消极期待。[2] 其次，坚持理论与实践相结合的原则。树立公正的教学理念，需在理论和实践两方面共同努力，从教师教育入手，确立正确师生观，加强小学教师对公正的理论探索，以规范教师的教育行为。在教学实践中，加强教师处理事务的能力及调控情绪的能力，掌握延迟处理的技巧，理性管理情绪状态。[3] 教师的专业能力是影响教育公正的重要因素，教师需在以上两方面付诸努力，以提升自身公正素养。最后，注重教学智慧的作用。教学智慧是对教育教学中出现的新形势做准确判断的能力，及时把握教育时机调解教育矛盾，根据对象的实际和面临的情境及时做出决策来调节教育行为。[4] 教师对待学生应着眼于实质公正，根据实际情况调整教学行为。以班级授课制为组织形式的教育教学是具有明确目的和统一

1　檀传宝.教师伦理学专题 教育伦理范畴研究 [M].北京：北京师范大学出版社，2010：47.

2　崔春龙.对"皮格马利翁效应"教育应用的公正性反思 [J].福建教育学院学报，2015（11）：1–4，128.

3　刘慧.教师公正教育价值的现代思考 [J].沈阳师范学院学报（社会科学版），2002（1）：55–58.

4　王炬辉."教师公正"研究 [J].淮南师范学院学报，2006（6）：132–137.

标准的工作，这要求教师既要满足学校对于学生发展的要求，使学生都能够达到基本的教学目标，同时还要根据学生自身不同的个性特点采取相应的教学措施。因此，教师需要不断探索，形成创造性的教学智慧。现代教育背景下，教师应当具备公正的品质，把教育精神贯彻到教学行为中，教师公正对学生的健康发展具有极其关键的作用[1]，因此，追求教师行为公正是教育的必然选择，亦是教育以人为本的伦理诉求。

▎ 第三节　同侪关系伦理 ▎

　　教师同侪关系的和谐与否不仅影响着教师的心理状况，还直接影响到小学的学校教学质量和优秀师资团队的建立。构建教师和谐的同侪关系，有利于促进我国教师队伍的全面建设，对我国教育事业具有非常重要的意义。

一、同侪关系伦理作用于学校生活的具体表现

（一）同侪关系的伦理期待

　　学校是教师工作的主战场，教师的价值和才智通过学校工作得以实现和发挥，教师在学校工作中不可避免地涉及人际交往的范畴，因此，和谐的同事关系是教师职业发展的催化剂。

1.小学教师与领导者的关系

　　落实制度公平公正，调动工作积极性。在当前的小学学校管理中，学校为了落实教育工作的任务和要求，保障教育教学顺利进行，在学校中建立起层层制度网，以规范小学教师的教学行为。对于小学教师而言，同事间也存在着名额竞争的现状。例如每学年的评优评先和岗位竞争中，由于名额有

1　檀传宝.教师伦理学专题 教育伦理范畴研究［M］.北京：北京师范大学出版社，2010：55.

限，导致教师之间相互排挤，想要争取那寥寥无几的晋升名额。若在此过程中，学校的管理者出现了疏忽或造成了评选的不公，落选的教师便会产生心理上的不平衡感，进而影响其工作效率和与领导之间的关系。故此，在小学学校工作中，管理者应严格按照学校规章制度行事，尽可能地给予全体教师最大的公平公正，以维持教师间良性的、正向的竞争氛围，规避因不公正造成的不满情绪。

给予教师人文关怀，关注个体差异性。小学教师承担着教育教学工作的重任，时刻都在处理繁琐的教学事务。在学校工作中，学校领导需真正关心小学教师在校工作与生活的方方面面，尽力为其提供一个充满人文关怀的工作环境，丰富其精神文化生活。同时，在条件允许的情况下，邀请教师参与到学校的管理和评价工作中来，建立民主平等的同侪工作氛围。小学教师也应理解领导的良苦用心，发挥自己的才能，主动做好工作。此外，管理者合理的人事安排是教师树立自信和保持工作动力的源泉。[1] 小学教师之间存在着个体差异，主要表现为年龄、性别、性格、家庭背景等。学校领导可以合理运用动机心理学上的耶尔克斯一道得逊定律，即任务容易，动机效果提高，不断增加任务难度，会导致最佳动机水平降低。[2] 管理者在了解教师具体情况的基础上，合理地分配任务，不仅能关注到个别教师的特殊需求，也能有效把握教师的最佳工作动机，提升学校整体的教学质量。

提供专业学习机会，合理运用评价体系。小学教师与学校领导之间的关系是学校人际关系的重要组成部分，对双方都具有重要的影响及作用。首先，学校领导对小学教师的肯定、鼓励是其教育教学工作的动力来源；其次，小学教师对于学校领导工作的支持、理解，也使得学校管理者产生积极的效能感。作为学校的管理者，需尽量为小学教师提供在职学习的机会和途径，通过使小学教师"走出去"，学习、借鉴其他优秀教师的授课方式、教

1　高毅. 论幼儿教师人际关系的协调 [J]. 新课程（上），2016（10）：234–235.

2　〔美〕布恩，埃克斯特兰德. 心理学原理和应用 [M]. 韩进之，吴福元，张湛，等译. 北京：知识出版社，1985：246.

学技能等，多方面提升其教育研习能力和专业素养。"走出去"的小学教师将这些宝贵的经验和技能"引进来"，带动学校中全体教师的专业提升。同时，学校工作的评价体系也应被重视起来，通过学校领导对小学教师的正向、公正的评价来减少学校中不良竞争氛围的滋生，从而使教师之间团结互助，开展积极、正向的良性竞争，激发教师工作的积极性和主动性。

2. 小学教师与教师间的关系

创设和谐氛围，促进良性竞争。随着社会对优质教育资源的需求增大，也对教育提出了更高的要求[1]，为此，许多学校将教育教学的质量作为其生存和发展的依靠，而教学质量的提高需要小学教师付出相应的努力，这无形中对其施加了许多压力。例如，学校对小学教师的绩效工资发放，通常使用量化比较的方式，即所谓的"多劳多得"[2]，教学质量高、效果好的小学教师获得的奖赏更多。这在制度上激化了小学教师之间的竞争氛围和力度，若小学教师自身缺乏正向的竞争观念，则会导致其与同事沟通困难，造成紧张的同事关系。因此，学校在追求教学质量的同时，要设身处地考虑教师的感受，努力营造良性竞争、自由开放的工作氛围，既要严肃、还要活泼，既要紧张、更要团结。只有在这种环境中，教师之间才能形成和谐的人际关系和良性竞争。

同侪相互借鉴，共创合作共赢。班级是学校的基层组织，是实施教学任务的基本单位，班级内小学任课教师的良好关系是班级事务顺利开展的基础。学生的人格成长、知识及心智水平的提高都是教师群体合力劳动的产物。[3]因此，是否能够建立和谐的小学教师同侪关系直接影响到班级管理工作的好坏，也将影响学生的认知、情感、态度、行为等方面的发展。小学教

1　李廷贤. 人际关系对教师发展"高原期"的影响及对策［J］. 中学教学参考，2017（15）：66-67.

2　操太圣，李斐. 绩效工资制度下新任教师专业发展的困境与突破［J］. 教育发展研究，2011（10）：1-5.

3　檀传宝. 教师伦理学专题 教育伦理范畴研究［M］. 北京：北京师范大学出版社，2010：126.

师之间的相互合作与借鉴是其和谐相处、促成工作的根本要义。高效的同侪互助需要掌握相应的策略和方法。首先，小学教师须有高度的责任感，把关心、教育学生作为义不容辞的责任。其次，小学教师之间须频繁沟通、真诚相待，吸收他人的长处和优势，补全自己的"短板"，给学生的全面发展以人文和生态的保障。

（二）关系处理中的矛盾与冲突

同侪关系不融洽的突出表现为：领导者与被领导者地位的不平等，同级教师之间的恶性竞争，心理压力造成同侪排挤，年龄、价值观差异导致的"代沟"难以消除等。

1. 管理者与被管理者

交往地位不平等。当前，我国中小学教师人际关系存在干群关系不够融洽的现状，教育工作者上下级关系间存在着与社会上类似的完全没有必要的弄权现象。[1] 所谓干群关系，指干部和群众、领导与被领导的关系。干群关系是我国社会阶层关系中最重要的一对。[2] 在剥削社会，领导者和群众的关系是统治与服从的对立关系。我国是人民当家作主的社会主义国家，党和国家的干部，不论是人民选举出来的，还是录用、招聘或任命的，都是"社会负责任的勤务员"（《马克思恩格斯选集》第3卷），双方地位是平等的。在当今的小学中，校长和教师固然存在领导与被领导的关系，但实质上应是一种"同志"关系[3]，而不是简单的领导与服从的关系。相关研究表明，校长与教师间具有同志关系的占38.29%，具有朋友关系的占8.53%，合计占46.82%，具有服从关系的占50.32%。[4] 地位的不平等，导致教师与领导存在"隔阂"，

---

1 檀传宝. 教师伦理学专题 教育伦理范畴研究 [M]. 北京：北京师范大学出版社，2010：11.

2 彭龙富. "苍蝇式"腐败的危害、成因与防治策略 [J]. 毛泽东邓小平理论研究，2016（5）：65–71，92.

3 檀传宝，张宁娟，吕卫华，等. 教师专业伦理基础与实践 [M]. 上海：华东师范大学出版社，2016：72.

4 陈安福. 中、小学校长与教师之间人际关系的调查 [J]. 中小学管理，1990（1）：63–64.

在交往中教师服从于领导权威，不敢过多表达自己的想法，而领导也碍于身份始终端着"架子"，与教师无法平等沟通，更难建立起亲密的同侪关系。

2. 相同级别教师之间

小学教师之间存在恶性竞争。学校为了激发小学教师教学的积极性与创造性，纷纷引入竞争机制，各种竞争机制给学校的发展注入了活力，同时也带来了挑战，优胜劣汰的机制造成小学教师的心理压力，导致同侪间相互排挤，一定程度上影响了同侪的正常交往。受市场经济的影响，很多学校也开始对小学教师实行多劳多得的优教优酬政策。受个人利益驱使，小学教师在课程竞赛及职称评定等选拔中当仁不让，使得同侪关系变得日益紧张。同时，小学教师自身的性格品质存在差异，教师间的个体差异虽并不必然导致相互之间的矛盾，但却蕴含着产生矛盾的各种可能性。[1] 在同侪关系处理中，若运用方法不当，便很容易造成同事之间关系紧张，甚至产生隔阂和冲突。

年龄、价值观差异导致的"代沟"难以消除。青年教师一般具有较高学历，对新生事物的接受能力和适应性更强，在年龄、思维方式等方面与学生更为接近[2]，更容易与学生建立良好的师生关系。但青年教师在其工作过程中，由于缺乏处理人际关系问题的技巧和能力，与家长、同事沟通可能较少，从而使得工作效率大打折扣，影响其工作积极性和工作能力，逐渐失去自信。中老年教师拥有丰富的教学经验，在长期的教学过程中已掌握了丰富的教学技巧。青年教师与中老年教师进行高效交流，能够从中获得较多提升教学效率的经验与知识。但由于时代发展不同，青年教师与中老年教师存在沟通上的"代沟"和价值观的差异，虽然青年教师有高度的工作热情，但却与中老年教师之间存在教学方法、手段及态度上的不同认识与观念，这造成双方存在一定的心理冲突，甚至关系"淡漠"。

---

1 李文涛. 试论高校教师集体中和谐人际关系的构建 [J]. 科教文汇（中旬刊），2014（1）: 28-29.

2 任荔娜. 论高职院校青年教师的自我修养 [J]. 亚太教育，2015（29）: 81.

二、同侪关系伦理中问题的归因与分析

（一）价值取向的差异带来的矛盾冲突

人与人的心理距离是不等的，人际关系有远近亲疏之别。教师间相同的理想、趋于一致的态度、相符的人生观与价值观在交往中得到满足和互补，这是其人际关系建立的影响因素。墨子言："据财不能以分人者，不足与友；守道不笃，遍物不博，辩是非不察者，不足与游。"（《修身》）即不能分辨是非，无共同的态度、志向、信念，便不能建立良好的人际关系。孟子云："友也者，友其德也，不可以有狭也。"（《万章下》）荀子道："匹夫不可以不慎取友，友者，所以相友也，道不同，何以相友也？"（《大略》）交友，"道"要相同，要有共同的价值取向。正如庄子指出："莫逆于心，遂相与为友。"（《庄子·大宗师》）如果志趣不同，无类似的价值观念系统，则很难建立亲密的人际关系。即使有交往，也是"朋而不心，面朋也。友而不心，面友也"（扬雄《法言·学行》）。

（二）制度的"竞争性"带来的排异行为

教师间的和谐关系有利于其专业发展，而冲突则对其情感有深刻影响。不少教师谈到不能安心工作的原因，不是学校的物质条件差、待遇低，也不是自己的业务水平不能适应，而是搞不好人际关系，因而影响教育教学工作。[1] 哈格里夫斯曾分析学校人际关系，指出中小学教师间普遍存在着非正式的人际规范[2]，其中平凡的规范，一方面指教师之间希望能够与其他人的工作进度保持一致，另一方面希望其他同事具有相对一般的工作热情；讥讽的规范，是指教师之间不希望其他同事在工作中有太多的投入，具体表现为早于工作时间到校、对学生的学习和生活给予过多指导等。与这种规范交相辉映的是"反智主义"，指教师们往往不花心思在实际的教学理论和研究工作

1　李建周. 教师心理训练［M］. 北京：教育科学出版社，1996：283.

2　哈格里夫斯共提出了四种教师间的非正式规范，它们是：（1）教师的自主性；（2）忠于同事群体的规范；（3）平凡的规范；（4）讥讽的规范。

上。一般而言，在所谓"好"的学校中，往往各类竞争都较为激烈，如学生的成绩、班级的排名，甚至各项评比中的名次。因此"平凡规范""讥讽规范"相当普遍。大多数教师都不希望别人表现得太好，胜过自己。因此，小学教师间固然表现为相互合作，共同完成教育目标，但也难免会发生冲突或竞争的现象。

三、同侪关系伦理中问题的解决与对策

当今教育实践证明，教师最大的焦虑源于不良的人际关系。[1]在小学环境中，教师主要面临的同侪人际关系问题大致可分为两类，其一是干群关系的冲突，即领导与被领导的关系；其二是同级教师间存在"文人相轻"的现象。[2]学校须重视教师同侪关系的管理，使其在学校文化引领下由复杂变简单、对立变沟通，从而构建和谐的教师人际关系。

（一）小学教师与学校领导的关系

1.尊重理解，严格要求

学校工作的顺利进行既需要学校领导的统筹，也需要每名教师的配合。构建教师与领导和谐的关系，需要在平等的基础上加强沟通。首先，互相尊重、密切沟通。由于双方审视问题的角度不同，在工作的方方面面都可能存在分歧，领导需倾听教师的想法，及时解决问题；教师也要换位思考，理解和尊重领导，遵守校内制度。其次，根据教师的实际情况制定和分配任务，若要求超过了教师现阶段具有的能力限额，则不利于教师专业自信的形成，而会使其产生畏难情绪，要求过低则会局限小学教师能力的发挥。因此，为教师制定任务时应慎之又慎。最后，宽容、理解教师工作的偏差。教师在繁忙的教育工作中难免会出现失误，学校领导要做好教师的思想工作，帮助其

---

1 瞿葆奎.教育学文集·教师［M］.北京：人民教育出版社，1991：219-220.
2 邵正祥.优秀学校文化：执行力持续提升的根本［J］.江苏教育，2010（5）：32-34.

寻找失误的主客观原因并改正。

2. 鼓励先进, 弘扬正气

学校管理方面的制度建设, 大多体现为奖、惩策略。小学制度管理中, 通过对具体制度的落实和执行, 将学校对教学工作的任务要求与教师个体的情感态度相结合, 既公平地保障教师权益, 使其履行应尽的教育教学义务, 又能对教师的内部情感需求给予一定的关注, 以此来激发教师的工作热情。班杜拉的社会学习理论强调观察学习和榜样的作用[1], 小学教师作为社会中的个体, 具有模仿机制和观察学习的能力。因此, 学校应合理使用教育经费, 将部分经费用于对认真工作、尽职尽责的小学教师的奖赏上。在学校中随处可见的宣传栏、海报上对优秀教师的先进事迹进行宣扬和表彰, 在教师群体中树立优秀的同侪榜样, 激发全体教师积极向上的竞争氛围和工作激情, 这对于学校整体的校园文化同样具有积极影响。

3. 明确目标, 制度管理

小学教育工作繁琐, 涉及的工作范畴较广, 同侪关系也较为复杂。梳理教师人际关系在根本上需要从学校具体的管理制度入手。具体来看, 学校方面需建立并完善听课与评课制度、工作检查制度、信息反馈制度、舆论监督制度、质量抽检与评析制度、评价制度等。学校是一个集体, 不同教师的工作内容不同, 但促成学生发展的目标是相同的。个体的力量是有限的, 学校整体的教育工作需要依靠全体师生共同的努力。因此, 全体师生共同参与学校工作、相互合作与借鉴、共同成长等具体的要求需要落实到相关规章制度中, 严格按照制度管理与执行, 只有这样才能在根本上保障小学校园内和谐、健康的同侪氛围, 进而使小学教师同侪间责任推诿、恶意竞争的现象得以减少甚至消除。

(二)小学教师与教师之间的关系

构建小学教师和谐的同事关系, 需要教师自己能换位思考、具有合作意

1　檀传宝. 德育原理 (第3版) [M]. 北京: 北京师范大学出版社, 2017: 96.

识。教师应从学校整体出发，在发挥能动性的基础上与同事相互帮助，形成团结协作的良性氛围。和谐关系的构建是双向的，教师需心胸宽广，不吝啬赞赏，掌握沟通技巧，多与同事交流，融洽人际关系。

1. 互相尊重，心理相容

"知人者智，自知者明"，即人要有正确的自我认识和评价。良好人际关系发展的重要条件是找到自我价值，这是正确对待他人的前提。人不可避免地具有优缺点，教师间出现不同意见不足为怪，存在矛盾也是正常的。在产生分歧后，切不可固执己见，容不得其他意见。小学教师是学生学习的榜样，须按照道德行为准则时刻约束自己，做到心理相容，尤其要防止嫉妒心理产生，这对建立良好的同侪关系十分必要。同时，要善于接受、宽容他人，既要容许别人犯错误，也要容许别人指出自己的错误，容许不同于自己的观点和做法。通过加深了解，体谅别人，从而建立良好的人际关系。[1]

2. 互通信息，增强交往

由于教师在多数情况下从事的是个体劳动，部分小学教师的视野往往仅局限于本学科的范围内，对小学生的发展和相关要求也仅仅考虑单一方面，这种观念与现代教育强调小学生德智体美劳全面发展的要求不相符。小学教师之间彼此听课、评课，有助于双方信息的沟通，在教学上取他人之"长"，补自己所"短"，这可以追溯到著名的木桶效应上[2]，一个人能取得多大的成就并不在于他所具备的长处有多长，而取决于自身的"短板"有多短。同时，教师间信息的相互流通还有助于教师同侪间情感的交流，但需要注意的是，在沟通、交往过程中，小学教师需要具备解决人际关系问题的能力。仅仅有与别人友好相处的愿望是不够的，在遇到问题时，要有能力和技巧，耐心地去解决才能避免矛盾的激化。

1　黄乾玉.大学生人际交往的特点及和谐人际关系的建立［J］.教书育人，2007（15）：27-29.
2　金捷.学生苦作舟 教师乐为港——论罗森塔尔效应与木桶效应及登门槛效应的组合实践［J］.科教文汇（中旬刊），2020（6）：115-116.

3. 互勉共进，团结协作

《小学教师专业标准》在"沟通与合作"领域中，明确提出教师应"与同事合作交流，分享经验和资源，共同发展"。小学的教育工作是一个庞大且繁杂的系统工程，若想实现培育全面发展的人的终极教育目标，单独依靠某个教师个体的能力是不可能达到的，需要充分发挥系统中每名教师的力量，既包括学校管理层的教师群体，也包括其他各类教师群体。只有这样才能真正达到 1+1＞2 的团体效用，实现教育的终极目标。学校中教师同侪群体固然存在着个体差异，但人无完人，再优秀的教师身上也会存在缺陷，新手教师和青年教师身上更可能藏有无限的发展潜能和闪光点。因此，教师同侪需要虚心求教，互相学习彼此身上的过人之处。三人行，必有我师焉，孔子尚且谦虚内敛，处在新世纪现代教育中的小学教师，更需抱有一颗虔诚的心，秉持着终身学习和同侪互助成长的教育理念投身教育事业中。

4. 学校管理，予以重视

小学教师的人际关系伦理道德和其他道德一样，也是随生产力的发展而发展的，一定的社会人际关系道德观念是生产力发展和社会进步的产物。在我国大力建设和发展社会主义市场经济的新形势下，要努力构建符合社会主义市场经济的和谐交往的人际关系道德体系。有学者指出，平等、尊敬、互助、团结、友爱是我国新形势下和谐的人际关系的重要特征，也是本质反映。[1] 因此，学校领导应把新形势下小学教师的人际关系当作国家人力资源开发的大事去抓，自觉依法执政，在人与人之间构筑诚信的和谐关系，让这样的关系融进我们的党风、政风、学风、商风、文风、家风，人与人之间架起友好、善良的人际桥梁，以开放的心态，开放的人际关系，把中华民族紧紧地凝聚在一起，团结在一起。[2]

以上几方面是相辅相成的，教师只有具备相容的心理特点，才能增强交

1　张林英，姜雪丽．论人际和谐与人际关系道德 [J]．广西青年干部学院学报，2006（5）：21-22，25．

2　赵绘兰．构建和谐人际关系刍议 [J]．陕西青年管理干部学院学报，2006（1）：35，40．

往，团结合作。对于促进彼此的交流与合作，德国教育家第斯多惠曾告诫："只要在教师间能够交流、活跃思想，不管是什么形式，宗旨是一样的。但是必须注意这样一种倾向，凡是形式上自上而下，强迫命令教师参加各种会议，这些地方肯定缺乏独立自主的精神。"[1] 总之，教师是社会中的教师，教师的发展必定要和他人、社会相联系。教师在与他人和谐相处的同时，自己的需求也将得到满足，进而促进自身的发展。和谐的教师人际关系在构建和谐社会中占有非常重要的地位。只有如此，社会才会更加和谐，从而充满人性的伦理色彩。

▎ 第四节　家校关系伦理 ▎

一、家校关系伦理作用于学校生活的具体表现

家庭和学校是小学生的两个生活世界，双方有着促进儿童全面发展的共同目标，家长和教师作为影响儿童成长的重要他人，共同肩负着教育的重大责任。家校天然地结成教育同盟[2]，但这种同盟，既可能是家校的积极交往，也可能存在一定程度的教育职责混乱的状况。

（一）家校关系的伦理期待

目前家校合作已成为教育发展的趋势，《全国家长学校工作指导意见（试行）》指出："家庭教育是现代国民教育的重要组成部分，是学校教育和社会教育的基础。家长学校在普及家庭教育知识，提高家长素质，促进学校、家庭、社会教育相结合中发挥重要作用。"在小学教师的人际关系中，家校关系的协调是较为复杂且困难的，教师需要想方设法将自己与家长拧成

1　〔德〕第斯多惠.德国教师培养指南［M］.袁一安，译.北京：人民教育出版社，1990：191.

2　徐向阳.边界与融合：和谐家校关系再造（上）［J］.中小学德育，2017（12）：4.

一股承载"教育合力"的麻绳，努力实现家校共育、合作共赢的和谐家校教育关系。

1."尊重"是教师与家长人际关系和谐的前提

"尊重"是人际交往的重要桥梁。想要建立和谐的家校关系，首先，小学教师须对家长尊重。教师虽比家长更为熟悉教育知识与规律，但双方具有平等的人格地位。教师尊重家长的人格，主要体现为：在交往中以平等的心态和语态对待不同学生的家长，合理地采纳家长提出的建议等。家长作为小学生的法定监护人，有权了解孩子的受教育过程。教师应以积极的心态应对家长工作，对家长报以平等的人格尊重。其次，小学教师须在教学实践中不断提升自己的专业能力，以更好地解答家长的疑问，更好地处理家校沟通中出现的问题，进而收获家长的信任与尊重，建立和谐的关系。同时，家长也需给予小学教师同等的尊重，尊重教师的人格和劳动成果，在互相信任、理解的基础上共建和谐家校关系。

2."沟通"是教师与家长关系协调的重要手段

语言沟通是一个人综合修养的反映。家校交流中难免会谈及孩子的缺点，小学教师需学会运用语言艺术。首先，要先扬后抑，即先肯定孩子的优点，再委婉地点出不足，给予家长心理上的宽慰，让家长感到教师是真心实意地为孩子的发展负责。在沟通的过程中需要对家长的言行举止"察言观色"，切不可不顾家长的意愿而单方面陈述自己的观点。其次，在沟通的开始阶段，要注意技巧的运用，从家长期望听到的话题引入，从而自然地向家长表达孩子现阶段存在的问题以及在校的具体表现。小学教师还须关注到自己的肢体动作传达给家长的非语言提示。肢体动作的表达往往最容易暴露一个人的真实想法，若在沟通过程中，沟通主体的肢体表达和语言表达的内容不符，则容易引起对方的误解。

（二）关系处理中的矛盾与冲突

教师与家长为了儿童的全面发展联系在一起，但部分教师和家长对具体教育责任的归属存在分歧，若家校双方不能对小学生教育责任的归属拥有一个较为明智的认识，则会造成双方矛盾的产生，影响到积极的家校合作工作，出现家校合作关系的错乱和异化。

1. 学校教育向家庭内部蔓延

"应试"制度下，家庭教育存在附庸性，会为学校教育让步[1]，学校教育一家独大，充斥在学生不同的生活世界中。在我国中小学存在一个普遍现象，即学校要求家长协助、承担本应由学校完成的教育任务，如帮孩子检查、批改作业等。产生这种现象的原因主要有：其一，在观念上，很多教师认为学生的学业成就对家庭的意义远大于对学校的意义。因此，家庭希望获得收益就应付出努力，配合教师完成教育任务。其二，在态度上，教师希望家长分担其教育任务，以减轻工作压力。其三，在实践上，学校教育正在向家庭场域蔓延。依然占据主导地位的应试教育，使家长和教师都承受着巨大压力，所谓的"减负改革"更加重了这种负担，因为学校教育的时间和空间被压缩，若想保障教学任务的如期完成，则必须另寻他处去开辟其他教育场地，家庭便成为最好的选择。而父母则是家庭中最好的"教师"，若家长没有时间、精力、能力承担此重任，就需要为孩子请家教或将其送到教育机构。

2. 家庭教育被学校无限压缩

学校教育向家庭场域的扩散导致的直接结果是家庭教育被无限的压缩。小学生的家庭生活本应是充满温暖的亲缘互动，有着丰富的情感和生活功能，若家庭教育的本质发生了变化，家人间的互动内容和方式变成了学校教育的延伸，将导致家庭教育异化，应有的功能也不复存在。首先表现为家庭教育的真空现象。[2] 家长把学生的教育责任全部交付到学校手中。例如石鸥提出的学校依赖和教师依赖。前者指家庭将学生发展的重任完全交给学校，

1　宋阿沛. 重叠影响阈：家校关系对教育期望的影响过程——基于 2015 年中国教育追踪调查数据的实证分析 [J]. 河北科技师范学院学报（社会科学版），2020（2）：101–108.

2　全国十二所重点师范大学联合编写. 教育学基础（第 3 版）[M]. 北京：教育科学出版社，2014：256.

自然对学校产生高度的"依赖";后者指当人们把孩子交给教师,就意味着把孩子的发展责任完全交给了教师。[1]家长无形中舍弃了对儿童的教育权利,造成了家庭教育的真空现象。其次,表现为家庭教育功能的流失。早期家庭教育对小学生影响深远,铸就了小学生基本的个人品质。早期的家庭教育具有以下特点:(1)非功利性。家庭活动来自家人本能的交往需求,不存在任何功利性目的。(2)情感性。家庭教育有深沉的情感因素,家人间浓厚的情感是其他教育难以企及的。(3)生活性。体现在生活中,通过生活,为了生活,这也是家庭教育最基本的特点。以上正是家庭教育区别于学校教育而存在的独特之处。在家庭教育学校化的背景下,家庭教育异化成学校教育的"附属品",其生活、情感、道德功能都遭到削弱。

综上所述,家长和教师都须对自身应尽的教育责任有一定边界感,以促成真正意义上的良性合作。近年两会上,也有全国人大代表、全国政协委员呼吁:"家庭教育不应成为学校教育的附庸,让家庭教育回归生活世界。"在我国教育实践中,家、校、社承担的教育责任失衡已是不争的事实[2],为解决这一问题需要人们进行深刻的反思并寻求适恰的解决措施。

二、家校关系伦理中问题的归因与分析

导致家校伦理关系失衡的原因在于双方对儿童的发展期望、教育责任归属的认知差异。前者指家校因角色不同而对学生抱有不同程度的期望;后者指小学教师的教育责任实际上是一种职业道德责任,而家长则认为教师应尽完全意义上的责任。具体来说,家校双方各自的期望和焦虑又引发了各种强烈的教育恐慌。

1　石鸥. 从学校批评看学校不能承受之重——兼论教育的责任分担 [J]. 教育研究, 2002 (1): 55–57.

2　逯改. 德育责任视野中的家庭与学校教育 [J]. 思想理论教育, 2008 (15): 45–50.

（一）淘汰恐慌

基础教育改革虽已取得较为明显的成效，但在目前的小学教育中，学校体制内的氛围依然严肃且死板，激烈的竞争造成了学校和家长双方的高度恐慌。如高德胜提出：如今学校的教育气氛以紧张恐惧为特征。[1] 教育体制内依然存在的唯分数现象和应试教育，时刻提醒着小学教师和家长——什么才是学生在学校里最重要的事情。学校制度带来的局限性影响了小学教师、家长以及学生对学校教育和学生生活的理性认识，使人们忽视了除分数以外学生其他方面的发展。分数的存在必定产生名次的划分、优劣的奖惩，这些外部的现实存在使得恐慌心态在每个关注分数的人内心衍生。对家长而言，因担心孩子在学校中表现不够好而遭受淘汰的命运；对小学教师而言，则担心学生的表现影响自己教学质量的外部评价及评优评职；对学校系统而言，学生成绩更是影响到整所学校在体制内的口碑和办学水平。学校除了要求校内教师不断提升教育教学水平和专业技能，还向家庭和社会抛出求救信号，学校认为本着对孩子美好未来的期望和家庭发展的憧憬，家庭有义务承担学生的部分教育责任。

（二）资源恐慌

我国社会主义社会的建立经过了一个长期且艰苦的奋斗过程，如今，虽然已经进入了全面小康的社会发展阶段，但对"好"资源的渴望仍旧深埋在每个人的内心。在目前的小学教育中，主要体现为家长对优质学校资源、教师资源、课程资源以及各种物质资源的渴望。陈华仔指出，当代父母的教育焦虑在情绪上主要表现为对子女学习机会、学业成绩和就业前景的过度恐慌；在躯体上表现为因担心浪费子女的学习时间而对子女采取的刻意回避、对子女学习成绩的过分敏感乃至对子女课余生活过多的控制等情绪和行为。[2] 家长对于儿童是否能够接受更好教育的众多资源的恐慌导致了其对学校和小

1　高德胜.学校教育与恐惧制造 [J].教育研究与实验，2010（1）：1–7.

2　陈华仔.中国家长"教育焦虑症"现象解读 [J].国家教育行政学院学报，2014（2）：18–23.

学教师的过度依赖，盲目地认为为小学生争取到了最优质的教育资源便大可放心，将孩子交给学校和教师就足够了。这样的观念导致了家长将学校教育的功能过分夸大，更将学生全部的成长、发展责任都转手他人，这对小学教师而言也是一种责任的道德捆绑。同时，出于资源的恐慌，家长不仅死死地盯着在校的各种资源，其生活中也充斥着这种紧张的恐慌氛围，如有些家长的朋友圈彰显着其他孩子都在进行哪些方面的课外辅导，这也导致这种恐慌从学校场域扩散到更大范围的社会场域中。

究其根本，这种强烈的恐慌来自于我国长久的社会分层制度。人与人有着学历、职业、收入、地位等的差别，因此也就在社会中形成了不同的阶层，这与教育有着极大的关系[1]，即教育的社会分层功能。父母本能地希望自己的孩子可以站在"金字塔顶端"，并且教育具有培养和筛选优秀人才的功能，可以使社会层级的整体形态趋于合理[2]，因此父母对学校教育寄予了厚望。经过实践检验我们知道，排解恐慌需要经过长期的努力，简单、直接的"减负"并不能从根本上解决问题。

三、家校关系伦理中问题的解决与对策

改善家校关系可以从艾米特·艾齐奥尼（Amital Etzioni）的三种责任调节理论中获得启发。他指出组织为使其成员参与而采取三种手段：强制、利益、道德的力量。[3] 强制的力量指通过组织制度、法律等来控制人们的行为；利益的力量指用物质奖励促进人们的行动；道德的力量指用伦理、风俗、道德规范等控制人们的行为。[4]

1　全国十二所重点师范大学联合编写. 教育学基础（第 3 版）[M]. 北京：教育科学出版社，2014：56.

2　同1：55–56.

3　Amital Etzioni. *A Comparative Analysis of Complex Organizations On Power, Involvement and Their Correlates*. New York: The Free Press, 1975: 5.

4　徐向阳. 边界与融合：和谐家校关系再造（上）[J]. 中小学德育，2017（12）：4.

（一）制度性责任调节

在小学家校关系视域下，制度性责任调节指小学教师和家长双方出于对制度的服从而产生承担责任的行为取向和动机。在这种策略的驱使下，人们通常为了获得奖赏或规避惩罚。这类制度往往需要在国家和社会层面进行规范和要求，具有一定的强制性。在制度的保障下，学校和家庭依法依规履行应尽的教育责任和义务，如家庭须履行《中华人民共和国义务教育法》的相关规定"依法保证适龄儿童、少年按时入学接受并完成义务教育"，学校须按照《中华人民共和国教育法》的相关规定"贯彻国家的教育方针，执行国家教育教学标准，保证教育教学质量"。制度性调节方式在一定程度上存在局限性，因国家不能对所有责任条目都一一列清，使得在教育责任归属的问题上存在未被明确规定的范畴，在这些模糊范畴内可能会出现责任混乱的现象。构建和谐家校教育关系需注意以下几方面：其一，家校双方需在认知上明确彼此的角色和责任差异。家长和小学教师在学生的发展中扮演的角色不同，学校和家庭教育的本质特征也有所不同，厘清这两点是家校共建促发展的基础性问题。其二，完善学校教育内部的责任制度体系。学校组织内部具有严格的制度规范，与制度性的责任调节有着诸多共通点，以此方法有效规避学校教育过分地向家庭生活蔓延。

（二）功利性责任调节

小学家校伦理关系中的功利性责任调节指小学教师和家长双方为了获取相应的利益而承担责任的行为取向和动机。人性本能中存在着普遍利己主义，在小学教育系统中，也存在明确的教育目的和发展目标。杜威主张的"教育无目的论"提出，教育不应有除它本身之外的任何外在目的[1]，这并不意味着教育不应有目的，其提倡的思想是教育自身即教育的目的所在。现代教育的终极目标是促进小学生的德智体美劳全面发展，作为小学教师和家长来说，无疑也时刻秉持这一目的。因此，才会出现由于对孩子发展

---

1 〔美〕约翰·杜威.民主主义与教育〔M〕.王承绪，译.北京：人民教育出版社，1990.

的过度紧张而造成的家校教育关系错乱的现象。功利性的责任调节中，家长和教师的期望效应发挥着极大的作用机制，双方都希望能够给学生更好的教育、更优质的资源。但对于"好"的界定，需要进行更多的审视：其一，家校双方须提防过度恐慌和焦虑带给孩子的不良影响和心理压力；其二，家校双方须提防盲目的知识灌输和机械训练以及激烈的竞争氛围使学生失去学习的动力和愿望；其三，家校双方须真正意识到"好"的教育的本质所在，这是一个需要深思熟虑的社会性问题。

（三）伦理性责任调节

小学家校伦理关系视域下的伦理性责任调节指小学教师和家长双方从人的基本道德、伦理精神的角度出发主动承担教育责任的行为取向和动机。相比前两种方法，这类调节方式更具有人本主义色彩和伦理特性，教育是为了促进人的发展、实现人的权利的对象性社会活动。通过这种方式进行责任调节可以使人伦精神在教育中得以充分体现。教师是社会中有特定使命的群体，应当承担社会责任[1]，这是社会层面对教师的伦理要求。教育责任伦理调节的具体实施需要社会、学校、家庭的共同合力。首先，需要在整体上搭建出充满伦理精神的教育责任关系框架，从人与人交往的角度重新审视家校教育关系。在这种伦理框架下的家校关系是一种相互理解、包容、体谅、充满人文关怀的互动关系，而不仅是具有各自目的的形式主义的合作关系。缺乏情感关怀的人际交往是没有灵魂的机械互动，在这样的境况下形成的家校关系必然会出现尖锐的冲突与矛盾。其次，学校作为规范的系统教育组织，有责任为小学教师和家长之间充分的人文互动提供有利条件，在伦理精神的架构体系之下，开展情感交融、轻松自由的家校交往和互动，在此基础上形成的家校关系更为和谐、稳固、长久。

从整体来看，我国目前小学教育中的家校关系并不尽善尽美，存在各种

---

1 檀传宝，张宁娟，吕卫华，等. 教师专业伦理基础与实践［M］. 上海：华东师范大学出版社，2016：209.

复杂的现实矛盾与冲突，这与我国现阶段的社会大背景及现行教育体制密不可分。改善家校关系失衡的具体路径还需要在不断的实践过程中进行反思与审视，以形成更具建设性、可操作性的解决措施。

结语

走向实践的小学
教师伦理研究

　　小学教师伦理研究的起点和目的都首先指向小学教师的职业
生活。只有当我们进入现代学校教育场域中，走进真实的教师工
作世界，理解小学教师的语言和情感、教师的身体和表达，感受
小学教师如何去关怀学生、惩戒学生，认识小学教师是怎样应对
教育中的管理需求和技术使用，分析小学教师在师生、家校、同
侪三种重要教育性关系中的处境，我们才会发现一些真实、具体
的小学教师伦理需要和问题，所谓的小学教师伦理才具有基于教
育事实的研究内容和指向。这是一种走向实践的小学教师伦理研
究路径，它会让小学教师伦理研究不断凸显小学教育的特殊性、
规律性，会把关注小学生的天性和需要不断推向小学教师伦理思
考的中心。

　　走向实践的小学教师伦理研究具有三个特点：一是专业性。
这种专业性是通过对诸多议题进行专门的研究获得的。本书中的
每个小学教师伦理议题，都是通过不断回到小学教育现场、运用
理论知识和研究工具来推进分析和论证的。二是智慧性。这主要
反映在走向实践的小学教师伦理研究始终将提升小学教师的实践
智慧和道德理性作为研究价值的重要旨归。三是发展性。回到实
践场域的小学教师伦理研究，必然是向社会发展和未来时空开放
的，小学教师伦理研究也会因此获得理论与实践方面的持续发展。

希望这本书的有限努力能为小学教师研究做一些立足学段、有针对性的专门研究，同时也期待伦理取向的小学教师研究能够助力小学的师德建设与发展，让小学教师不是限于从外部规约来认识师德规范的重要性，而是更能从专业需要和自我认同的伦理角度去理解小学教师的职业和身份。

图书在版编目（CIP）数据

师爱的向度：小学教师伦理研究 / 李敏等著.—上海：华东师范大学出版社，2022
（大夏书系．师道文丛）
ISBN 978－7－5760－3352－6

Ⅰ.①师…　Ⅱ.①李…　Ⅲ.①小学教师—师德—研究　Ⅳ.① G625.16

中国版本图书馆 CIP 数据核字（2022）第 210315 号

大夏书系·师道文丛

师爱的向度
——小学教师伦理研究

丛书主编	檀传宝
著　者	李　敏　蔡连玉　等
策划编辑	李永梅
责任编辑	韩贝多
责任校对	杨　坤
装帧设计	奇文云海·设计顾问

出版发行	华东师范大学出版社
社　　址	上海市中山北路 3663 号　邮编　200062
网　　址	www.ecnupress.com.cn
电　　话	021－60821666　行政传真　021－62572105
客服电话	021－62865537
邮购电话	021－62869887　地址　上海市中山北路 3663 号华东师范人学校内先锋路口
网　　店	http://hdsdcbs.tmall.com

印　刷　者	北京密兴印刷有限公司
开　　本	700×1000　16 开
印　　张	17
字　　数	242 千字
版　　次	2022 年 12 月第一版
印　　次	2022 年 12 月第一次
印　　数	6 100
书　　号	ISBN 978－7－5760－3352－6
定　　价	62.00 元

出版人　王　焰

（如发现本版图书有印订质量问题，请寄回本社市场部调换或电话 021-62865537 联系）